跨境电子商务·创新型人才培养系列教材

慕课版

跨境电子商务
实训指导版

U0742606

鲜军 王昂 ◉ 主编

黄珂 邓水祥 徐坤宏 ◉ 副主编

人民邮电出版社

北京

图书在版编目（CIP）数据

跨境电子商务：实训指导版：慕课版 / 鲜军，王昂主编. -- 北京：人民邮电出版社，2021.1
跨境电子商务创新型人才培养系列教材
ISBN 978-7-115-54963-1

Ⅰ. ①跨… Ⅱ. ①鲜… ②王… Ⅲ. ①电子商务—高等学校—教材 Ⅳ. ①F713.36

中国版本图书馆CIP数据核字(2020)第186543号

内 容 提 要

随着电子商务的飞速发展，支付体系和物流体系的逐步完善，以及国家政策的大力扶持，近年来，跨境电子商务一直保持着较快的增长态势，正在成为推动我国经济增长的重要因素。本书从初识跨境电子商务、主流跨境电子商务平台介绍到选品、营销、物流、资金回收、客户服务，再到大宗外贸业务运营、跨境进口电子商务运营，最后到品牌化运营、数据分析，为读者描绘了完整的跨境电子商务生态圈，深入浅出地介绍了跨境电子商务的各种知识。

本书内容新颖、案例丰富、图文并茂，既适合作为高等院校和职业院校电子商务、跨境电子商务、国际经济与贸易、商务英语等专业的教学用书，还可供想要从事跨境电子商务的企业人员、自由职业人员、网店店主、大学生创业者等参考学习，也适合拥有一定跨境电子商务从业经历，想要进一步提升运营能力的跨境电子商务企业运营总监、销售总监等人士阅读。

- ◆ 主　编　鲜　军　王　昂
　　副主编　黄　珂　邓水祥　徐坤宏
　　责任编辑　古显义
　　责任印制　王　郁　焦志炜
- ◆ 人民邮电出版社出版发行　　北京市丰台区成寿寺路 11 号
　　邮编　100164　　电子邮件　315@ptpress.com.cn
　　网址　https://www.ptpress.com.cn
　　北京天宇星印刷厂印刷
- ◆ 开本：787×1092　1/16
　　印张：13.5　　　　　　　　　　2021 年 1 月第 1 版
　　字数：302 千字　　　　　　　2025 年 1 月北京第 5 次印刷

定价：46.00 元

读者服务热线：(010)81055256　印装质量热线：(010)81055316
反盗版热线：(010)81055315
广告经营许可证：京东市监广登字 20170147 号

前　言

在"互联网＋"时代，作为"互联网＋外贸"的新型业态，在积极的政策扶持、庞大的市场需求，以及物流、金融等配套设置不断完善等多种因素的驱动下，跨境电子商务正在成为推动中国外贸增长的新动能。相关统计数据显示，2018 年，中国跨境电子商务交易规模达 9.1 万亿元；2019 年，中国跨境电子商务交易规模超过 10 万亿元；预测 2021 年中国跨境电子商务交易规模将达 12.7 万亿元。贸易链条的不断优化，拉近了中国优质商品与世界各地消费者的距离。

跨境电子商务的迅速发展直接推动着中国企业转变经营理念，创新业务模式，打破发展困局，真正实现外贸的转型升级，越来越多的企业和个人开始积极投身于跨境电子商务的浪潮。但是，由于不同国家和地区在语言、政策、文化与消费习惯等方面存在差异，跨境电子商务一开始就对从业者提出了较高的要求。

跨境电子商务属于交叉学科，它既有国际经济与贸易的特点，又具备电子商务的特点，这就要求跨境电子商务从业者不仅要掌握国际贸易的相关知识，还要具备电子商务方面的相关技能。此外，随着市场竞争的不断加剧，以及相关技术的不断革新，跨境电子商务的运营也在不断对从业者提出新的挑战。

鉴于这些情况，我们特别策划并编写了本书，一方面，希望给准备步入跨境电子商务行业的新人提供全面的跨境电子商务运营知识；另一方面，也希望给正在从事跨境电子商务的从业者提供丰富的运营策略，帮助他们不断提高自身的工作能力。

本书共 11 章，全面介绍了跨境电子商务业务的整个流程和关键要素，为读者详细解答了跨境电子商务运营各个环节可能会遇到的各种问题，有效帮助读者培养与提升跨境电子商务从业能力。

本书内容全面、结构清晰，具有较强的指导性，基于"以应用为中心、以有用为标准、以实用为落脚点"的编写原则，采用通俗易懂的语言、图文并茂的形式，系统地介绍了跨境电子商务运营的各个环节与核心知识。此外，本书提供了丰富的立体化教学资源，其中包括 PPT、教学大纲、教案、习题答案、试卷等，选书老师可以登录人邮教育社区（www.ryjiaoyu.com）下载获取。

现将本书与人邮学院配套课程的使用方法介绍如下。

1．读者购买本书后，刮开粘贴在书封底上的刮刮卡，获取激活码（见图1）。

2．登录人邮学院网站（www.rymooc.com），使用手机号码完成网站注册（见图2）。

图1　激活码

图2　人邮学院首页

3．注册完成后，返回网站首页，单击页面右上角的"学习卡"选项（见图3）进入"学习卡"页面（见图4），即可获得慕课课程的学习权限。

图3　单击"学习卡"选项

图4　在"学习卡"页面输入激活码

4．获取权限后，读者可随时随地使用计算机、平板电脑及手机进行学习，还能根据自身情况自主安排学习进度。

5．书中配套的教学资源，读者也可在该课程的首页找到相应的下载链接。关于人邮学院平台使用上的任何疑问，可登录人邮学院咨询在线客服，或致电：010-81055236。

本书由鲜军、王昂担任主编。尽管我们在编写过程中力求准确、完善，但书中难免存在疏漏与不足之处，敬请广大读者批评指正。

编　者

2020年7月

目 录

第1章
掘金境外市场——初识跨境电子商务

学习目标

➤ 掌握跨境电子商务的内涵、模式、参与主体与交易流程。

➤ 了解跨境电子商务的发展环境与发展趋势。

➤ 了解跨境电子商务与境内电子商务、传统外贸的区别。

➤ 掌握跨境电子商务行业各岗位划分及其职能。

得益于一系列制度支持和改革创新，以及互联网基础设施的完善和全球性物流网络的构建，跨境电子商务的交易规模日益扩大。跨境电子商务相关新政的陆续出台，将进一步规范中国跨境电子商务市场，促进中国跨境电子商务行业的健康发展。同时，全球化趋势和消费升级也将进一步推动中国跨境电子商务交易规模持续增长。

1.1 认识跨境电子商务

跨境电子商务是基于网络发展起来的一种商务形式。近年来，在政策利好及贸易全球化的推动下，全球跨境电子商务获得了飞速发展，促进了全球商品的流通和经济的发展。

1.1.1 跨境电子商务的内涵

跨境电子商务是指分属于不同关境的交易主体，通过电子商务平台达成交易，进行支付结算，并通过跨境物流及异地仓储送达商品、完成交易的一种国际商业活动。

从这个定义中可以看出，跨境电子商务包括三层含义，如图 1-1 所示。

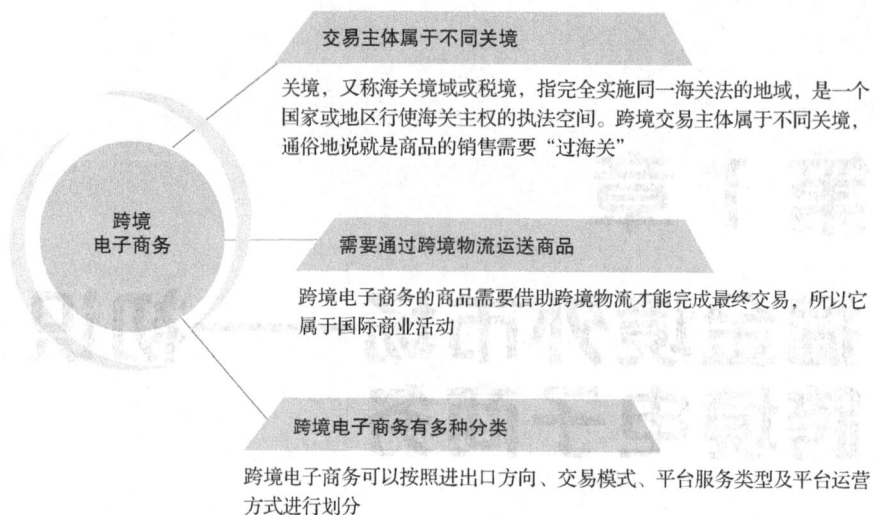

交易主体属于不同关境

关境，又称海关境域或税境，指完全实施同一海关法的地域，是一个国家或地区行使海关主权的执法空间。跨境交易主体属于不同关境，通俗地说就是商品的销售需要"过海关"

需要通过跨境物流运送商品

跨境电子商务的商品需要借助跨境物流才能完成最终交易，所以它属于国际商业活动

跨境电子商务有多种分类

跨境电子商务可以按照进出口方向、交易模式、平台服务类型及平台运营方式进行划分

图 1-1　跨境电子商务的三层含义

具体来说，跨境电子商务有狭义和广义之分。

1. 狭义的跨境电子商务

狭义的跨境电子商务相当于跨境零售。跨境零售是指分属于不同关境的交易主体，通过计算机网络完成交易，进行支付结算，并利用小包、快件等方式通过跨境物流将商品送达消费者手中的商业活动。

在国际上，跨境电子商务通常被称作"Cross-border Electronic Commerce"，实际上指跨境零售。从海关上来说，跨境电子商务是指通过互联网进行的小包买卖，最终目标是终端消费者。但严格来说，随着跨境电子商务的发展，跨境电子商务消费者中也有一些碎片化的做小额买卖的小企业，我们在现实中很难界定这类小企业消费者与个人消费者，很难将两者区分开来，所以总体来说，跨境零售也包含针对这部分小企业的销售。

2. 广义的跨境电子商务

广义的跨境电子商务基本上指外贸电子商务，即分属于不同关境的交易主体，利用网络将传统外贸中的展示、洽谈及成交等各环节电子化，并借助跨境物流运送商品、完成交易的一种国际商业活动。

从更广泛的意义上来说，跨境电子商务是指电子商务在国际进出口贸易中的应用，是传统国际贸易流程的网络化、电子化和数字化，包括货物的电子贸易、电子资金划拨、电子货运单证、在线数据传递等多方面的内容。因此，从这个意义上来说，只要涉及电子商务应用的国际贸易，都可以被纳入跨境电子商务的范畴。

▶▶▶ 1.1.2　跨境电子商务的模式

跨境电子商务可以按照不同的维度进行分类，其分类标准包括进出口方向、海关监管模式、商业模式、平台服务类型和平台运营模式，如表 1-1 所示。

表 1-1　跨境电子商务的模式分类

划分标准	划分类型
按照进出口方向划分	跨境进口电子商务； 跨境出口电子商务
按照海关监管模式划分	"网购保税进口"海关监管模式； "直购进口"海关监管模式； "一般出口"海关监管模式； "特殊区域出口"海关监管模式
按照商业模式划分	企业与企业之间的跨境电子商务（Business to Business，B2B）； 企业与个人消费者之间的跨境电子商务（Business to Customer，B2C）； 个人消费者与个人消费者之间的跨境电子商务（Customer to Customer，C2C）
按照平台服务类型划分	信息服务平台； 在线交易平台
按照平台运营模式划分	第三方电子商务交易服务平台； 自营型平台； 外贸电子商务代运营服务商

1.　按照进出口方向划分

按照进出口方向的不同，跨境电子商务可以分为跨境进口电子商务和跨境出口电子商务。

跨境进口电子商务的传统模式就是海淘，即境内消费者在电子商务网站上购买境外的商品，然后境外企业通过直邮或转运的方式将商品运送至境内消费者手中的商业活动。简单来说，海淘就是在境外设有转运仓库的转运公司代替消费者在位于境外的转运仓库地址收货，之后再通过第三方或转运公司自营的跨境物流将商品发送至中国口岸的模式。

跨境出口电子商务是指境内企业借助电子商务平台与境外企业或个人消费者达成交易，通过跨境物流将商品送达，完成交易的商业活动。

2.　按照海关监管模式划分

按照海关监管模式的不同，跨境电子商务可以分为"网购保税进口"海关监管模式、"直购进口"海关监管模式、"一般出口"海关监管模式和"特殊区域出口"海关监管模式，各类海关监管模式的特点如表 1-2 所示。

表 1-2　不同海关监管模式的跨境电子商务的特点

海关监管模式	特点
"网购保税进口"海关监管模式	符合条件的电子商务企业或平台与海关联网，电子商务企业将整批商品运入海关特殊监管区域或 B 型保税物流中心（即经海关批准，由中国境内一家企业法人经营，多家企业进入并从事保税仓储物流业务的海关集中监管场所）内并向海关报关，海关实施账册管理。境内个人网购海关特殊监管区域或 B 型保税物流中心内的商品后，电子商务企业或平台将电子订单、支付凭证、电子运单等传输给海关，电子商务企业或其代理人向海关提交清单，海关按照跨境电子商务零售进口商品征收税款，验放后账册自动核销

海关监管模式	特点
"直购进口"海关监管模式	符合条件的电子商务企业或平台与海关联网，境内个人跨境网购后，电子商务企业或平台将电子订单、支付凭证、电子运单等传输给海关，电子商务企业或其代理人向海关提交清单，商品以邮件、快件方式运送，通过海关邮件、快件监管场所入境，海关按照跨境电子商务零售进口商品征收税款
"一般出口"海关监管模式	符合条件的电子商务企业或平台与海关联网，境外个人跨境网购后，电子商务企业或平台将电子订单、支付凭证、电子运单等传输给海关，电子商务企业或其代理人向海关提交申报清单，商品以邮件、快件方式运送出境。中国跨境电子商务综合试验区海关采用"简化申报，清单核放，汇总统计"方式通关，其他海关采用"清单核放、汇总申报"方式通关
"特殊区域出口"海关监管模式	符合条件的电子商务企业或平台与海关联网，电子商务企业将整批商品按一般贸易报关并运入海关特殊监管区域，企业实现快速退税；对于已入区退税的商品，境外个人跨境网购后，海关凭清单核放，出区离境后，海关定期将已放行清单归并形成出口报关单，电子商务企业凭此办理结汇手续

3. 按照商业模式划分

按照商业模式的不同，跨境电子商务分为 B2B、B2C 和 C2C 三种模式，如表 1-3 所示。

表 1-3　不同商业模式的跨境电子商务企业的特点及其业内代表

商业模式	特点	业内代表
B2B	商业对商业或者企业间的电子商务，即企业与企业之间通过互联网进行商品、服务及信息的交换	敦煌网、中国制造网、阿里巴巴国际站、环球资源网等
B2C	分属于不同关境的企业直接面向个人消费者进行在线销售商品和服务，它面对的最终客户为个人消费者，以网上零售的方式售卖商品	全球速卖通、亚马逊、大龙网、兰亭集势、米兰网、eBay 等
C2C	它面对的最终客户为个人消费者，商家也是个人卖家。由个人卖家发布售卖的商品和服务的信息、价格等内容，个人消费者进行筛选，最终通过电子商务平台达成交易，进行支付结算，个人卖家通过跨境物流将商品送达个人消费者手中，完成交易	洋码头、聚美优品等

4. 按照平台服务类型划分

按照平台所提供服务的不同，跨境电子商务平台可以分为信息服务平台和在线交易平台两类，两者的特点及其业内代表如表 1-4 所示。

表 1-4　不同服务类型的跨境电子商务平台的特点及其业内代表

平台类型	特点	业内代表
信息服务平台	为境内外会员商户提供网络营销平台，传递供应商或采购商等商家的商品或服务信息，促使双方完成交易	环球资源网、中国制造网等
在线交易平台	不仅提供商品、服务等多方面信息展示，还可以让用户通过线上平台完成搜索、咨询、对比、下单、支付、物流和评价等全购物链环节	敦煌网、全球速卖通、大龙网、米兰网等

5. 按照平台运营模式划分

根据平台运营模式的不同，跨境电子商务平台可分为第三方电子商务交易服务平台、自营型平台和外贸电子商务代运营服务商，三种平台的特点及其业内代表如表 1-5 所示。

表 1-5　不同平台运营模式的跨境电子商务平台的特点及其业内代表

平台类型	特点	盈利模式	业内代表
第三方电子商务交易服务平台	通过在线上搭建商城，并整合物流、支付、运营等服务资源，吸引商家入驻，为其提供跨境电子商务交易服务	以收取商家佣金及增值服务佣金作为主要盈利模式	全球速卖通、敦煌网、环球资源网、阿里巴巴国际站等
自营型平台	通过在线上搭建平台，平台方整合供应商资源，以较低的进价采购商品，然后以较高的售价出售商品	以赚取商品差价作为主要盈利模式	兰亭集势、米兰网等
外贸电子商务代运营服务商	服务提供商能够为外贸企业提供一站式电子商务解决方案，并能帮助外贸企业建立定制的个性化电子商务平台	以赚取企业支付的服务费用作为主要盈利模式	锐意企创、一达通等

▶▶▶ 1.1.3　跨境电子商务的参与主体

跨境电子商务是一个非常复杂的行业，涉及跨境物流、人民币结汇等环节，参与其中的除了买家和卖家，还有海关等政府部门。

跨境电子商务虽然也是电子商务，但与境内电子商务相比，其所涉及的参与主体更加多样化，也更加复杂。

1. 跨境电子商务企业

跨境电子商务企业即开展跨境电子商务交易的商家，包括通过自建网站开展跨境电子商务交易的企业和通过第三方跨境电子商务交易服务平台开展跨境电子商务交易的商家。

2. 跨境电子商务第三方服务方

跨境电子商务第三方服务方包括第三方电子商务交易服务平台、信息服务平台、物流服务商和金融支持方等，如图 1-2 所示。

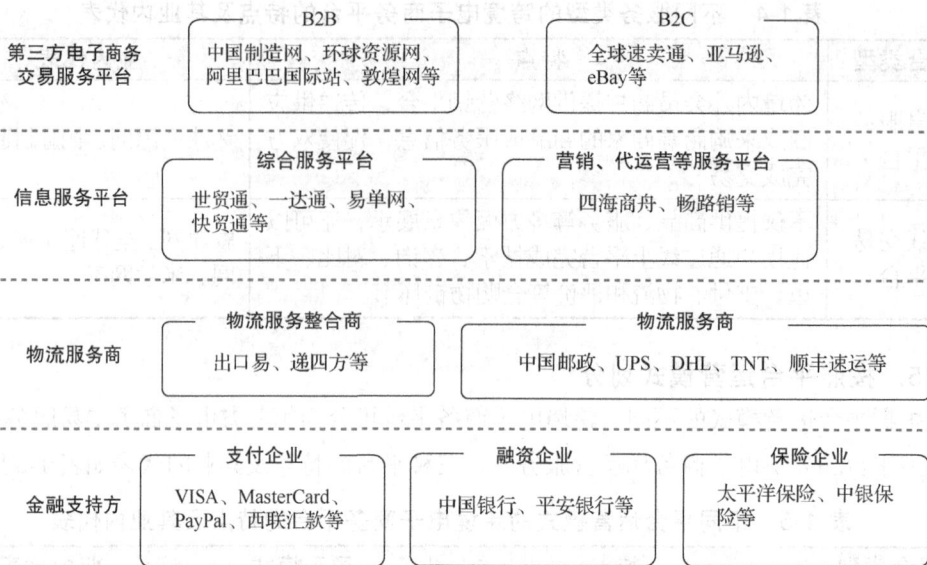

	B2B	B2C
第三方电子商务交易服务平台	中国制造网、环球资源网、阿里巴巴国际站、敦煌网等	全球速卖通、亚马逊、eBay等

	综合服务平台	营销、代运营等服务平台
信息服务平台	世贸通、一达通、易单网、快贸通等	四海商舟、畅路销等

	物流服务整合商	物流服务商
物流服务商	出口易、递四方等	中国邮政、UPS、DHL、TNT、顺丰速运等

	支付企业	融资企业	保险企业
金融支持方	VISA、MasterCard、PayPal、西联汇款等	中国银行、平安银行等	太平洋保险、中银保险等

图 1-2　跨境电子商务第三方服务方

除了以上各类参与主体外，跨境电子商务还会涉及相关政府部门，如图 1-3 所示。

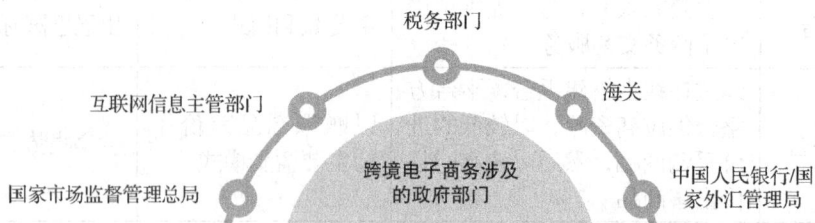

图 1-3　跨境电子商务涉及的政府部门

整个跨境电子商务交易的业务流程贯穿了贸易层、资金层、信息层和物流层四大网络，如图 1-4 所示。

图 1-4　跨境电子商务交易的业务流程

▶▶▶ 1.1.4   跨境电子商务的交易流程

跨境电子商务业务需要经过海关通关、检验检疫、外汇结算、出口退税、进口征税等多个环节。在货物运输上，跨境电子商务需要通过跨境物流出境，因此与境内电子商务相比，跨境电子商务的货物从售出到送达消费者手中所花费的时间更长。跨境电子商务的交易流程如图 1-5 所示。

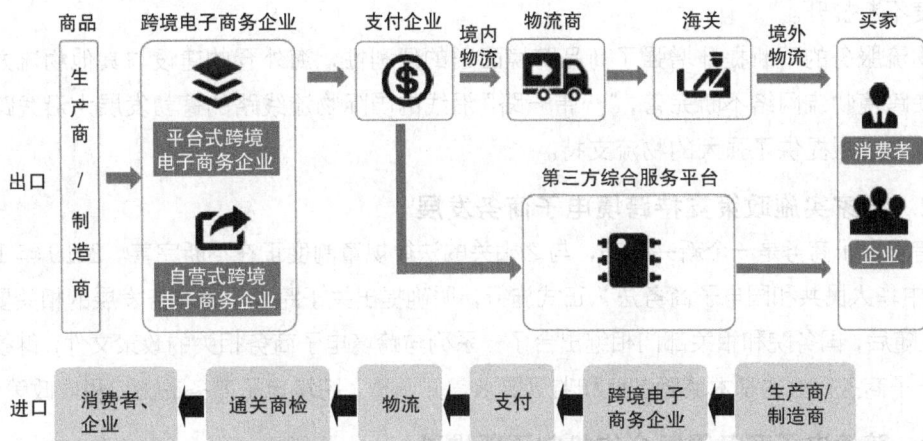

图 1-5   跨境电子商务的交易流程

从跨境电子商务的出口流程来看，生产商或制造商将生产的商品放在跨境电子商务平台进行展示，商品被下单并完成支付后，跨境电子商务企业将商品交付给物流企业进行投递，经过出口地及进口地两次海关通关商检后，商品才能送达买家手中；也有部分跨境电子商务企业通过直接与第三方综合服务平台进行合作，由第三方综合服务平台代理物流、通关商检等一系列环节，从而完成整个跨境交易的流程。跨境电子商务的进口流程除了与出口流程的方向相反外，其他内容基本相同。

▶▶▶ 1.1.5   跨境电子商务的发展环境

近年来，随着互联网基础设施的完善和全球性物流网络的构建，跨境电子商务一直保持着高速增长，交易规模也日益扩大。

相关统计数据显示，2013 年中国跨境电子商务交易规模已达 2.7 万亿元，并呈现出逐年快速增长的态势；2015 年，中国跨境电子商务交易规模突破 5 万亿元；2017 年，中国跨境电子商务交易规模增长至 7.6 万亿元，同比增长 20.63%；2018 年，中国跨境电子商务交易规模达 9.1 万亿元，同比增长 19.5%；2019 年，中国跨境电子商务交易规模突破 10 万亿元；预计 2021 年，中国跨境电子商务交易规模将增长至 12.7 万亿元。

跨境电子商务获得迅速发展得益于以下几个方面。

1. 跨境电子商务服务体系不断完善

进出口监管服务、金融服务、物流服务等配套服务体系的不断完善为跨境电子商务的发展奠定了基础。

进出口监管服务不断优化，监测通关效率大幅提升。我国首创的"跨境贸易电子商务"监管模式（"9610"模式）和"保税跨境贸易电子商务"监管模式（"1210"模式）为外贸进出口打开了新通道，尤其是"1210"模式，是促进跨境电子商务发展的重要动力。

金融服务升级，助力跨境电子商务企业快速成长。我国跨境支付机构的服务范围不断扩大，服务方式不断升级，新技术的应用不断推动跨境支付的便利化，跨境支付市场对外开放度不断提升。

物流服务的不断提升增强了商品跨境配送的便利性，海外仓的建设与其他物流方式的融合使跨境物流网络不断完善，"一带一路"沿线的国际物流线路的蓬勃发展为沿线跨境电子商务的发展提供了强大的物流支持。

2. 国家实施政策支持跨境电子商务发展

跨境电子商务是一个新兴业态，与之相关的法律规章制度正在不断完善。2019年1月1日，《中华人民共和国电子商务法》正式施行，明确提出关于跨境电子商务发展的相关要求和措施。随后，国务院和相关部门相继出台了一系列与跨境电子商务相关的政策文件，继续完善跨境电子商务行业的基本监管制度和监管要求，并调整了跨境电子商务进出口税收政策。

3. 跨境电子商务国际合作机制不断推进

截至2018年年底，与中国签署双边电子商务合作谅解备忘录的国家达到17个，覆盖了五大洲。从谅解备忘录的内容来看，中国开展跨境电子商务国际合作以伙伴国的国情和经济发展基础为出发点，体现了双边经贸的互补性，因而侧重点各有不同。例如，中国与俄罗斯、阿根廷等国家强调通过两国企业开展电子商务合作，促进优质特色产品的跨境贸易；中国与巴拿马则强调通过电子商务合作提升物流和旅游服务水平；中国与奥地利则强调通过电子商务促进优质产品及服务的进出口贸易。

"一带一路"倡议的推进极大地促进了我国与沿线国家和地区的贸易交流。公开数据显示，近六年来，中国已经与150多个国家（或地区）和国际组织签署了共建"一带一路"合作协议，"六廊六路多国多港"的合作格局基本形成，一大批互联互通项目成功落地。此外，中国国际进口博览会的举行推动了跨境电子商务和国际品牌的交流与合作，加强了双方的互利共赢；《中华人民共和国外商投资法》的正式施行也为跨境电子商务的发展带来了新机遇。

4. 中国跨境电子商务综合试验区积极先行先试

跨境电子商务综合试验区（简称"综试区"）是中国设立的跨境电子商务综合性质的先行先试的城市区域，旨在跨境电子商务交易、支付、物流、通关、退税、结汇等环节的技术标准、业务流程、监管模式和信息化建设等方面先行先试，通过制度创新、管理创新、服务创新和协同发展，解决跨境电子商务发展中的深层次矛盾和体制性难题，打造跨境电子商务完整的产业链和生态链，逐步形成一套适应和引领全球跨境电子商务发展的管理制度和规则，为推动中国跨境电子商务健康发展提供可复制、可推广的经验。

综试区已经成为我国外贸创新发展的新亮点、转型升级的新动能、创业创新的新平台和服务"一带一路"建设的新载体。各综试区推出了一系列创新举措，例如，加强综试区关、检、税、汇的便利化措施，为跨境电子商务营造良好的政策环境；设立信保资金池，提高中小型跨境电子商务企业的交易能力，针对跨境电子商务零售出口创新保险服务，与出口信用保险和外贸综合服务平台合作，为海外仓出口业务提供金融支持；在优化海外仓布局、创新海外仓建设模式、设立公共海外仓等方面进行大胆探索，进一步促进跨境电子商务 B2B 出口模式的发展壮大。

▶▶▶ 1.1.6　中国跨境电子商务的发展趋势

跨境电子商务是未来国际贸易发展的必然趋势。在未来，跨境电子商务必将向着有利于降低交易成本、促进全球贸易活动便利化、有利于营造良好的商务环境的方向发展。具体来说，中国跨境电子商务的未来发展将呈现以下几个趋势。

1. 中国跨境电子商务进口规模将进一步扩大

跨境电子商务零售进口监管政策正式落地，其中最大的亮点就是明确按照个人自用进境物品进行监管，并提高了单次交易限值和年度交易限值。同时，跨境电子商务零售进口的监管政策适用范围不断扩大。此外，中国国际进口博览会为我国跨境电子商务进口提供了新渠道、新平台。

2. 中国跨境电子商务进入规范发展阶段

从 2018 年开始，我国各主管部门加大了对跨境电子商务领域违规行为的惩罚力度，促进了跨境电子商务的合规发展。随着《中华人民共和国电子商务法》的实施，我国跨境电子商务将进入健康发展、规范发展的新阶段。

3. 中国跨境电子商务出口品牌化加快

随着跨境电子商务中商品同质化现象的加剧，以及各大跨境电子商务平台对侵权打击力度的不断加强，越来越多的跨境电子商务出口企业意识到品牌化建设的重要性，跨境电子商务出口品牌化的趋势将不断加快。

同时，各大跨境电子商务平台也不断加强对品牌出境的支持力度。例如，全球速卖通要求入驻企业要商品商标化，并开始实施品牌邀请制。为了更好地助推品牌出境，全球速卖通还为各大品牌打造其专属超级品牌日，帮助各大品牌商在国际市场崭露头角，扩大市场占有率。

1.2　跨境电子商务与境内电子商务的区别

境内电子商务是境内贸易，而跨境电子商务是境内与境外间的贸易，两者在业务环节、适用规则、交易主体及面临的风险等方面存在着区别。

▶▶▶ 1.2.1　业务环节不同

与境内电子商务相比，跨境电子商务的业务环节更加复杂，它需要经过海关通关、检验检疫、外汇结算、出口退税、进口退税等环节，而境内电子商务无须经过这些环节。

在货物运输环节中，跨境电子商务通过邮政小包、专线物流等跨境物流将货物运送出境。因为路途遥远，所以货物从售出到送至买家手中需要花费更长的时间，且货物在派送过程中发生损坏的概率较大。境内电子商务发生在境内，货物的运送路途近、时间短，货物被损坏的概率较小。

▶▶▶ 1.2.2　适用规则不同

境内电子商务一般需要遵守电子商务平台的规则，以及境内电子商务行业的相关法律法规，而跨境电子商务需要遵守的规则更多、更细、更复杂。

很多人借助第三方平台开展跨境电子商务，首先，他们需要遵守各个电子商务平台的规则；其次，跨境电子商务涉及不同国家和地区之间的贸易往来，需要以国际通用的贸易协定或双边贸易协定为基础；最后，跨境电子商务具有很强的政策、规则敏感性，从事该行业的人员需要及时了解国际贸易体系、规则，进出口管制，关税细则、政策的变化，对国际贸易形势也应该有深入且全面的了解。

▶▶▶ 1.2.3　交易主体不同

境内电子商务的交易主体一般在境内，交易发生在境内企业和境内企业、境内企业和境内个人或境内个人和境内个人之间。跨境电子商务的交易主体在不同的关境内，交易发生在境内企业和境外企业、境内企业和境外个人或境内个人和境外个人之间。

跨境电子商务的交易主体遍及全球，他们有着不同的文化背景、生活习俗和消费习惯，所以从事跨境电子商务行业的人员需要对境外广告推广营销、目标市场人群的消费习惯、境外商品分销体系、目标市场的品牌认知等有深入的了解，要有"当地化/本土化"思维。由此可知，与境内电子商务相比，跨境电子商务的运营难度更高。

▶▶▶ 1.2.4　面临的风险不同

跨境电子商务的整个交易流程涉及仓储管理、国际物流、国际货款支付和结算等各个环节，面临着供货风险、运输风险、汇率风险及法律法规风险等各类风险。而境内电子商务是境内贸易，与跨境电子商务相比，其面临的风险相对较低。

1.3　跨境电子商务与传统外贸

互联网经济正在成为中国经济增长的重要引擎之一。与传统外贸相比，跨境电子商务交易拥有更高的效率，各国和地区的消费者对跨境电子商务的接纳程度越来越高，传统外贸电子商务化是一条新的出路。

►►► 1.3.1 跨境电子商务与传统外贸的模式对比

与传统外贸相比，跨境电子商务拥有极大的优势。跨境电子商务与传统外贸的模式对比如表 1-6 所示。

表 1-6 跨境电子商务与传统外贸的模式对比

对比项目 \ 贸易形式	传统外贸	跨境电子商务
交易主体交流方式	面对面，直接接触	通过互联网平台交易，间接接触
运作模式	基于商务合同的运作模式	需借助互联网电子商务平台
订单类型	大批量、少批次、订单集中、周期长	小批量、多批次、订单分散、周期相对较短
价格、利润率	价格高，利润率相对较低	价格实惠，利润率高
商品类目	商品类目少，更新速度慢	商品类目多，更新速度快
规模、增长速度	市场规模大，但由于受地域限制，增长速度相对缓慢	面向全球市场，规模大，增长速度快
交易环节	复杂（生产商—贸易商—进口商—批发商—零售商—消费者），涉及的中间商较多	简单（生产商—零售商—消费者，或者是生产商—消费者），涉及的中间商较少
支付	电汇、信用证等	电汇、信用证、互联网第三方支付等，支付方式更加多样
物流运输	通过空运、集装箱海运、铁路运输完成	通过邮政小包、专线物流、海外仓等进行运输
争端处理	拥有健全的争端处理机制	争端处理不畅，效率低

►►► 1.3.2 跨境电子商务对传统外贸产生的影响

中国商品在全球范围内有着较高的性价比，因此"中国制造"拥有的优势依旧十分明显，而跨境电子商务的发展为中国传统外贸企业提供了新的销售渠道和增长空间。

1. 缩短对外贸易中间环节，提升进出口贸易效率

传统外贸存在过度依赖传统销售、买家需求封闭、订单周期长、利润空间低等问题，制约着中小企业进出口贸易的发展。

跨境电子商务作为基于互联网的运营模式，正在重塑中小企业的国际贸易链条。图 1-6 所示为传统外贸和跨境电子商务的交易流程。

跨境电子商务打破了传统外贸模式下商品的境外销售渠道，如进口商、批发商、分销商甚至零售商在商品交易中的垄断地位，使企业可以直接面对个体批发商、零售商，甚至直接面对商品的终端消费者，有效地减少了贸易的中间环节和商品流转成本，而节省的中间环节成本为提升企业获利能力及消费者获得实惠提供了可能。

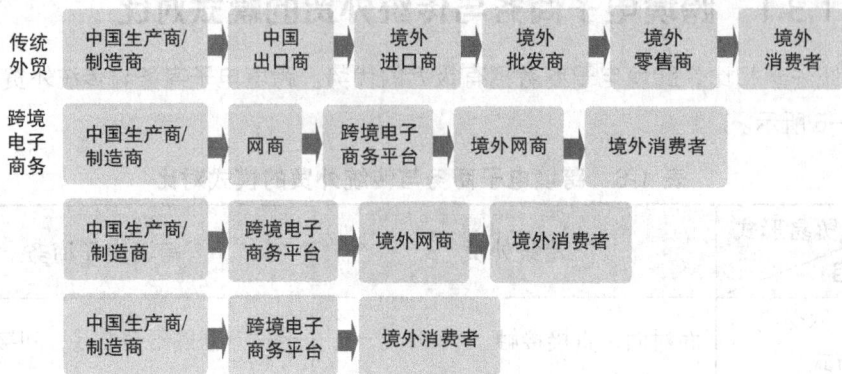

图 1-6　传统外贸和跨境电子商务的交易流程

2. 跨境电子商务帮助外贸企业实现客户资源管理

在传统外贸中，企业的运作方式多是由业务员包揽从客户选择、签订合同、组织货源、验货报关到货款支付的全过程，企业的大量客户资源被业务员掌握着，这导致企业的管理者无法准确掌握客户的情况，业务员在很大程度上影响着企业的生存和发展，一旦人才流失，将会导致企业竞争力急剧下降。而在跨境电子商务中，外贸企业的网络化、信息化建设使企业中所有人员每天的工作日程与行动记录都有据可查，每个人的工作细节一目了然，信息主动权更多地掌握在外贸企业的管理者手中。

3. 跨境电子商务帮助外贸企业获得更多的贸易机会

跨境电子商务的发展进一步推动了商品生产和服务的全球化，加速了全球市场一体化和生产国际化的进程，促使供应商和消费者建立更紧密的联系。借助互联网，外贸企业可以全天候地向消费者提供商品信息和服务，企业能够获得更多的贸易机会，消费者也可以随时随地在全球范围内选择最佳供应商。

4. 跨境电子商务有利于减轻外贸企业对实物基础设施的依赖

传统企业开展境内贸易业务必须拥有相应的基础设施，与开展境内贸易相比，外贸对实物基础设施的依赖程度更高。如果企业利用跨境电子商务开展国际贸易业务，这方面的投入就要少得多。美国亚马逊网上书店几乎没有豪华的办公室和宽敞的营业大厅，甚至除了少量的畅销书有部分库存外，其他大多数图书品种都是在接到客户订单后再向各个出版社订购，几乎不占库存。

1.4　跨境电子商务人才素养

企业要想从事跨境电子商务行业，不仅要对跨境电子交易的各个环节及其具体流程有清楚的认知，还要清楚跨境电子商务领域的各个岗位职责，以及对人才能力的要求。

▶▶▶ 1.4.1 跨境电子商务岗位类型

B2B 跨境电子商务公司与 B2C 跨境电子商务公司在人员的岗位设置上有所不同，下面将详细介绍这两类跨境电子商务公司的核心岗位。

1. B2B 跨境电子商务公司核心岗位

一家 B2B 跨境电子商务公司的核心岗位包括建站与后台维护、询盘转换订单、订单操作与单证、生产安排与跟单管理四类，各个岗位的主要职责如表 1-7 所示。

表 1-7 B2B 跨境电子商务公司核心岗位及其主要职责

岗位名称	主要职责
建站与后台维护	搭建网站框架：搭建网站主页面和自定义页面、滚动页面，增加页面栏目； 熟悉后台功能：能够熟练地上传商品信息，熟练地使用数据管家； 掌握关键词的使用：熟悉买家的搜索习惯，能够提炼关键词，并在后台对关键词的热搜度进行验证； 编辑图片：能够熟练地上传橱窗图片，用图片完美地展示商品； 商品描述：能够清晰、简洁地描述商品的特征、功能、技术、价格与竞争优势等
询盘转换订单	分析买家信息，清楚地了解询盘内容； 判断买家询盘的目的及对商品价格的态度； 策划合理的活动，积极促进询盘转化为订单； 对买家的来信做出积极回复，以完善的沟通与买家建立信任关系
订单操作与单证	包括确认样品、物流方式、支付方式、交易时间、交货地点等，并做好后期的跟进与服务
生产安排与跟单管理	在商品生产前核对原材料； 跟踪生产过程及每个时间段的进度； 确保商品的生产技术及质量符合要求； 保证正常包装出运

2. B2C 跨境电子商务公司核心岗位

根据对能力要求的不同，B2C 跨境电子商务公司的核心岗位可以分为三个层次，如图 1-7 所示。

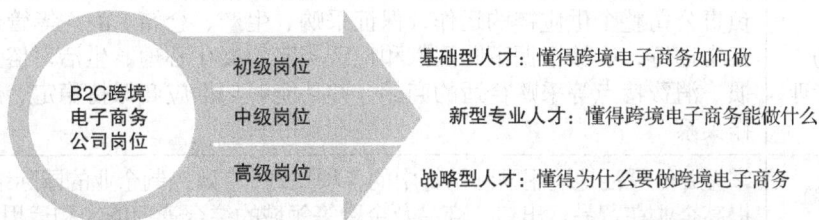

图 1-7 B2C 跨境电子商务公司的核心岗位人才能力要求

（1）初级岗位

初级岗位的人员需要掌握跨境电子商务的基本技能，对跨境电子商务的业务流程有所了解，并能处理相关事务，是"懂得跨境电子商务如何做"的基础型人才。具体来说，初级岗位主要包括客户服务、视觉设计、网络推广、跨境物流、报关员等，各个岗位的主要职能如表 1-8 所示。

表 1-8　B2C 跨境电子商务公司初级岗位的主要职能

岗位名称	主要职能
客户服务	能够利用网络即时通信、电话、邮件等方式熟练地运用英语、德语、法语或其他小语种与买家进行有效的沟通交流。其中，售后客服人员还要对不同国家和地区的相关法律法规有所了解，能够灵活地处理知识产权纠纷
视觉设计	精通视觉美学和视觉营销，能够拍摄合适的商品图片，并能设计美观的商品详情页；能够设计并装修出精美的店铺
网络推广	能够熟练地运用计算机技术对商品信息进行编辑、上传和发布，掌握搜索引擎优化技术、网站检测技术与基本的数据分析方法，并能运用这些技术进行商品推广
跨境物流	了解国际订单处理、电子商务通关、检验检疫的规则和流程，协助本部门处理好与海关、商检等部门的关系
报关员	全面负责公司进出口商品报关方面的日常事务和管理工作，组织实施并监督报关业务的全过程，追踪并掌握货物在报关和查验环节的情况，出现问题及时解决

（2）中级岗位

中级岗位的人员是熟悉跨境电子商务运营业务的商务型人才，其对现代商务活动有一定的了解，掌握跨境电子商务的基础知识，是"懂得跨境电子商务能做什么"的新型专业人才。

中级岗位主要包括市场运营管理、采购与供应链管理、国际结算管理等，各个岗位的主要职责如表 1-9 所示。

表 1-9　B2C 跨境电子商务公司中级岗位的主要职责

岗位名称	主要职责
市场运营管理	不但要精通互联网技术，而且要精通营销推广，能够运用网络营销手段开展商品推广，如商品信息编辑、活动策划、商业大数据分析、用户体验分析等
采购与供应链管理	负责公司整个供应链的运作，保证采购、生产、仓储、配送等管理工作的正常进行，能够根据不同国家和地区买家的文化心理、生活习俗、消费习惯、消费特点等采购合适的商品，并且能够与供应商保持稳定、广泛的合作关系
国际结算管理	掌握并能灵活地运用国际结算中的各项规则，有效控制企业的国际结算风险，提高企业在贸易、出口、商品及金融等领域的综合管理能力和运用法律法规的水准

（3）高级岗位

高级岗位的人才要对电子商务前沿理论有清楚的认识，具有前瞻性思维，能将跨境电子商务的经营上升至战略层次，洞察并把握跨境电子商务的特点和发展规律，并能引领跨境电子商务产业向前发展，是"懂得为什么要做跨境电子商务"的战略型人才。因此，这个级别的岗位所需要的人才是对跨境电子商务有高度认识的高级职业经理人，以及能够促进跨境电子商务产业发展的领导型人物。

随着跨境电子商务企业的发展，其业务会越来越复杂，市场竞争也会不断加剧，熟悉综合运营的新型专业人才的需求将会大幅上升，而具有大型跨境电子商务企业运营管理经验，能够带领企业走国际化发展道路的战略型高级综合人才更是一将难求。

▶▶▶ 1.4.2 跨境电子商务人才需求现状

跨境电子商务属于交叉性学科，既有国际贸易的特点，又有电子商务的特点，单一的专业可能无法满足跨境电子商务企业对人才的需求，跨境电子商务企业需要的是兼具国际贸易和电子商务技能的综合性人才。相关调查研究表明，跨境电子商务企业对人才的需求特点如表 1-10 所示。

表 1-10　跨境电子商务企业人才的需求特点

项目	人才需求的特点
专业要求	倾向于国际贸易、电子商务、外语、国际商务等专业
专业型或复合型	希望聘用复合型学科人才
岗位需求	最需要业务岗位人才，其次是技术岗位、管理岗位的人才
能力要求	最需要具有一定技巧和实战经验的中级人才，其次是具备丰富经验、作为业界翘楚的高级人才，会基础操作和入门知识的初级人才需求量较少
学历要求	企业认为专科和本科人才就可以了，最缺乏本科人才
毕业生的劣势	企业认为毕业生存在一定的劣势，其中解决问题的能力不强占首位，其次是专业知识不扎实、知识面窄、视野不够宽
企业对行业培训的需求	多数没有参与过培训，大多数愿意接受培训，但倾向于行业组织、企业自己组织的培训，其次是商业机构组织的培训
企业期望培训的内容	第一是互联网营销，第二是电子商务技术类，第三是管理类电子商务
不同所有制企业对人才的需求	企业更需要能够从事业务、解决实际问题的人才。私营企业对学历的要求最低（专科），而国有企业对学历的要求较高（本科、硕士）。针对现有跨境电子商务人才的情况，外资企业普遍认为现有毕业生的视野不够宽
企业境外业务拓展程度对人才的需求	企业境外业务比例越大，表明企业境外业务拓展程度越高，这些企业越感觉现有毕业生视野不够宽，知识陈旧。企业境外业务越多，对各种综合性人才，特别是有外语能力的综合性人才的需求就越强烈

▶▶▶ 1.4.3　跨境电子商务从业人员职业能力要求

从事跨境电子商务行业的人要具备综合能力，能认识到跨境电子商务发展趋势和跨境电子商务行业需求，具有国际化视野、跨境电子商务理念和跨文化交际意识，掌握用商务英语进行沟通、谈判和处理网店事务的能力，熟悉国际贸易和跨境电子商务交易的基本流程，了解跨境电子商务平台、国际产权和国际物流知识，具备跨境电子商务平台操作、客户开发和维护、询盘和订单处理、网络营销和推广能力。

1. 综合素质

首先，从事跨境电子商务行业的人需要具备一定的综合素质，要拥有国际化视野和创业意识。跨境电子商务人才需具备的综合素质如表 1-11 所示。

表 1-11　跨境电子商务人才需具备的综合素质

综合素质	素质要求
职业素质	具有良好的职业态度和职业道德修养，具有正确的择业观和创业观；坚持职业操守，爱岗敬业、诚实守信；具备从事职业活动所必需的基本能力和管理素质；脚踏实地、严谨求实、勇于创新
人文素养与科学素质	具有融合传统文化精华、当代中西文化潮流的宽阔视野，具有文理交融的科学思维能力和科学精神，具有健康、高雅、勤勉的生活工作情趣，具有适应社会核心价值体系的审美立场和方法能力，具有个性鲜明、善于合作的个人成长成才的素质基础
国际化视野	具有国际化的意识和胸怀，能够理解具有不同文化背景的人并与其沟通，在竞争中善于把握机会，争取主动
创业意识	了解跨境电子商务对国际贸易的影响，掌握跨境电子商务背景下创业的特点、趋势、方法和技巧
跨境电子商务意识	充分认识到在电子商务时代，外贸行业"危"和"机"并存，跨境电子商务不再是一种营销途径和方法，而是一种经营模式和理念
身心素质	具有一定的体育运动和生理知识，养成良好的锻炼身体、讲卫生的习惯，掌握一定的运动技能，达到国家规定的体育健康标准；具有坚忍不拔的毅力、积极乐观的态度、良好的人际关系、健全的人格品质

2. 职业能力要求

跨境电子商务人才还要具备该行业相关专业的职业能力，如表 1-12 所示。

表 1-12　跨境电子商务行业人才职业能力要求

能力	具体要求
职业通用能力	在跨境电子商务各种情境下，熟练地使用商务英语进行沟通的能力
	熟悉国际贸易知识和流程
	跨文化意识和交际能力
	熟练应用基本办公软件（Word、Excel、PowerPoint、Photoshop 等）的能力
	熟悉国际贸易地理、国际船务航线和国际快递知识并熟练应用

能力	具体要求
职业专门能力	熟悉各种跨境电子商务平台及其定位与经营模式
	网店选品和定价能力
	图片处理能力
	商品信息上传和优化能力
	熟悉物流公司、物流模式，具备物流定价能力
	熟悉国际知识产权、商标、专利等方面的知识，具备风险识别、侵权处理能力
	熟练应用站内外推广工具的能力
职业综合能力	利用各种工具和平台有效地进行客户开发、维护和管理的能力
	根据具体平台和店铺有效地进行站内外和全网营销与推广的能力
	店铺询盘、订单、物流综合管理能力
	具备跨境电子商务创业意识，能进行创业项目可行性分析
职业拓展能力	国际船务和货代处理能力
	国际会展策划、组织、接待、协调能力
	跨境电子商务网页设计能力
	移动跨境电子商务能力

课后习题 ••••

1. 按照海关监管方式划分，跨境电子商务分为哪些类型？各有什么特点？
2. 跨境电子商务与境内电子商务有哪些区别？
3. 跨境电子商务与传统外贸有哪些区别？
4. 简述跨境电子商务从业人员应当具备哪些能力和素质。

第2章

多平台群雄争霸——跨境电子商务平台

📖 **学习目标**

➢ 了解阿里巴巴国际站及其收费标准与特点。

➢ 了解中国制造网、环球资源网、敦煌网的服务内容。

➢ 掌握全球速卖通、亚马逊、eBay、Wish 平台的特点、账户类型、销售方式和入驻方式。

➢ 了解国际贸易单一窗口的主要功能。

➢ 了解一达通的主要服务内容。

在跨境电子商务产业链中，第三方跨境电子商务平台和跨境电子商务服务平台是重要组成部分。卖家可以通过入驻第三方跨境电子商务平台拓展线上销售渠道，实现跨境商品交易。此外，跨境电子商务服务平台能为卖家提供通关、物流、外汇、退税等服务支持。本章将介绍阿里巴巴国际站、中国制造网、环球资源网、敦煌网等主流 B2B 跨境电子商务平台，全球速卖通、亚马逊、eBay、Wish 等主流 B2C 跨境电子商务平台，以及国际贸易单一窗口和一达通等跨境电子商务服务平台。

2.1 主流 B2B 跨境电子商务平台

在诸多 B2B 跨境电子商务平台中，阿里巴巴国际站、中国制造网、环球资源网、敦煌网是极具代表性的几个平台，而且各具特色。

▶▶▶ 2.1.1 阿里巴巴国际站

阿里巴巴国际站成立于 1999 年，是阿里巴巴集团的第一个业务模块，现已成为全球领先的跨境贸易 B2B 电子商务平台。

1．阿里巴巴国际站的服务内容

阿里巴巴国际站的定位是全国中小企业的网上贸易市场，其服务对象是从事全球贸易的中小企业。阿里巴巴国际站坚持以"数字化人货场"为内环、"数字化履约服务"为外环、"数字化信用体系"为链接纽带的矩阵布局，为企业打造外贸领域内的数字化"商业操作系统"。

（1）商机获取服务

阿里巴巴国际站通过构建数字化及多元化营销场景，帮助卖家获取海量买家。在商机获取方面，阿里巴巴国际站提供的服务内容包括出口通、金品诚企、顶级展位、外贸直通车、明星展播、橱窗等。

① 出口通

出口通是阿里巴巴国际站推出的基础会员产品，卖家在阿里巴巴国际站办理出口通后即可成为阿里巴巴国际站的付费会员，可以在阿里巴巴国际站上开店、发布商品信息，并联系境外买家进行交易。出口通会员可以获得 10 个橱窗展示位，还可以享受数据管家、视频自上传和企业邮箱等服务内容。

② 金品诚企

金品诚企是阿里巴巴国际站根据买家采购习惯推出的综合性推广服务，旨在帮助卖家快速赢得买家信任，促进交易。目前，金品诚企的价格为 8 万元/年。

卖家成为金品诚企的会员后，可以获得 40 个橱窗展示位，除了可以享受出口通服务外，还可以获得由第三方国际权威认证机构提供的企业认证服务，其发布的商品在展示时带有 Verified Supplier 标志。专业的第三方认证公司可以为卖家提供专业的认证报告（见图 2-1），进一步彰显卖家实力，提升买家对卖家的信任度。

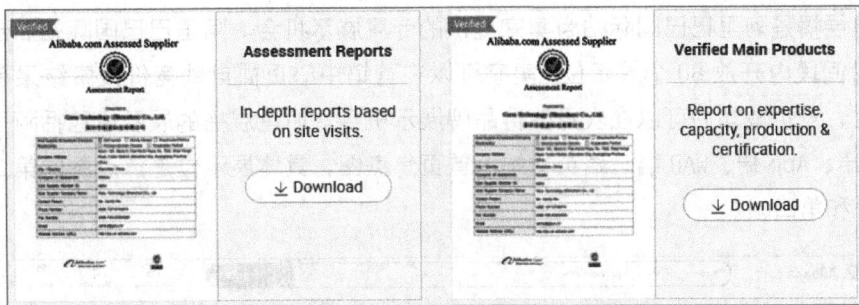

图 2-1　第三方认证公司提供的认证报告

此外，金品诚企会员还享有专属营销权益和专属营销场景，其商品在阿里巴巴国际站的商品搜索结果页面有独立的筛选框（见图 2-2），能够帮助卖家增加商品的曝光机会。

③ 顶级展位

顶级展位是阿里巴巴国际站为卖家提供的品牌营销产品，卖家通过购买关键词获得展示位置，其展示位置在商品搜索结果首页的第一名，并带有专属皇冠标志和"Top Sponsored Listing"的字样，如图 2-3 所示。通过顶级展位，卖家可以自定义产品视频、图片、广告语等创意，全方位展现自身产品的优势。

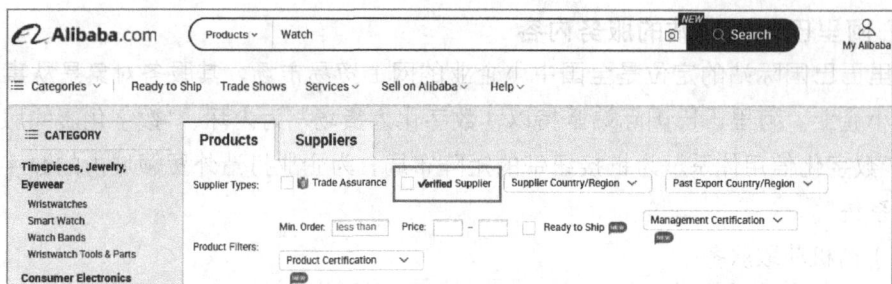

图 2-2　加入金品诚企的商品在商品搜索结果页面的独立筛选框

图 2-3　PC 端顶级展位效果

④ 外贸直通车（P4P）

外贸直通车是阿里巴巴国际站为卖家提供的一种按照效果付费的精准网络营销服务。卖家开通此服务后，其商品信息会在商品搜索结果页面的最优位置进行展现，所有展示免费，只有当买家点开展示广告时，卖家才需付费。

⑤ 明星展播

明星展播是阿里巴巴国际站为卖家提供的专属展示机会。阿里巴巴国际站后台每月会在特定时间段内开放 80 个展示位，卖家可以在营销中心页面自助竞价搜索结果首页的焦点展示位，竞价成功后可以在次月获得品牌展示机会。明星展播的展示位包括阿里巴巴国际站 PC 端、App 端、WAP 端三端英文站点首页焦点图，具体展示位是焦点图的第二帧（见图 2-4）和第四帧。

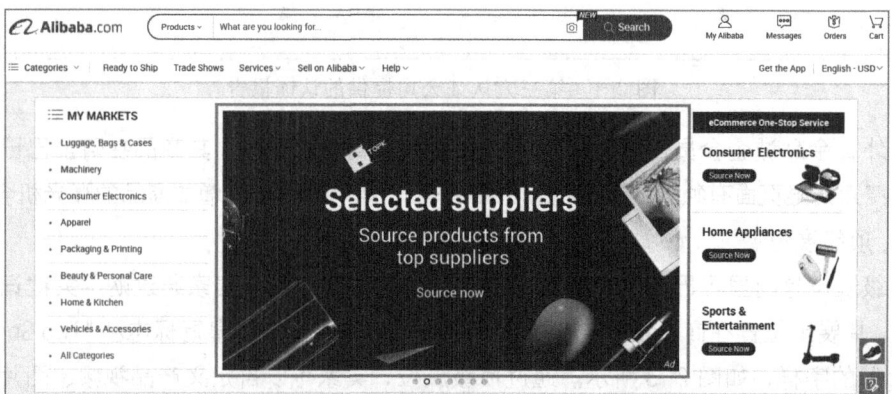

图 2-4　PC 端焦点图第二帧展示位

⑥ 橱窗

橱窗是阿里巴巴国际站为卖家提供的用于展示主推商品的展示位，类似于实体店铺的展台，卖家可以将自己的热销或主营商品放在橱窗中进行展示。在同等条件下，橱窗商品与其他商品相比在搜索中更有优势。橱窗商品可以随时更换，橱窗可以按组购买，因需而定。

（2）交易履约服务

在交易履约方面，阿里巴巴国际站全链路赋能，为卖家提供跨境供应链解决方案，保障交易能够安全、可靠地进行。

① 信用保障服务

信用保障服务是指阿里巴巴国际站能够为卖家免费提供信用背书，提升买家对卖家的信任度。卖家开通信用保障服务后，其商品在搜索结果页面的展示会带有 标志，并能获得流量加权。此外，阿里巴巴国际站信用保障服务能为卖家量身定制跨境收款解决方案，为卖家提供安全、低成本和高时效的收款渠道，提升资金周转效率。

② 外贸综合服务

阿里巴巴国际站通过运用互联网技术为卖家提供快捷、低成本的通关，收汇、退税，以及配套的外贸融资、国际物流服务，利用电子商务的手段解决卖家在流通环节遇到的服务难题。

③ 国际物流服务

阿里巴巴国际站联合菜鸟网络打造了货物运输平台，能够为交易双方提供海运拼箱、海运整柜、国际快递、国际空运、集港拖车、中港运输、中欧铁路和海外仓等跨境货物运输及存储中转服务。

④ 金融服务

阿里巴巴国际站能为卖家提供包括超级信用证、网商流水贷、备货融资等在内的跨境交易一站式金融解决方案（见表 2-1），帮助卖家缓解资金压力，提升接单能力。

表 2-1　阿里巴巴国际站为卖家提供的金融解决方案

金融解决方案	简介
超级信用证	帮助卖家解决在信用证交易中面临的风险和资金问题，为中小企业提供一站式的，包括审证、制单、审单、交单等在内的信用证基础服务及融资服务
网商流水贷	阿里巴巴国际站联合网商银行打造的中小企业信用融资，具有申请流程简单、额度高、利率低的特点，最快 3 分钟即可到账
备货融资	阿里巴巴国际站联合网商银行推出的一款基于信用保障订单的低息短期贷款服务，帮助卖家解决在备货期间的生产、采购资金需求，提升卖家接单能力

⑤ 支付结算服务

阿里巴巴国际站除了为买家提供信用证（Letter of Credit, L/C）、承兑交单（Documents against Acceptance, D/A）、付款交单（Documents against Payment, D/P）、电汇（Telegraphic Transfer, T/T）、西联汇款、速汇金等支付方式外，还为买家提供了一种全新的支付方

式——Pay Later。目前，Pay Later 已对美国区域的买家开放。买家使用 Pay Later 进行支付时，第三方金融机构直接替买家将资金垫付给卖家，买家可以获得最长 6 个月的贷款期，这样既可以缓解买家的资金压力，又能让卖家安全、快速地收款。

（3）业务管理服务

在业务管理服务方面，阿里巴巴国际站为卖家提供了客户通和数据管家两个工具，帮助卖家以数据为驱动提升管理绩效，全面洞察商业先机。

① 客户通

客户通是阿里巴巴国际站为卖家打造的专业客户关系管理（Customer Relationship Management，CRM）工具。通过精准匹配，客户通赋能卖家实现更加有效的客户管理，构建端到端的买卖数据闭环。

② 数据管家

数据管家是阿里巴巴国际站为卖家提供的数据化管理工具，通过数据沉淀与分析，为卖家提供关键词分析、商品采购与供应指数变化、买家行为分析等信息，帮助卖家实现数据化运营。

2. 加入阿里巴巴国际站需满足的要求及相关费用

目前，阿里巴巴国际站只接受在中国境内合法注册的生产或销售实体商品的企业加入（对企业的进出口权没有要求），暂不接受服务型企业加入，如物流、检测认证、管理服务等企业。此外，离岸公司和个人也无法加入阿里巴巴国际站。

目前，阿里巴巴国际站按年收费，费用由基础服务费和增值服务费组成，基础服务费（出口通）为 29 800 元/年。

3. 阿里巴巴国际站的特点

与其他 B2B 跨境电子商务平台相比，阿里巴巴国际站的特点表现在以下几个方面。

（1）访问流量大，在境外颇具知名度

阿里巴巴国际站注册会员超过 1.5 亿人，平台上的商品类别超过 5 900 种。阿里巴巴国际站拥有 2 000 多万活跃的境外采购商，每天有来自全球 200 多个国家和地区的中小企业在平台上进行交易，产生近 30 万笔询盘订单。

阿里巴巴国际站创始于国际电子商务发展早期，经历了电子商务行业发展的高潮期和寒冬期，在境外采购商中形成了一定的影响力。随着阿里巴巴 B2B 公司的上市，其同名的阿里巴巴集团又在美国纽约证券交易所挂牌。经过 20 多年的发展，阿里巴巴国际站在境外形成了较高的知名度，成为阿里巴巴集团的支柱业务之一。

（2）功能完善，服务系统化

阿里巴巴国际站能够为卖家提供一站式的店铺装修、商品展示、营销推广、生意洽谈等服务和工具，还能为卖家提供较新的行业发展和交易数据信息，帮助卖家寻找更多的商机。此外，阿里巴巴国际站能够为卖家提供专业的培训，帮助卖家全方位提高运营技能。

（3）大数据优势明显，形成数字化格局

借助阿里云、达摩院等一系列数字分析工具，阿里巴巴国际站能够为卖家提供客观、详细的行业动态分析，帮助卖家实现更加精准的营销。

2019 年 6 月，阿里巴巴国际站正式启动"数字化出海 2.0"计划，该计划覆盖了跨境贸易全链路，对阿里巴巴国际站在信用担保、支付金融、基础物流和跨境供应链等环节的既有商品和服务矩阵进行全面的数字化升级，让买卖双方精准匹配，旨在为卖家提供数字化交易、营销、金融服务及供应链服务等一系列数字化外贸解决方案。

▶▶▶ 2.1.2 中国制造网

中国制造网创建于 1998 年，由焦点科技股份有限公司开发和运营，是我国著名的 B2B 电子商务网站之一。

中国制造网分为内贸站和国际站。中国制造网内贸站是由焦点科技股份有限公司运营的综合性第三方 B2B 电子商务服务平台。内贸站立足我国境内贸易领域，致力于为境内中小企业构建交流渠道，帮助供应商和采购商建立联系，挖掘境内市场商业机会。

中国制造网国际站是一个汇集中国企业商品，面向全球采购商，为买卖双方提供高效、可靠的信息交流与贸易服务的平台。

1. 中国制造网提供的外贸服务

中国制造网国际站能够为企业提供一站式外贸解决方案，帮助企业解决外贸难题。具体来说，中国制造网所提供的外贸服务包括以下三项。

（1）外贸综合服务

中国制造网旗下的外贸综合服务平台——焦点进出口服务有限公司，能够为有出口需求的企业提供一站式外贸全流程解决方案，包括报关报检、船务物流、外汇结收、代办退税、信用证审核、订单贷款等服务，企业可以根据自身需求定制相关服务。

（2）仓储物流服务

在美国经营一家公司将会面临因不熟悉当地商业环境而造成人力、物力及财力成本增加，出现大量会计、税务、法律和知识产权等问题的风险。中国制造网美国公司 inQbrands 能够为其用户提供一站式落地美国服务，帮助各企业以集约化的方式低成本进入美国市场，为企业成功出境提供强有力的支撑。

（3）跨境 B2B 在线交易平台

开锣是焦点科技股份有限公司于 2017 年推出的专业跨境 B2B 在线交易平台。作为跨境分销平台，开锣能够帮助供应商以批发销售的方式进入境外市场，让供应商直接与境外各类经销商、承包商、销售公司、电子商务卖家等中小型中间商建立合作关系，进而提升自身的销售额和利润。图 2-5 所示为传统 B2B 外贸模式与开锣直达境外中小型中间商模式对比。

开锣接受中国注册公司（包含工厂、工贸一体化公司、贸易公司）或其强关联的美国子公司、分公司、代理商的入驻，入驻开锣的公司需要根据美国当地要求提供公司所属行业相应的认证证书。

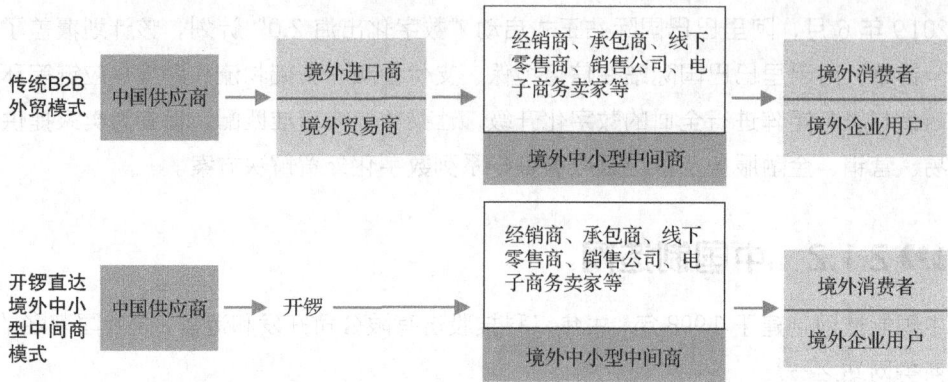

图 2-5　传统 B2B 外贸模式与开锣直达境外中小型中间商模式对比

2. 中国制造网国际站的特点

卖家注册成为中国制造网国际站的免费会员后，即可通过虚拟办公室发布并管理企业、商品和商情信息。卖家注册成为中国制造网国际站的高级会员后，除了能够享受基础服务外，还可以享受认证审核、专属展厅、多渠道推广等服务。

在中国制造网国际站上，买家的询盘都是一对一的，一个买家只有点击并查看卖家的具体商品信息，才能向该卖家发送求购信息，因此中国制造网国际站上的询盘质量是比较高的。此外，中国制造网国际站会定期向其高级会员推送采购商的信息，这些采购商的信息都是与高级会员定向匹配的，并且未在中国制造网国际站供求信息栏目中公布过，所以成交率相对较高。

▶▶▶ 2.1.3　环球资源网

环球资源是一家多渠道 B2B 媒体公司，其核心业务是通过贸易展览会、环球资源网站、贸易杂志及手机应用程序等一系列媒体和平台发布各类贸易信息，促进全球各国或地区的贸易往来。

环球资源网是环球资源创办的拥有电子行业、五金行业、时尚行业等多行业商品的一站式采购交易平台，是供应商开展线上线下（Online to Offline，O2O）整合推广的重要渠道，也是采购商采购商品的有效渠道。环球资源为供应商提供线上到线下的推广方案，供应商可以借助环球资源网在线上吸引买家关注，在线下展会落实双方合作细节。

O2O 式的推广方案是环球资源网的最大优势。通过环球资源网，供应商无须参加展会即可获得参加贸易展会的益处，网站特设 O2O 专区，在黄金位置呈现精选商品，既可以帮助供应商彰显企业实力，又可以帮助买家迅速锁定目标供应商。

▶▶▶ 2.1.4　敦煌网

敦煌网创立于 2004 年，经过 16 年的发展，在 50 多个国家和地区具有清关能力，形成了 200 多条物流专线，建成了 17 个海外仓，在品牌优势、技术优势、运营优势、用户优势四大维度上形成了强大的行业竞争优势，其买家覆盖全球 222 个国家和地区。

1. 敦煌网的服务对象和服务内容

敦煌网是一个专注于小额 B2B 领域的跨境电子商务平台，侧重于帮助我国中小企业开展小批量的 B2B 跨境交易。

敦煌网通过整合传统外贸企业在关检、物流、支付、金融等领域的合作伙伴，打造了集相关服务于一体的全平台、线上化外贸闭环模式，为中小企业提供专业、有效的信息流，快捷、简便的物流，以及安全、可靠的资金流等服务，降低了中小企业对接国际市场的门槛，帮助我国中小企业直连国际市场，同时也帮助境外中小零售商获得质优价廉的货源，实现对供应端和采购端的双向赋能。

2. 敦煌网的收费模式

入驻敦煌网的卖家需要缴纳一定的平台使用费，目前敦煌网平台使用费的收费方式分为三种，如图 2-6 所示。如果卖家直接付费，平台就会默认卖家选择的是"一年有效999 元"。

图 2-6 敦煌网平台使用费的收费方式及收费标准

敦煌网采取佣金制，买卖双方交易成功后，卖家需要为该笔交易支付相应的佣金。敦煌网"平台使用费+佣金"的收费模式打破了传统跨境电子商务"会员制"的收费模式，不仅能够有效地降低卖家的经营风险，还有效地避开了与同行的竞争。敦煌网与其他 B2B 跨境电子商务平台的对比如图 2-7 所示。

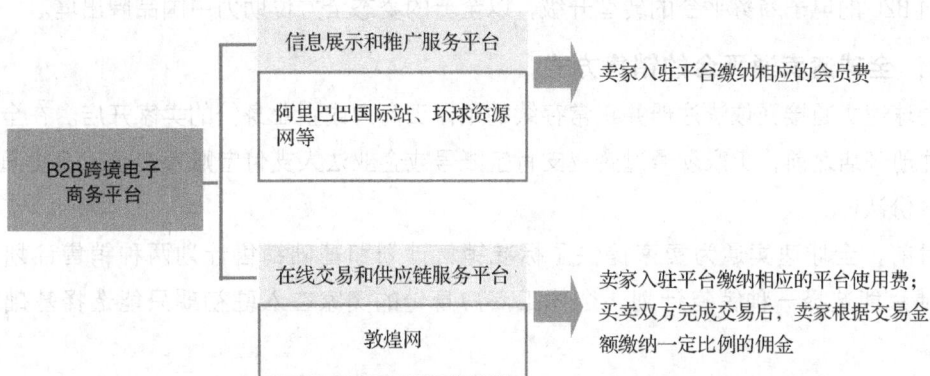

图 2-7 敦煌网与其他 B2B 跨境电子商务平台的对比

近几年来，敦煌网与秘鲁邮政达成了战略合作协议，在东欧等地建立了数字贸易中心，不仅提升了敦煌网平台在世界范围内的影响力，还有效地解决了跨境电子商务落地的诸多问题。

3. 敦煌网的交易流程

在敦煌网上完成一笔交易的基本流程为：卖家将商品的图片、特点描述、报价等信息上传到敦煌网平台，境外买家在平台上选购，卖家接到境外买家的订单后进行备货，并按订单要求发货，买家收到货后付款，买卖双方通过 PayPal 进行贸易结算。

在敦煌网上，买家可以根据卖家提供的商品信息来生成订单，既可以选择直接批量采购，也可以选择先购买少量样品，然后再大量采购。

2.2 主流 B2C 跨境电子商务平台

B2C 跨境电子商务平台通过搭建线上商城，并整合运营、支付、物流等服务资源吸引卖家入驻，为卖家提供跨境电子商务交易服务，平台以收取卖家交易佣金和增值服务费来获得盈利。目前，市场上极具代表性的 B2C 跨境电子商务平台有全球速卖通、亚马逊、eBay 和 Wish 等。

▶▶▶ 2.2.1 全球速卖通

全球速卖通（AliExpress）是阿里巴巴为了帮助我国中小企业接触境外终端批发零售商，实现小批量、多批次快速销售，拓展利润空间而全力打造的集订单、支付、物流于一体的外贸在线交易平台。全球速卖通覆盖全球 230 个国家和地区，其主要消费者市场包括俄罗斯、美国、西班牙、巴西、法国等国，支持世界 18 种语言，其销售的商品备受境外消费者欢迎。

为了顺应全球贸易新形势的发展，2016 年 8 月，全球速卖通完成了由 C2C 的电子商务平台向 B2C 的电子商务平台的转型升级，以全新的姿态全方位助力中国品牌出境。

1. 全球速卖通平台的销售方式

全球速卖通接受依法注册并正常存续的个体工商户或企业身份的卖家开店。在全球速卖通注册开店之前，卖家须通过企业支付宝账号或企业法人支付宝账号在全球速卖通完成企业身份认证。

目前，全球速卖通为卖家提供了标准销售计划和基础销售计划两种销售计划，一个店铺只能选择一种销售计划，个体工商户身份的卖家在入驻初期只能选择基础销售计划。

标准销售计划和基础销售计划的区别如表 2-2 所示。

表 2-2　标准销售计划和基础销售计划的区别

项目	标准销售计划（Standard）	基础销售计划（Basic）	备注
店铺的注册主体	企业	个体工商户/企业	注册主体为个体工商户的卖家店铺仅可申请"基础销售计划"。当"基础销售计划"不能满足店铺的经营需求时，店铺满足一定条件后，可以申请并转换为"标准销售计划"
开店数量	无论主体是个体工商户还是企业，同一注册主体下最多可以开设 6 家店铺，每个店铺仅可选择一种销售计划		
年费	年费按经营大类收取，两种销售计划收费标准相同		
商标资质	拥有商标资质，且商标符合全球速卖通平台的要求	拥有商标资质，且商标符合全球速卖通平台的要求	
类目服务指标考核	满足所入驻类目的相关考核要求	满足所入驻类目的相关考核要求	
年费结算奖励	店铺中途退出：平台按自然月返还未使用年费；店铺经营到年底：平台返还未使用年费，使用的年费根据年底销售额完成情况进行奖励	店铺中途退出：平台全额返还年费；店铺经营到年底：平台全额返还年费	无论选择哪种销售计划，若店铺因违规违约导致账号被关闭，年费都将不予返还
销售计划是否可转换	一个自然年内不可切换至"基础销售计划"	当"基础销售计划"不能满足店铺经营需求且店铺满足以下条件时，可以申请升级为"标准销售计划"：（1）最近 30 天成交总额≥2 000 美元；（2）当月服务等级为非不及格（不考核+及格及以上）	
功能区别	可发布在线商品数≤3 000 个	（1）可发布在线商品数≤500 个；（2）部分类目暂不开放"基础销售计划"；（3）每月享受 3 000 美元的经营额度（即买家成功支付金额），当月支付金额≥3 000 美元时，无搜索曝光机会，但店铺内商品展示不受影响；下个自然月初，搜索曝光机会恢复正常	无论选择何种销售计划，店铺均可正常报名参与平台各种营销活动，不受支付金额限制

无论卖家选择哪种销售计划，都要根据系统流程完成类目招商准入，随后才可以在全球速卖通平台上发布商品。

2. 全球速卖通平台的店铺类型

全球速卖通平台的店铺分为官方店、专卖店和专营店，各类店铺的特点如表 2-3 所示。

表 2-3　速卖通平台店铺类型及其特点

项目	官方店	专卖店	专营店
店铺类型介绍	卖家以自有品牌或由权利人独占性授权（仅商标为 R 商标且非中文商标）入驻全球速卖通开设的店铺	卖家以自有品牌（商标为 R 商标或 TM 状态）或者持他人品牌授权文件在全球速卖通开设的店铺	经营 1 个及以上他人或自有品牌（商标为 R 商标或 TM 状态）商品的店铺
单店铺可申请品牌数量	仅 1 个	仅 1 个	可多个
平台允许的店铺数	同一品牌（商标）仅 1 个	同一品牌（商标）可多个	同一品牌（商标）可多个
店铺名称	品牌名+official store（默认店铺名称）或品牌名+自定义内容+official store	品牌名+自定义内容+store	自定义内容+store
二级域名	品牌名（默认二级域名）或品牌名+自定义内容	品牌名+自定义内容	自定义内容

3. 全球速卖通平台的收费标准

在全球速卖通上，每个账号只能选择一个经营范围，但可以在该经营范围内经营一个或多个经营大类。

在 2019 年 11 月 27 日 14:00 后入驻全球速卖通的新卖家，无须向平台缴纳年费，但应按照卖家规则缴纳保证金。卖家在申请入驻经营大类时，应指定缴纳保证金的支付宝账号，并保证其有足够的余额。平台将在卖家的入驻申请通过后通过支付宝冻结相应的金额，如果支付宝内金额不足，权限将无法开通。

卖家申请在全球速卖通开设店铺的步骤非常简单，如图 2-8 所示。

4. 中国好卖家

自全球速卖通平台实施企业化、品牌化升级以来，优质品牌卖家迎来了拓展境外市场、打造国际品牌的全新机遇。为了帮助更多的优质企业、优质品牌出境，全球速卖通平台推出了"中国好卖家"项目，为企业量身定制了各种资源及保障计划，为其出境保驾护航。

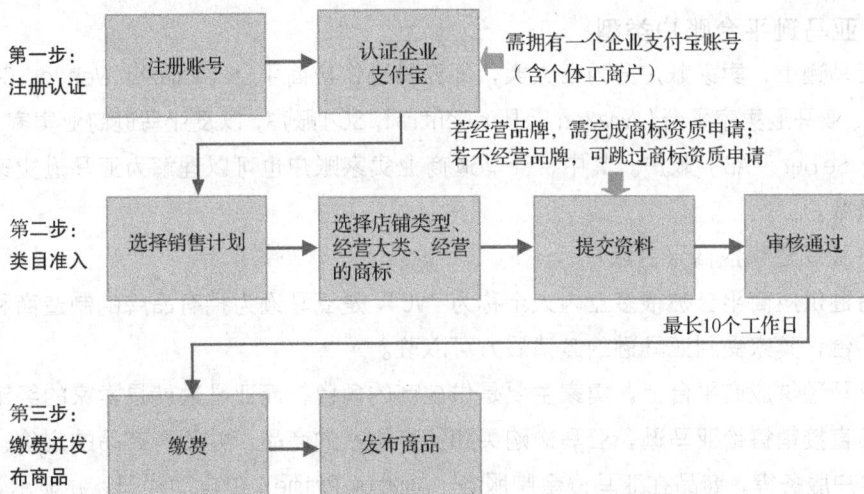

图 2-8　卖家在全球速卖通开设店铺的基本流程

卖家加入"中国好卖家"的方式有两种，一种是卖家运营实力达标，平台予以准入；另一种是卖家自主申请。全球速卖通平台每个月都会向"中国好卖家"相关负责人员推送近 12 个月内开店（第一个商品上架时间在 12 个月以内）的卖家清单，相关负责人员会查阅清单上卖家店铺的经营指标，评价其是否符合"中国好卖家"的标准，对于符合"中国好卖家"标准的卖家，平台将予以准入。

"中国好卖家"自主申请渠道仅针对新卖家（近 12 个月内开设的店铺）开放，卖家可以通过线上报名或线下招商会报名的方式自主申请。

5. 全球速卖通的特点

全球速卖通于 2010 年 4 月正式上线，是阿里巴巴旗下面向全球市场打造的在线零售交易平台，其经营宗旨是将"中国制造"通过电子商务平台直接送达全球消费者手中。

经过近几年的发展，全球速卖通已经成为全球最活跃的跨境电子商务平台之一。同时，依靠阿里巴巴庞大的会员基础，全球速卖通成为目前商品品类最丰富的电子商务平台之一。全球速卖通的侧重点在新兴市场，尤其是俄罗斯和巴西。

全球速卖通卖家账号后台的操作页面简单整洁，便于新人上手。另外，阿里巴巴有非常好的社区和客户培训系统，通过社区和阿里巴巴的培训，跨境新手可以通过全球速卖通快速入门。因此，全球速卖通比较适合跨境新人，尤其适合所售商品符合新兴市场需求的卖家，以及商品有供应链优势、价格优势明显的卖家。

▶▶▶ 2.2.2　亚马逊

亚马逊是全球商品品种较多的网上零售商和互联网企业，也是全球著名的 B2C 电子商务平台之一。亚马逊平台能够为卖家提供包括物流、推广、商业顾问在内的一系列服务。亚马逊拥有专业的顾问团队，向平台商家免费提供首次上线的技术支持和咨询服务，并定期提供网络培训。

1. 亚马逊平台账户类型

在亚马逊上，卖家账户分为三大类，即亚马逊供应商平台（Amazon Vendor Central, VC）账户、亚马逊卖家平台（Amazon Seller Central, SC）账户，以及亚马逊商业卖家（Amazon Business Seller, AB）账户。其中，亚马逊商业卖家账户也可以理解为亚马逊卖家平台账户的升级版。

（1）亚马逊供应商平台账户

亚马逊供应商平台被很多业内人士称为"VC"，是亚马逊为拥有品牌的制造商和分销商创建的平台，卖家受到亚马逊的邀请后方可入驻。

在亚马逊供应商平台上，卖家主要是供应商的角色，而亚马逊就是卖家的经销商。卖家将商品直接销售给亚马逊，亚马逊购买和储存卖家的商品，并负责商品的定价、运送、退货、客户服务等，商品在亚马逊金牌服务（Amazon Prime）中自动注册，并显示为"Sold by Amazon"（亚马逊销售）。目前，亚马逊的自营商品几乎全部来自这一供应商平台。

亚马逊供应商平台账户的特点如表 2-4 所示。

表 2-4　亚马逊供应商平台账户的特点

特点	具体表现
入驻方式	亚马逊供应商平台相对来说比较封闭，基本是邀请入驻制。如果没有获得亚马逊的邀请，就不能申请入驻，但 VC 在商品上传数量上没有限制，且全面支持"A+"页面
商品定价	商品页面由亚马逊设计，亚马逊会通过其自动化系统为卖家的商品定价，所以在第三方销售平台上的商品价格可能低于卖家自己的定价。卖家的利润在一定程度上会有所减少，这是因为卖家的销售是与中间人（亚马逊）进行的，而不是直接面向终端客户的
推广工具	卖家可以享受亚马逊营销服务（Amazon Marketing Services，AMS），这项服务为卖家提供了许多功能，如赞助商品、标题搜索广告、产品展示广告等，能帮助卖家进行推广宣传。在亚马逊供应商平台上，卖家还可以获得季节性礼品指南、闪电交易、A 界面、品牌商店等服务
物流系统	亚马逊会负责库存和订单处理，物流部分会相对简化。第三方销售平台每周都会提供批量订单，然后交付给亚马逊分销中心，这意味着卖家不需要处理每个客户的订单。然而，卖家也不能用发到亚马逊的库存来处理来自其他第三方销售渠道的订单
客服	卖家使用亚马逊供应商平台时，亚马逊会负责所有客户服务，以及涉及欺诈的问题

概括来说，亚马逊供应商平台为卖家提供了一些可以提高曝光率的促销工具，并且会帮助卖家管理所有物流。此外，商品上带有的"Sold by Amazon"标签可以提升买家对商品的信任度。

（2）亚马逊卖家平台账户

亚马逊卖家平台是指零售商作为第三方卖家在亚马逊上销售商品，亚马逊在这里是第三方电子商务平台，属于 B2C 模式。目前，几乎所有的中国卖家都是以此身份在亚马逊上销售商品的。

对于中国卖家来说，亚马逊卖家平台有"自注册"和"全球开店"两种入驻方式，卖家可以选择个人销售计划和专业销售计划两种销售方式。

注册亚马逊卖家平台账户后，卖家可以为商品定价，而且可以随时调整商品价格，还可以使用亚马逊的赞助商品广告服务。卖家需要自己管理库存，可以选择渠道进行分配，也可以使用亚马逊物流（Fulfillment by Amazon，FBA）服务。卖家可以通过"服务窗口"来解决商品目录、库存、收款等环节碰到的问题，并且在添加商品目录时具备更大的灵活性。此外，FBA有专业客服为卖家提供服务。

概括来说，在亚马逊卖家平台账户中，卖家在商品定价上享有更多的自主权，而且可以更好地管理库存，访问后台"帮助中心"，同时在商品页面上添加信息时更加独立。然而，卖家在销售时可以使用的促销工具较少，还要自己处理所有的物流问题，包括库存、运输、退货等，除非卖家使用FBA。

亚马逊供应商平台账户与亚马逊卖家平台账户的对比如表2-5所示。

表2-5　亚马逊供应商平台账户与亚马逊卖家平台账户的对比

项目	亚马逊供应商平台账户	亚马逊卖家平台账户
申请方式	由亚马逊邀请	自注册（通过官网链接注册）、全球开店（通过招商经理渠道注册）
账户类型	亚马逊供货商	第三方自营卖家
卖家名称显示	Amazon	卖家店铺名称
广告位	AMS广告位，亚马逊所有广告位	卖家广告位
商品售价	由亚马逊决定	由卖家决定
物流选择	FBA	自发货、FBA
开店收费	2%佣金，4%～10%弹性成本，3%～15%市场开发费用，2%～3%物流损耗费用，1%～2%商品损耗费用	8%～20%品类费用；专业计划卖家店铺月租
结款时间	30～90天	14天

（3）亚马逊商业卖家账户

亚马逊商业卖家账户是亚马逊于2015年全新发布的针对企业以及机构买家的一站式商业采购站点。利用亚马逊商业卖家账户，企业及机构买家可以接触到海量选品，专享商品特有价格及2日商品送达服务，并且能够轻松完成审批工作流程，让商业采购变得更加便捷。

简单来说，亚马逊卖家平台账户是B2C的亚马逊第三方卖家账户，而亚马逊商业卖家账户是B2B账户，它可以帮助企业购买其所需要的一切商品，为企业提供一站式服务，同一家企业可以同时申请这两种账号。卖家以第三方卖家身份注册亚马逊账户后，满足亚马逊与业务相关的要求即可在卖家平台直接开通亚马逊商业卖家账户。

2. 亚马逊平台第三方卖家销售计划类型

亚马逊第三方卖家可以选择个人销售计划（Individual）和专业销售计划（Professional）两种开店模式，这两种计划的主要区别体现在费用结构和功能使用权限上。以美国市场为例，"个人销售计划"账户没有月租费，但需要支付交易佣金；而"专业销售计划"账户则需要支付月度的订阅费。个人销售计划与专业销售计划的主要区别如表 2-6 所示。

表 2-6　个人销售计划与专业销售计划的主要区别

销售计划 主要区别	个人销售计划（Individual）	专业销售计划（Professional）
销售数量限制	上传少于 40 个 SKU	可以上传超过 40 个 SKU
批量操作	无	有
订单数据报告	无	有
是否有机会获得黄金购物车	无	有
创建促销等其他商品细节服务	无	有
费用	零月租+每笔销售 0.99 美元+其他费用	39.99 美元月租+其他费用

以上两种销售计划可以相互转化。如果卖家注册的是个人销售计划，以后也可以在后台自助升级为专业销售计划；如果卖家注册的是专业销售计划，以后也可以降级为个人销售计划。因此，卖家若想在亚马逊平台上销售商品，即使没有公司资质，也可以在亚马逊平台上申请专业销售计划。

3. 亚马逊平台的特点

与其他电子商务平台相比，亚马逊平台具有以下特点。

（1）注重商品描述，轻客服咨询

亚马逊平台没有设置在线客服，鼓励买家自助购物。既然没有客服可以咨询，那么商品详情页的设计就显得更加重要，卖家要将其做得尽可能详尽，包含各种买家可能会关心的问题，这样才能促使买家尽快做出购买决策，避免买家因为商品信息不全而放弃购买。

统一的商品详情页会在很大程度上节省卖家的工作量，也能减少卖家利用不实介绍促成交易的情况，引导卖家将精力和时间放在配送与售后等服务上。

（2）坚持"买家至上"的理念

亚马逊平台始终坚持"买家至上"的理念，并将这一理念落实到很多细节上。例如，亚马逊平台推出了 Prime 会员服务（亚马逊的付费会员制度），为 Prime 会员提供美国境内全年不限次数的免运费两日达服务，Prime 会员还可以享受提前参加闪购、免费试听音乐、会员专属折扣等多重增值服务。

2016 年，亚马逊平台在美国境内又推出了 Prime Now 服务，即 2 小时同城当日达服务，目前美国、法国、德国、意大利、日本、西班牙、英国等均开设了此项服务。为了实现 Prime 的服务目标，亚马逊建立了 Prime 专属货运无人机队，致力于为 Prime 会员提供更快的送货速度。

在平台规则上，亚马逊平台也非常重视保护消费者权益。亚马逊对在亚马逊平台上购买商品的所有买家实施保护政策，如果买家不满意第三方卖家销售的商品或服务，可以发起亚马逊商城交易保障索赔（Amazon A-to-Z Guarantee claim，A-to-Z），以保障自己的利益。

（3）完善的物流服务系统

亚马逊构建了完善的物流体系 FBA，为卖家提供包括仓储、拣货、包装、终端配送、客户服务与退货处理等在内的一站式物流服务，以缓解卖家的物流压力，帮助卖家提升物流服务水平，进而提升卖家账户表现。

▶▶▶ 2.2.3　eBay

eBay 在线交易平台是全球领先的线上购物网站，截至 2020 年年初，其已拥有近 2 亿活跃用户。借助强大的平台优势、安全快捷的支付解决方案及完善的增值服务，数以万计的中国企业和个人用户通过 eBay 在线交易平台将商品销售至全球 200 多个国家和地区。

1. eBay 平台的销售方式

eBay 平台为卖家提供了三种刊登物品的方式，即拍卖方式（Auction）、一口价方式（Fixed price）和"拍卖+一口价"方式。卖家可以根据自己的需要和实际情况选择物品刊登方式。

（1）拍卖方式（Auction）

拍卖，顾名思义就是通过竞拍的方式进行销售，价高者得，这是 eBay 卖家常用的销售方式。卖家通过设置商品的起拍价和在线时间，开始拍卖商品，商品卜线时出价最高的买家就是该商品的中标者，商品即可以中标价格卖出。

不过采取这种方式销售商品时，卖家需要根据自己设定的起拍价支付一定比率的刊登费。此外，根据商品最后的成交价格，还需支付一定比率的成交费。

为商品设置较低的起拍价，能够很好地激起买家踊跃竞拍的兴趣，通过连番竞拍也可以为卖家带来不错的利润。此外，拍卖的销售方式还可以增加商品的搜索权重。在商品的搜索排序中，即将结束拍卖的商品可以在"即将结束（Ending Soonest）"的商品搜索排序中获得较为靠前的排名。

以拍卖方式销售商品成本低、收益高，以下几种情况适宜卖家选择拍卖方式对商品进行销售。

- 卖家自己无法确定商品的价格，但又希望将商品快速售出。
- 所售的商品非常独特、平时难以买到，市场上对该商品存在需求，能够引起买家的竞争。
- 在售的商品有较高的成交率，通常在刊登后就能卖出去。
- 在 eBay 上有商品销售，但最近没有成交的情况下，可以借助拍卖方式使商品按照"即将结束的物品"排序提高商品的搜索排名。

（2）一口价方式（Fixed price）

一口价方式就是以定价的方式来刊登商品，这种销售方式便于买家非常快捷地购买商品。商品采取一口价方式进行销售享有很多优势，具体表现在以下几个方面。

① 成交费用低

采用一口价方式，卖家可以根据自己为商品设定的价格支付刊登费，商品成交后只需缴纳较低比率的成交费。

② 有议价功能

卖家采用一口价方式可以免费为商品设置议价功能，若商品最后的成交价是议价后的价格，按照成交额支付一定的成交费即可。

③ 商品展示时间长

采用一口价方式，商品的在线时间最长可设置为 30 天，这样能够保证商品得到充分的展示。

④ 一次性刊登

当商品数量较多时，卖家可以采用一口价方式，一次性完成销售刊登，操作简单、快捷。

⑤ 操作省时省力

店铺中热卖的库存商品采取一口价方式刊登时，可以使用预先设置好的商品说明和商品描述，进而使商品刊登省时省力。

在以下几种情况下，卖家适合选择采用一口价方式刊登自己的商品。

- 卖家非常清楚所售商品的价值，或者对商品的价值有清晰的预估，希望从商品上获得相应的价值。

- 希望自己的商品能够获得更长时间的展示，以供买家购买。

- 所售商品有多件，此时可以采取多数量刊登的方式将所有商品整合到一起一次性刊登。

- 所售商品库存较多，不想花费太高的刊登费。

（3）"拍卖+一口价"方式

所谓"拍卖+一口价"方式，就是卖家在销售商品时选择拍卖方式，在设置最低起拍价的同时，再根据自己对商品价值的评判设置一个满意的"保底价"，也就是"一口价"。这种方式能够综合拍卖和一口价方式的优势，既能让买家根据自身需要和情况灵活地选择购买方式，还能为卖家带来更多的商机。

在以下两种情况下，卖家适合选择"拍卖+一口价"方式进行销售。

- 所售商品种类较多，想吸引更多的有不同需求的买家。

- 希望提升销量，扩大买家对库存商品的需求，通过"拍卖+一口价"方式让更多的买家了解自己的店铺和其他在售商品。

2. eBay 平台账号类型

根据注册地的不同以及注册主体的不同，eBay 卖家的账户分为不同的类型。不同的站点对账户会有不同的限制，不同的账户类型也具有不同的优势。

（1）境内账户和境外账户

根据卖家注册账户的地点不同，卖家账户分为境内账户和境外账户。相对于境内账户来说，境外账户拥有比较明显的竞争优势。

（2）普通账户和企业账户

按照注册主体的不同，卖家账户分为普通账户和企业账户。普通账户又分为个人账户和商业账户，个人账户可以转换成商业账户。在 eBay 欧洲站（如德国站）销售商品的卖家必须是商业账户，如果卖家注册的是企业账户，则可以通过 eBay 提供的绿色通道来申请。

3. eBay 平台费用构成

eBay 平台会根据卖家的使用情况收取相应的费用，站点不同，费用构成有所不同。下面以 eBay 美国站为例，介绍 eBay 平台的费用构成。

（1）非店铺卖家费用构成

非店铺卖家是指只在美国站刊登商品进行销售，而没有在美国站开设店铺的卖家。eBay 美国站非店铺卖家的费用构成如图 2-9 所示。

① 刊登费

卖家在 eBay 上刊登商品时，eBay 会收取相应的费用，即刊登费。刊登费会根据商品的售价、刊登形式、卖家所选择的商品分类、是否使用升级功能等而有所不同。

每个月，每个卖家都可以获得至少 50 条的免费刊登，卖家只需为超出这个数字的商品刊登支付刊登费。如果卖家订阅了 eBay 店铺，就可以获得更多的免费刊登数。

图 2-9　eBay 美国站非店铺卖家的费用构成

② 成交费

当卖家刊登的商品售出时，卖家需要支付成交费。成交费是按照买家支付金额的百分比来收取的。如果卖家账号表现不佳，卖家需要支付的商品成交费就会增加。

③ 商品刊登可选升级功能费用

卖家在刊登商品时可以选择一些升级功能，如字体加粗、副标题、保底价等，以增加商品对买家的吸引力。但是，卖家使用这些功能需要支付相应的费用，升级功能不同，其费用也有所不同。

④ 广告服务费

卖家可以使用广告服务增加商品的曝光机会，但需要支付相应的费用。卖家只需为那些通过广告服务成交的商品支付广告服务费，还可以自行设置广告服务费。

（2）店铺卖家费用构成

店铺卖家是指在美国站开设店铺的卖家。卖家在 eBay 上订购 eBay 店铺后，每月可以获得更多的免费刊登数。在 eBay 美国站，店铺卖家需要缴纳店铺订购费，其他费用结构与非店铺卖家相同，主要包括刊登费、成交费、商品刊登可选升级功能费用和广告服务费用。

在 eBay 美国站，卖家所选店铺的级别不同，每月需要支付的店铺订购费也有所不同，具体收费标准如表 2-7 所示。卖家在第一次订购店铺时，需要选择是每月自动续订还是每年续订，无论卖家选择哪种形式，都要按月支付店铺订购费。

表 2-7　eBay 美国站店铺订购收费标准

店铺类型	每月店铺订购费	
	每月自动续订	每年续订
初级（Starter）	7.95 美元	4.95 美元
基础（Basic）	27.95 美元	21.95 美元
精选（Premium）	74.95 美元	59.95 美元
超级（Anchor）	349.95 美元	299.95 美元
企业（Enterprise）	目前无法使用	2 999.95 美元

4. eBay 平台的特点

eBay 拥有数目庞大的网上店铺，每天有数百万的商品更新，每天有数百亿元的资金通过 PayPal 快捷支付方式安全地实现流通。面对巨大的国际市场，eBay 外贸拥有无与伦比的优势，主要体现在以下几个方面。

（1）门槛较低

卖家只需注册一个 eBay 账户，就可以在 eBay 设立的全球各个站点上轻松地开展外贸销售活动。

（2）平台交易的商品具有独特性

eBay 是一个成熟的二手商品交易平台，卖家的商品只要不违反法律和 eBay 平台政策规定，均可在 eBay 平台上刊登销售。卖家刊登的商品可以是稀有且珍贵的物品，也可以是个人收藏的小物品。

（3）支付方便

eBay 平台使用 PayPal 在线支付工具，既安全又便捷，支持美元、欧元、英镑、日元、澳元等 26 种国际上主要流通的货币，让卖家的外贸支付畅通无阻。

（4）销售方式灵活

eBay 平台为卖家提供了多种销售方式，包括拍卖方式、一口价方式及"拍卖和一口价"方式，同时让卖家和买家有了更多的选择。

▶▶▶ 2.2.4　Wish

Wish 是一款购物类 App，该平台上的卖家约有 90% 来自中国。Wish 使用优化算法大规模获取数据，并为买家推送符合其兴趣和偏好的商品，让买家在移动端便捷购物的同时享受购物的乐趣。

1．Wish 平台费用构成

卖家在 Wish 平台上开设店铺销售商品需要支付相应的费用。Wish 平台的开店费用主要包括以下几项。

（1）店铺预缴注册费

自 2018 年 10 月 1 日 0 时起（世界标准时间），在 Wish 平台上新注册的店铺需要缴纳 2 000 美元的店铺预缴注册费。此外，自 2018 年 10 月 1 日 0 时（世界标准时间）开始，长时间未使用的卖家账户也需要缴纳 2 000 美元的店铺预缴注册费。

如果卖家选择关闭账户，或者卖家的账户在注册过程中被关闭，卖家可以要求退回店铺预缴注册费。如果卖家在运营过程中出现严重违规的情况，其账户将会被暂停，店铺预缴注册费将会被扣除，且不予退还。

（2）平台佣金

卖家售出商品后，Wish 会收取该商品收入的 15% 作为佣金。

（3）其他费用

Wish 平台的其他费用主要包括提现手续费、广告费用、物流运费、平台罚款等。例如，卖家如果使用 Wish 物流项目（Fulfillment by Wish，FBW）、产品推广（ProductBoost），均需支付相应的费用。

2．Wish 平台的特点

Wish 平台以 "Shopping Made Fun"（娱乐购物）为品牌口号，与全球速卖通、亚马逊、eBay 等平台相比，主要具有以下特点。

（1）以推荐算法为主

与其他电子商务平台需要买家主动搜索商品不同，Wish 能够根据买家的喜好为其提供个性化的商品推荐。Wish 拥有一套自己的推荐算法，通过使用算法对买家的行为大数据进行分析，为买家贴上大量的标签，然后将买家的标签与平台上的商品标签进行匹配，从而向买家精准地推送符合其购买偏好的商品。

依靠独特的推荐算法，Wish 将卖家的商品精准地推送到买家面前，买家看到的商品都是符合其自身喜好的商品。从某种意义上来说，Wish 的推荐算法让商品能够 "主动" 地展示在买家面前，而不是被动地依赖买家的搜索才能展示在买家面前。

此外，Wish 可以对买家的购买习惯进行追踪，深度挖掘买家的需求。为了让买家有更好的购物体验，Wish 每次向买家推送的商品不会很多，这种 "物以稀为贵" 的推送方式更容易受到欢迎。

（2）以瀑布流的形式展示商品

虽然目前很多跨境电子商务平台都越来越重视移动端带来的流量，但 Wish 是唯一一个专注于移动端的跨境电子商务平台。由于移动端的特殊性，Wish 平台的商品展示、商品介绍的重点与其他跨境电子商务平台有很大的区别。Wish 使用了与 Pinterest（一个著名的图片社交分享网站）相同的瀑布流的形式展示商品，买家在浏览 Wish 页面时无须翻页，商品图片能够不断自动加载到页面底端，让买家不断地查看新的商品图片。

2.3 跨境电子商务服务平台

跨境电子商务交易平台主要承担商品展示、商品交易的职能，是跨境电子商务产业链中非常重要的一环，而跨境电子商务服务平台在整个进出口流程中承担着不同的职责，也是跨境电子商务产业链不可或缺的环节。

▶▶▶ 2.3.1 国际贸易单一窗口

在跨境电子商务的各个环节中，每笔订单都会产生许多单据，这些单据需要提交至不同的政府职能部门。对于跨境电子商务企业来说，如果每笔订单都与政府职能部门进行对接，将会产生非常繁重的工作量。此外，各个政府职能部门之间也需要有一个公共区域共享跨境电子商务企业上传的各项数据，并进行数据采集、数据审核、监管等工作。因此，全球很多国家和地区实施了复杂程度各异的单一窗口系统。

单一窗口是指参与国际贸易和运输的各方通过单一的平台提交标准化的信息和单证，以满足相关法律法规及管理的要求。近年来，我国部分发达地区的口岸管理部门已经建成了地方层面的"单一窗口"，实现了企业一次录入数据后向多个管理部门的系统进行申报，并取得了良好的应用效果。

通过总结各地方层面的"单一窗口"建设成果，结合我国口岸管理的实际情况，并借鉴国际上"单一窗口"建设的经验，我国建成了"中国国际贸易单一窗口"，即"单一窗口"标准版。"中国国际贸易单一窗口"统一门户网站是全国"单一窗口"的统一入口和口岸综合资讯服务平台，由国家口岸管理办公室主办、中国电子口岸数据中心负责运行维护。

"中国国际贸易单一窗口"统一门户网站目前开通信息动态、标准规范、政策法规、标准版应用、金融服务、我要办事六大模块及相关辅助功能，及时发布有关"单一窗口"建设最新动态、政策文件、重要通知、标准规范等，方便各个监管部门开展业务交流，加强联系指导，同时引导广大进出口企业进入各地方"单一窗口"办理业务。图 2-10 所示为"中国国际贸易单一窗口"统一门户网站的"标准版应用"模块页面。

图 2-10 "中国国际贸易单一窗口"统一门户网站的"标准版应用"模块页面

"单一窗口"标准版依托中国电子口岸平台,申报人通过"单一窗口"标准版一点接入、一次性提交满足口岸管理和国际贸易相关部门要求的标准化单证和电子信息。相关部门通过电子口岸平台实现数据信息共享,并实施职能管理,标准化单证和电子信息的处理状态(结果)可以通过"单一窗口"标准版反馈给申报人。

对于跨境电子商务来说,"单一窗口"标准版实现了企业在跨境电子商务中进出口通关的统一化和规范化管理。企业在"单一窗口"标准版系统中可以根据各部门的监管要求,一次性录入、保存相关数据,并一次性向各监管部门进行申报。企业的交易订单信息、运单信息、支付信息、清单等数据均为电子数据,让企业实现了通关无纸化操作,有效地提高了企业通关申报和审批效率。

▶▶▶ 2.3.2 跨境电子商务综合服务平台

跨境电子商务涉及的环节非常多,对于个人卖家和中小外贸企业来说,处理好各个环节的工作是一项极具挑战的任务,而一些大型跨境电子商务企业在处理跨境电子商务各个环节的工作时具有丰富的经验,于是孕育了一批由大型跨境电子商务企业建设的跨境电子商务综合服务平台,为个人卖家和中小外贸企业提供涵盖金融、通关、物流、退税、外汇等环节的代理服务。

跨境电子商务综合服务平台一般是由一些极具实力的企业投资建设的,其主要功能是为个人卖家和中小外贸企业提供一站式外贸服务。例如,阿里巴巴集团建设的一达通外贸综合服务平台在业内颇具代表性。

深圳市一达通企业服务有限公司是阿里巴巴旗下的外贸综合服务平台,也是中国专业服务于中小微企业的外贸综合服务行业的开拓者和领军者,为中小外贸企业提供专业、低成本的通关、外汇、退税及配套的物流和金融服务。

1. 通关、外汇、退税服务

一达通能够为中小外贸企业提供专业、快速、便捷、低成本的通关、外汇与退税服务。一达通为中小外贸企业提供了两种服务模式,即一达通出口综合服务和一达通出口代理服务,两者的区别如表2-8所示。

表2-8 一达通出口综合服务和一达通出口代理服务的区别

对比项目	一达通出口综合服务	一达通出口代理服务
基础服务	通关、外汇、退税	通关、外汇
增值服务	金融、物流	无
准入条件	① 非境外、个人或非出口综合服务尚未覆盖地区企业(如福建莆田等); ② 出口的商品在一达通可以出口的商品范围内; ③ 出口口岸非一达通无法操作的口岸; ④ 开票人在一达通可以操作的区域; ⑤ 开票人已经完成备案	① 非境外或个人企业、非福建莆田地区企业; ② 企业通过出口退(免)税资格的认定; ③ 出口商品非一达通出口代理服务禁止操作的商品; ④ 出口口岸非一达通无法操作的口岸

对比项目	一达通出口综合服务	一达通出口代理服务
税务操作	一达通代为退税	① 企业开具《委托出口货物证明》； ② 一达通开具《代理出口货物证明》； ③ 企业自行进行退（免）税申报
垫付退税条件	同时满足下列条件后，在 3 个工作日内，一达通可先行垫付退税金额给实际开票方： ① 一达通收到全额外汇； ② 若是一达通报关，报关放行即可，若是企业自行报关，则结关状态为已结关； ③ 一达通收到增值税专用发票原件，且增值税专用发票经一达通验证无误； ④ 已上传备案单证并审核通过； ⑤ 一达通已经收齐《外贸综合服务协议书》和《垫付退税服务协议》两份协议的原件； ⑥ 垫付的退税款在可用垫付退税额度以内； ⑦ 无其他异常，如未函调、下户核查通过，企业状态正常等	无

2. 金融服务

一达通的外贸融资服务可以完整地覆盖出口贸易不同阶段中的资金需求，为买卖双方提供全面、安全的资金保障，降低贸易风险及成本，一站式解决外贸各环节的融资需求。一达通提供的金融服务如表 2-9 所示。

表 2-9　一达通提供的金融服务

金融服务项目	简介
网商流水贷	① 为企业提供无抵押、免担保贷款服务，企业申请后最快 3 分钟贷款即可到账，最低日息 0.03%； ② 贷款正常使用过程中，除了合同约定的利息费用外，一达通不收取其他费用； ③ 企业可根据自身的综合情况灵活地选择还款方式、贷款期限
超级信用证	为企业提供专业的信用证一站式服务，由阿里巴巴专家负责审证、制单、交单等一系列工作，规避信用证"软条款"，同时对开证国家（地区）和银行进行风险资质专业评估，帮助企业全面把控风险。出口企业出货后，还可以申请 100%买断服务，提前收汇
备货融资	阿里巴巴联合网商银行推出的一款基于信用保障订单的低息短期贷款服务，能够有效地帮助出口企业解决备货期间的生产、采购资金需求，提升企业的接单能力。备货融资具有额度高、利率低、放款灵活、还款简单的特点。 企业在信用保障订单收齐预付款（或收到信用证正本）后即可申请放款，支持企业/个人账户收还款，随借随还无压力

3．物流服务

一达通能够为卖家提供低价、透明、便捷的跨境物流服务，其物流服务涵盖海运、空运、陆运、国际快递等多种运输方式，如表 2-10 所示。

表 2-10　一达通提供的物流服务

物流服务项目	简介
海运	为卖家提供海运整柜和拼箱服务，同时为卖家提供拖车、报关、散货目的港送货到门等增值服务。卖家可以在线进行查询船期、订舱、下单等操作。目前，海运已开通上海、宁波、深圳、大连、天津、青岛、厦门、广州八大起运港
空运	可以从北京、上海、杭州、广州、深圳等多城市起运，航线覆盖 170 个目的地，能够为卖家提供在线查看空运运费、在线比价、在线下单的服务，以及拖车、报关等服务
陆运	① 可以为卖家提供珠三角至香港的送货到门服务，还可以提供各地送货至深圳仓库、集中发货到香港的服务。此外，依托阿里巴巴一达通外贸出口的综合服务优势，可以为卖家提供有运力保障的集装箱拖车服务；② 中俄线路可以实现全国各地至俄罗斯的门到门服务，通关安全，运价透明，能够有效地帮助卖家节省物流时间
国际快递	国际快递服务能够为卖家提供快递公司上门取件服务（目前支持全国 36 个城市上门取件），送达范围覆盖 200 多个目的地

4．质量保障服务

一达通质量保障平台与全球知名检测机构合作，为卖家提供专业的验货服务、产品认证、样本测试等质量保障服务，有效地帮助卖家彰显商品品质，前置交易风险，减少贸易纠纷。

5．一拍档

为了完善外贸服务生态，阿里巴巴一达通基于外贸综合服务平台推出了"一拍档"模式。一拍档即"一达通"的拍档，通过引入外贸生态链条上的各类第三方服务企业（如货代、外贸进出口代理、报关行、财税公司等）成为阿里巴巴一达通紧密的合作伙伴，为一达通客户提供本地化、贴身化、个性化的低成本出口配套服务。

一拍档是经阿里巴巴官方认证的外贸服务商，可以帮助一达通签约客户代理操作一达通后台，包括但不限于制单、下单、跟单等订单代操作，以及物流、金融等操作。

▼♀ 课后习题 ••••

1．简述阿里巴巴国际站的特点，并在阿里巴巴国际站上完成注册。

2．简述全球速卖通、亚马逊、eBay、Wish 等跨境电子商务平台的特点，结合自身特点和需求选择适合自己发展的平台并完成店铺注册。

第3章

用高品质商品撬动销量
——B2C 跨境电子商务
选品分析

📖 学习目标

➤ 掌握国际市场调研的主要内容。
➤ 掌握开展国际市场调研的具体方法。
➤ 掌握跨境电子商务选品的逻辑与原则。
➤ 掌握跨境电子商务的选品方法。
➤ 掌握开展站外和站内数据调研与分析的方法。

在 B2C 跨境电子商务模式中，商品是店铺运营中的核心环节。错误的选品不仅浪费时间，还会让卖家面临商品滞销等问题。卖家在开展选品工作时要有正确的思路，不能仅凭主观感觉做出决策，而要遵循一定的原则和通过数据分析来进行选品。

3.1 跨境电子商务国际市场调研

国际市场调研是指企业运用科学的调研方法与手段，系统地搜集、记录、整理、分析与国际市场有关的各类信息，从而把握目标市场的变化规律，为企业制定有效的市场营销决策提供可靠的依据。

对于跨境出口电子商务卖家来说，其目标市场在境外，不同的国家和地区的市场规模不同，买家的消费需求与消费习惯也不同，且不同的国家和地区针对进出口贸易会有不同的政策，所以跨境出口电子商务卖家要想顺利地打入国际市场并获得成功，就必须做好国际市场调研，全面、深入地了解目标市场的信息。

▶▶▶ 3.1.1 国际市场调研的主要内容

国际市场调研的内容比较广泛，从跨境电子商务的角度来看，国际市场调研主要包括国际市场环境调研、国际市场商品调研、国际市场营销情况调研和国际市场买家调研，如表 3-1 所示。

表 3-1 国际市场调研的主要内容

国际市场调研项目		国际市场调研的主要内容
国际市场环境调研	经济环境	一个国家或地区的经济结构、经济发展水平、经济发展前景，民众的就业情况、收入水平等
	政治和法律环境	一个国家或地区的政治制度，经济政策，对开展对外贸易的态度，与外贸相关的法律法规，如关税、外汇限制、商品进出口检验检疫、商品进出口安全管理等
	文化环境	一个国家或地区所使用的语言、风俗习惯、价值观念、生活方式等
	社会环境	一个国家或地区的人口数量、人口分布情况、交通情况、地理环境等
	电子商务市场规模	一个国家或地区的互联网普及率、互联网用户数量、网购人群规模、网购人群年龄结构、网购商品结构、电子商务交易金额、电子商务增长率等
	市场竞争对手情况	竞争对手的交易金额、商品结构，竞争对手的商品质量、价格水平，竞争对手所采取的营销推广手段，竞争对手的商品研发能力，竞争对手的市场占有率等
国际市场商品调研	国际市场商品供给情况	在国际市场上，某个品类或某款商品的市场规模、供应渠道、主要生产商的名称和生产能力、主要分销商的销售规模等
	国际市场商品需求情况	国际市场对商品的类型、质量、数量和价格的需求
	国际市场商品价格情况	国际市场上某品类商品或某款商品的价格水平，影响该品类商品或该款商品价格的因素
国际市场营销情况调研	商品销售渠道	商品分销渠道的类型，经销商和零售商的规模、经营能力、服务水平、资信情况等
	推广宣传	国际市场上可以利用的广告媒体、广告收费标准、广告表现形式等
国际市场买家调研	买家需求	买家的需求结构、消费行为特征、需求变化等
	买家的消费能力	买家的经济水平、消费水平、对商品价格的要求等
	买家的资信情况	买家的资金实力、信誉情况、经营能力等
	买家偏好	一个国家或地区的买家常用的电子商务网站、搜索引擎，买家的支付习惯、网购时间等

▶▶▶ 3.1.2 国际市场调研的方法

国际市场调研是一项复杂、细致的工作，需要有科学的方法做指导。国际市场调研的方法可以分为实地调研和案头调研。

1. 实地调研

实地调研是指调研人员直接在国际市场上收集资料的调研方法。采取这种方法收集到的资料就是原始资料，又称第一手资料。原始资料是针对特定问题而收集的资料，具有较强的目的性。此外，原始资料的数据是当前数据，且数据的来源明确，所以具有较强的时效性和可靠性。

实地调研的方法主要有三种，如图 3-1 所示。

（1）观察法

观察法是指调研人员直接到达现场，通过直接观察或借助工具、机器观察被调研者的行为，从而获得原始资料的调研方法。例如，调研人员可以运用仪器设备记录买家的购买行为，也可以来到展览会、订货会现场进行观察（如观察商品的展销情况、不同款式商品的订购情况等），从而获得相关资料。

图 3-1　实地调研的方法

（2）实验法

实验法是指调研人员挑选合适的目标群体，将其分为测试组和对照组，并对测试组进行某种处理，然后观察两个组的反应，从而获取相关信息的调研方法。

在国际市场调研中，实验法具有很强的应用性。若卖家想要调查店铺装修风格、商品价格、商品陈列方式、广告推广等因素对买家购买行为所产生的影响，就可以采取实验法来获取相关资料。例如，卖家想要调查店铺内商品价格对买家购买行为的影响，卖家可以在不改变店铺装修风格、商品陈列方式、广告推广模式等因素的情况下调整商品价格，观察不同价格对买家购买行为的影响，从而找到最能激发买家产生购买行为的价格。

（3）询问法

询问法是指调研人员通过提问的方式向被调研者了解情况，从而获得原始资料的调研方法。询问法分为当面访谈、问卷调查和电话访谈。

① 当面访谈

当面访谈是指调研人员对被调研者进行当面访问，从而获得相关资料的调研方法。当面访谈又分为个人深度访谈和焦点集体访谈。

个人深度访谈是指调研人员逐个访问被调研者，与其进行单独面谈，从而获得有效信息。调研人员采取个人深度访谈的方法，不应注重话题的广泛性，而应注重话题的深度，从而挖掘出深度的信息。例如，调研人员提出问题："您有几套西装？"被调研者回答："两套。"调研人员可以追问："是定做的，还是直接购买的？"如果被调研者回答："定做的。"调研人员可以追问："您觉得定做西装有哪些优势？""您在哪里定做西装？"如果被调研者回答："直接购买的。"调研人员则可以追问："您在哪里购买的？""您经常购买哪个品牌的西装？""您购买的西装价位是多少？"

焦点集体访谈是指将5~10个被调研者召集到一起，由受过训练的调研人员引导他们就某一个话题展开讨论，并记录讨论结果，以供后期进行深入分析。与个人深度访谈不同，焦点集体访谈通常不提供统计意义上的信息，只提供被调研者情感、感知方面的信息，体现其对某个事物的感觉或想法。

② 问卷调查

问卷调查是指调研人员通过制定详细周密的问卷，要求被调研者据此回答以收集资料的调研方法。

调查问卷又称调查表或询问表，是以问题的形式系统地记载调查内容的一种印件。调查问卷中问题和答案的设计会影响调研的结果，因此调查问卷的设计非常重要。

在设计调查问卷时，需要注意以下几点。

- 语气要亲切、自然，让被调研者愿意配合。
- 问题要简单易懂，避免使用专业性太强的术语。
- 设计的问题要简短，有较强的概括性。
- 问题和答案不要带有偏见和倾向性。
- 问题要由浅入深，循序渐进。
- 文字表达清晰，避免用词模棱两可，含糊不清。

- 对于比较敏感的问题（如年龄、收入等）要避免直接询问。例如，不要问"您的年龄是多少"而是问"您是哪一年出生的"，或者是给出年龄段（如18岁以下，18~25岁，26~35岁，36~50岁，50岁以上）供被调研者选择。

③ 电话访谈

电话访谈是指调研人员通过电话访问被调研者，从而获得相关资料的调研方法。在做电话访谈时需要注意这几点：一是调研人员提出的问题要尽量简单、口语化，语气要客气、有礼貌；二是尽量采取自由式问句，如"您喜欢什么款式的裤子"；三是要迅速记录访谈的内容，以供后续深入分析。

三种调查方式的优缺点如表3-2所示。

表3-2　当面访谈、问卷调查与电话访谈的优缺点

询问法的类型	优点	缺点
当面访谈	可以灵活选择询问的地点； 速度快； 专业的调研人员能够引导被调研者回答并解释一些较为复杂的问题	人均调查成本较高； 被调研者可能会受到调研人员问话方式的影响，从而做出不符合实际的回答
问卷调查	调查的空间范围较广； 费用较低； 被调研者有比较充足的时间作答； 有较强的匿名性； 无须对调研者进行专门的培训和管理，可以节省一部分时间和成本	问卷回收率低，容易影响样本的代表性； 问卷回收周期长，时效性较差

询问法的类型	优点	缺点
电话访谈	能够较快地获得一定数量的信息；与邮寄问卷相比，电话访谈的回应率较高	与邮寄问卷相比，人均调查成本较高；被调研者可能会对调研人员产生怀疑，所以被调研者可能会拒绝合作，或者反馈虚假信息；被调研者的回答可能会受到调研人员说话方式的影响

开展实地调研的成本较高，所花费的时间较长，被调研者的参与度不稳定。企业可以通过两种途径来开展实地调研，一种是企业自行调研，另一种是企业委托专业调研机构进行调研。企业可以根据自身情况灵活选择收集原始资料的方式，如图 3-2 所示。

适合企业自行调研的情况

① 企业具备足够的调研力量，且具有丰富的经验；
② 企业虽然没有开展调研的经验，但对于企业来说，该市场潜力巨大，值得企业花费大量的精力对其进行调研，并从中获取经验；
③ 调研项目只需少量的调研人员负责；
④ 企业与专业的调研机构进行沟通时存在困难，例如，企业想针对高新技术商品开展调研，但有些调研机构的人员不懂相关技术；
⑤ 在企业选择的目标市场中，没有专业的调研机构

适合企业委托专业调研机构进行调研的情况

① 企业没有设置专门的调研部门和岗位；
② 企业设有专门的调研部门和岗位，但相关人员不具备承担调研工作的能力；
③ 企业与被调研对象之间存在信息交流的障碍；
④ 调研项目非常重要，专业机构更有经验，更加专业化；
⑤ 对于企业来说，某个国家不是企业的主要目标市场，不值得企业专门派人前往开展调研工作

图 3-2　企业收集原始资料的途径

2. 案头调研

案头调研又称文案调研，是指对二手资料进行再收集、整理和分析，从而获得自己所需要的信息的调研方法。二手资料又称间接资料，是指由他人收集、记录、整理过的资料，或者是他人已经发表过的资料。

二手资料分为两种类型，即内部资料和外部资料。内部资料包括卖家营销系统中储存的各种统计数据，如卖家的历史成交金额、各款商品销量统计、推广活动数据、主要竞争对手的销售数据等；外部资料是指各国或地区的政府或相关机构公开的各类数据和信息，以及各类专业的调研机构、市场调研工具提供的有关数据统计和分析资料。

具体来说，二手资料的来源和收集有以下渠道。

- 企业内部资料。
- 大学、科研机构、公共图书馆发表的关于国际市场的分析报告。
- 国际组织和商会所能提供的贸易统计资料、税收政策、海关规定等各类统计资料。
- 国际组织发布的一些可供市场调研参考的资料。
- 各类数据分析工具，如谷歌趋势、KeywordSpy（一款可以用来挖掘并追踪关键词的工具）、Alexa（一款分析网站流量排名的工具）等。

与原始资料相比，二手资料具有收集简单、成本低和花费的时间相对较短的优势，但二手资料也存在一些劣势，如资料的可靠性不稳定，资料的可比性和通用性较差等。因此，企业在收集和使用二手资料时需要对其进行评估与验证，以确保二手资料的准确性、可靠性与有效性。企业可以从图 3-3 所示的几个角度来对二手资料进行评估。

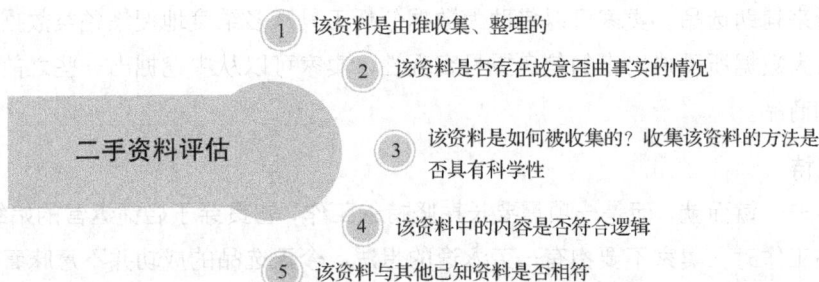

图 3-3　评估二手资料的角度

3.2　跨境电子商务选品的原则与方法

对于跨境电子商务卖家来说，商品的选择对店铺的运营有至关重要的影响。优质的商品能为店铺带来可观的销量，能够帮助店铺提升整体流量，提升商品在搜索结果中的排序，这些都会成为店铺的核心竞争力。

3.2.1　跨境电子商务选品的逻辑

选品要有清晰的思路，这样才能做到有的放矢。一般来说，卖家在选品时可以从广泛、专业、精选、分析数据、坚持、重复六个角度出发，理性、有逻辑地开展选品工作。

1. 广泛

跨境电子商务的卖家在选品时首先要从大范围、多类目的角度进行筛选，而不要将目光局限在某一个品类上。这就要求卖家在初期选品时，要拓宽自己的思路，广泛接触并了解多个类目的商品，这样有利于卖家从众多类目中选出最适合自己的类目。

2. 专业

卖家确定了自己要经营何种类目的商品后，还要向专业的方向努力，即了解并掌握有关该类目商品的专业知识。卖家如果对自己所销售的商品仅有一个简单的了解，而没有专业、全面的认知，是很难有所作为的。因此，卖家要想在当前几近透明的市场状态下战胜竞争对手，首先要在对商品的专业认知上超越竞争对手。

3. 精选

通过不断学习和积累，卖家对所选类目的商品的理解和认知会越来越全面，也越来越深刻。在此基础上，卖家还要对类目商品进行精挑细选和反复筛选，进一步缩小选品的范围。在商品交易过程中有个"二八定律"，即 20% 的商品能够带来 80% 的利润，卖家需要尽力挖掘的就是这 20%的能够带来高利润的商品。

4. 分析数据

初期选品，卖家也许很大程度上是凭借自身直观感觉或者比较基础性的分析来进行选品的，这种做法难免会出现认知偏见，进而导致错失良品。因此，卖家还要尽可能地结合大数据分析来辅助选品。卖家可以借助大数据分析工具来多维度地搜集各类数据，与个人认知相比，大数据所反映出来的信息更具客观性，卖家可以从中挖掘出一些之前未曾意识到的信息和商品。

5. 坚持

选品并非一蹴而就，而是一项需要长期坚持的工作，它贯穿于店铺运营的始终。因此，在开展选品工作时，卖家不要抱有一劳永逸的想法。今天选品的成功并不意味着明天这款商品也能产生好销量。卖家要坚持经常性地进行选品工作，在打造热卖爆款的同时，持续开发有潜力的趋势款，为后续运营做准备。

6. 重复

坚持的过程，也是一个重复的过程。在不断重复的过程中，很多人会产生厌烦情绪，逐渐丧失激情和斗志，这也是一些卖家凭借某款商品引爆市场成为"销售明星"后，却又很快沉寂、最终消失的原因。选品是一个无趣的过程，但如果卖家能够长期坚持，反复进行，就一定会不断地有新的发现。

▶▶▶ 3.2.2　跨境电子商务选品的原则

选品主要遵循三大原则，一是从兴趣出发，二是从市场需求出发，三是从平台特性出发。

1. 从兴趣出发的原则

选品要从自己感兴趣的商品入手，这样卖家才愿意花费更多的时间来了解商品的品质、功能、特性和用途，才有动力投入更多的精力来研究商品的优势、价值和目标消费群体等。卖家只有对商品有充足的认识，才能切实解答买家提出的各种疑问，增强买家对商品及卖家的信任感。

如果卖家对商品有足够的热情，对销售过程中遇到任何问题都愿意去攻坚，对运营过程中遇到的任何困难都愿意去克服，那么把某种商品打造成爆款也就有了可能性。

2. 从市场需求出发的原则

不同国家或地区的买家有不同的文化背景、生活习惯和消费习惯，同一件商品不可能符合所有国家或地区买家的需求。例如，销往欧美市场的服饰类商品，其尺寸要比销往亚洲市场的商品尺寸大几个尺码；销往巴西的饰品类商品，要选择颜色鲜艳且样式夸张的款式。因此，在选品之前，卖家务必对目标市场的买家需求进行分析和研究，了解当地消费群体的消费习惯和市场流行趋势。

3. 从平台特性出发的原则

有的卖家选择自建网站开展跨境贸易，有的卖家选择入驻跨境电子商务平台开展跨境贸易。对于选择入驻各类跨境电子商务平台的卖家来说，他们要对不同的跨境电子商务平台有足够的了解，掌握各个平台的特点和平台的相关规则、政策，也要清楚在各个平台上哪些品类是热销品，哪些品类是该平台大力扶持的，还要清楚各个平台的商品搜索排序规则等。

▶▶▶ 3.2.3 跨境电子商务选品的方法

选品的方法有很多种，卖家可以在不断尝试的过程中找到最适合自己的方法。下面介绍几种常用的选品方法，分别为评价数据分析法、组合分析法、行业动态分析法和买家消费习惯分析法。

1. 评价数据分析法

评价数据分析法是指卖家通过收集并分析买家对商品的评价数据来进行选品的方法，包括好评数据分析法和差评数据分析法。

好评数据分析法是指卖家通过收集并分析各个跨境电子商务平台上热卖商品的好评数据来挖掘买家对商品的需求点和期望值，从而开发出能够满足买家需求点的商品的方法。

差评数据分析法是指卖家通过分析买家对商品的差评数据来进行选品的方法。也就是说，卖家收集各个跨境电子商务平台上热卖商品的差评数据，并对这些数据进行深入分析，找出买家对商品的哪些地方不满意，然后对商品进行改良与升级，从而开发出符合买家需求的新品。概括来说，差评数据分析法就是从差评中寻找商品的不足之处，然后对商品进行完善。

2. 组合分析法

组合分析法是指用商品组合的思维来选品的方法。卖家在建立产品线时，要合理规划各类商品在整个产品线中所占的比例。通常来说，在产品线中，核心商品占 20%，用于获取高额利润；爆款商品占 10%，用于获取流量；基本商品占 70%，用于配合销售。核心商品要选择小众化、利润高的商品；爆款商品要选择热门商品，或者紧跟当前热点并将要流行的商品；基础商品要选择性价比较高的商品。

此外，卖家在选品时要兼顾不同买家的需求，不能将所有的商品都选在同一个价格段内和同一种品质上，拥有不同价格和不同品质等级的商品才能更好地满足不同买家的需求。

3. 行业动态分析法

行业动态分析法是指通过分析某行业或领域的市场目前的状况来进行选品的方法。对于卖家来说，了解某个商品品类在中国出口贸易中的市场规模和主要目标国家或地区分布，对于认识该品类的运作空间和方向有较大的指导意义。

卖家可以通过以下三种途径来了解某个品类的出口贸易情况。

（1）第三方研究机构或贸易平台发布的行业或区域市场调查报告

第三方研究机构或贸易平台具备独立的市场研究团队，它们拥有全球化的研究视角和资源，因此其发布的研究报告颇具参考价值，往往可以为卖家带来比较系统的行业信息，如敦煌网"行业动态"模块发布的各类行业报告。

（2）行业展会

行业展会是各大供应商为了展示新商品和技术、拓展销售渠道、传播品牌而进行的一种宣传活动。通过参加展会，卖家可以获得各个行业的最新发展趋势和市场动向。例如，卖家可以登录深圳会展中心官网和中国行业会展网官网来查询展会信息。

（3）出口贸易公司或工厂

卖家在开发新品时，需要与供应商进行直接的沟通。资质较老的供应商对其所属行业的出口情况和市场分布都很清楚，卖家可以通过他们获得较多有价值的市场信息。需要注意的是，卖家需要先掌握一定的行业知识后再与供应商进行沟通，否则容易被骗。

4. 买家消费习惯分析法

卖家要对目标市场的季节变化、节假日安排等各个方面有所了解，然后在此基础上开发新品。

（1）季节分析

首先，卖家要根据各个国家或地区的季节变化来开发应季商品。在西方国家的冬季来临之前，卖家可以开发能够保暖的商品，如帽子、围巾、手套、保暖衣等；在西方国家的夏季来临之前，卖家可以开发能够降温的商品，如笔记本散热器、笔记本冰垫、迷你风扇等。

其次，卖家要对目标国家或地区的气候有所了解。例如，在英国，居民的室内有暖气供应，他们在冬天也喜欢在室内穿T恤和外套，所以T恤在英国的冬季会有不错的销量；另外，英国的雨量偏多，所以有防水功能的商品在英国非常受欢迎，如汽车防雨罩、烧烤防雨罩等。

（2）节假日分析

在节假日来临之前，各个国家或地区的消费者都会大量采购节假日用品。例如，在圣诞节来临之前，西方国家的消费者会采购装饰品、圣诞礼物等；在万圣节来临之前，他们会采购化妆用品、面具等。因此，卖家要充分了解各个国家或地区的节假日时期的消费热点，挖掘符合节假日氛围的商品。由于跨境物流耗费的时间较长，同时也为了抢占市场先机，卖家一般要提前一个月开发节假日商品并上架。

3.3 跨境电子商务选品数据调研与分析

以数据为驱动，用数据指导选品决策是卖家做好选品的有效方法之一。这里所说的数据包括站外数据和站内数据。站外数据是指市场上一些第三方数据分析工具提供的数据；

站内数据是指跨境电子商务卖家在经营过程中产生的数据，以及卖家入驻的第三方跨境电子商务平台上形成的数据。

▶▶▶ 3.3.1　站外数据调研与分析

卖家可以借助 Google Trends、KeywordSpy、Alexa 等工具进行数据调研和分析，为自己的选品工作提供更多、更有效的数据参考。

Google Trends 是一款用来判断关键词在谷歌网页搜索中的趋势走向的工具。

KeywordSpy 是一款能在线搜索关键字竞价信息，有效跟踪和检测竞争对手在搜索引擎上的关键字竞价的工具。该工具提供的实时统计报告能为用户描述竞争对手每小时、每天、每周、每月的搜索引擎广告活动表现。

Alexa 能为用户提供网站的 Alexa 排名查询、网站流量查询、网站访问量查询，以及网站页面浏览量查询服务。

在实际操作中，卖家可以先通过 Google Trends 工具对某个品类的周期性特点进行分析和研究，把握商品开发先机，然后借助 KeywordSpy 工具发现该品类的搜索热度和品类热搜关键词，最后借助 Alexa 工具对该品类中竞争对手的网站进行分析，作为对目标市场该商品品相分析和选择的参考。这样，卖家通过综合运用多种分析工具，即可全面掌握商品品类选择的数据依据。

下面以 Swimwear（泳装）为例，详细介绍综合运用 Google Trends、KeywordSpy 和 Alexa 工具进行商品数据分析的方法。

第一步：使用 Google Trends 分析商品销售的周期性特点

登录 Google Trends，在搜索框中输入关键词"Swimwear"，然后单击"搜索"按钮 🔍，如图 3-4 所示。

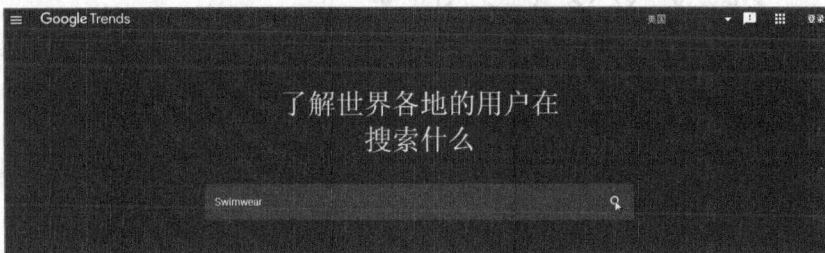

图 3-4　输入搜索关键词

设置目标市场为"美国"和"澳大利亚"，设置搜索时间范围为"2019 年"。Swimwear 在美国的搜索结果如图 3-5 所示，Swimwear 在澳大利亚的搜索结果如图 3-6 所示。

由图 3-5 和图 3-6 可以看出，在美国，2019 年 5—7 月为泳装搜索的高峰期；而在澳大利亚，2019 年 1 月和 9—12 月为泳装搜索的高峰期。因此，参考图 3-5 和图 3-6 的分析结果，对于销售泳装类商品的卖家来说，在 2020 年开发商品时，针对美国市场的商品开发要在 3—4 月完成；而针对澳大利亚市场的商品开发则需要在 8—9 月完成。如果卖家不知道目标市场中商品热销的周期规律，就必然会错过销售高峰期。

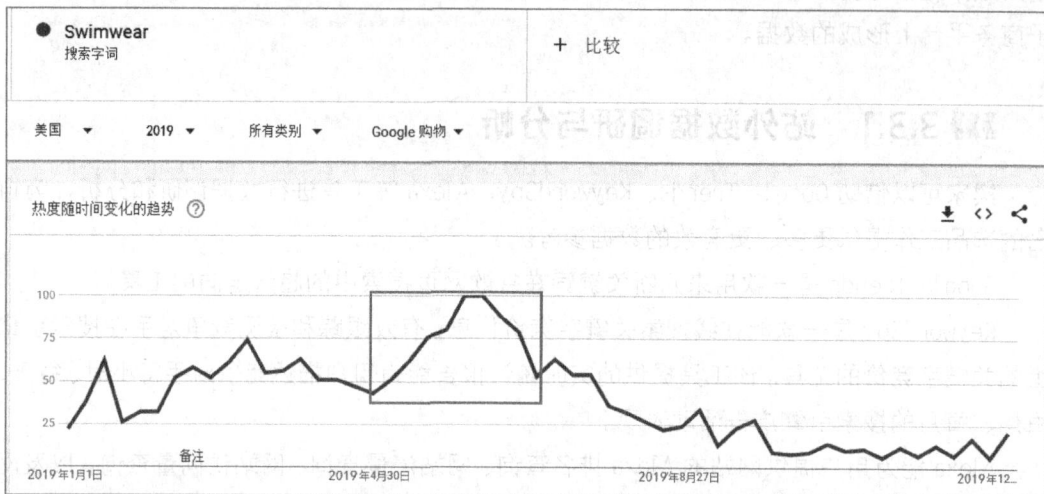

图 3-5　Swimwear 在美国的搜索结果

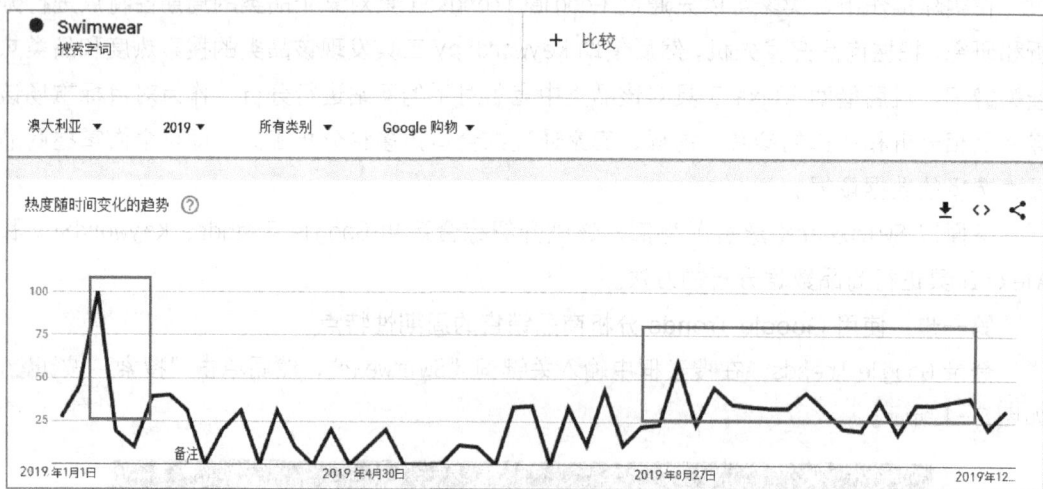

图 3-6　Swimwear 在澳大利亚的搜索结果

第二步：使用 KeywordSpy 分析竞争对手网站

在获得了商品品类开发的时间规律后，卖家可以运用 KeywordSpy 工具寻找需要参考的竞争对手网站。

进入 KeywordSpy 首页，在搜索框中输入关键词"Swimwear"，选择目标市场"美国"，选中 Keywords 单选按钮，然后单击 Search 按钮，如图 3-7 所示。

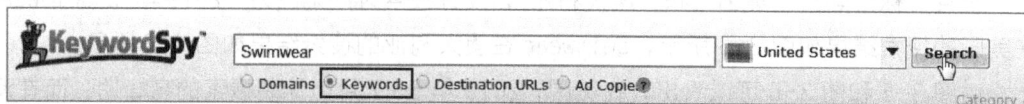

图 3-7　设置搜索条件

此时，得到的搜索结果如图 3-8 所示。图中数据表明，在美国市场，Swimwear 的月搜索量约为 500 万次，市场热度较高。

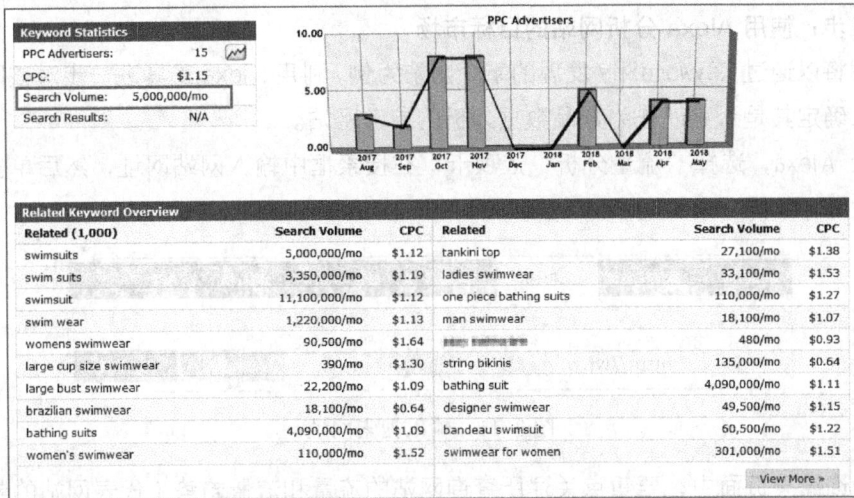

Keyword Statistics
- PPC Advertisers: 15
- CPC: $1.15
- Search Volume: 5,000,000/mo
- Search Results: N/A

PPC Advertisers

Related Keyword Overview					
Related (1,000)	Search Volume	CPC	Related	Search Volume	CPC
swimsuits	5,000,000/mo	$1.12	tankini top	27,100/mo	$1.38
swim suits	3,350,000/mo	$1.19	ladies swimwear	33,100/mo	$1.53
swimsuit	11,100,000/mo	$1.12	one piece bathing suits	110,000/mo	$1.27
swim wear	1,220,000/mo	$1.13	man swimwear	18,100/mo	$1.07
womens swimwear	90,500/mo	$1.64		480/mo	$0.93
large cup size swimwear	390/mo	$1.30	string bikinis	135,000/mo	$0.64
large bust swimwear	22,200/mo	$1.09	bathing suit	4,090,000/mo	$1.11
brazilian swimwear	18,100/mo	$0.64	designer swimwear	49,500/mo	$1.15
bathing suits	4,090,000/mo	$1.09	bandeau swimsuit	60,500/mo	$1.22
women's swimwear	110,000/mo	$1.52	swimwear for women	301,000/mo	$1.51
			View More »		

图 3-8　Swimwear 在美国市场的搜索结果

与 Swimwear 相关的热门关键词如图 3-9 所示。卖家可以将搜索量较大的几个关键词，如 swimsuit、swim wear、bathing suits、swimsuits、swim suits 等作为主关键词，将其他关键词作为长尾关键词。如果将这些关键词用于商品标题、商品描述中，就有利于商品的搜索引擎优化（Search Engine Optimization，SEO）。

Related Keyword Overview					
Related (1,000)	Search Volume	CPC	Related	Search Volume	CPC
swimsuits	5,000,000/mo	$1.12	tankini top	27,100/mo	$1.38
swim suits	3,350,000/mo	$1.19	ladies swimwear	33,100/mo	$1.53
swimsuit	11,100,000/mo	$1.12	one piece bathing suits	110,000/mo	$1.27
swim wear	1,220,000/mo	$1.13	man swimwear	18,100/mo	$1.07
womens swimwear	90,500/mo	$1.64		480/mo	$0.93
large cup size swimwear	390/mo	$1.30	string bikinis	135,000/mo	$0.64
large bust swimwear	22,200/mo	$1.09	bathing suit	4,090,000/mo	$1.11
brazilian swimwear	18,100/mo	$0.64	designer swimwear	49,500/mo	$1.15
bathing suits	4,090,000/mo	$1.09	bandeau swimsuit	60,500/mo	$1.22
women's swimwear	110,000/mo	$1.52	swimwear for women	301,000/mo	$1.51
			View More »		

图 3-9　与 Swimwear 相关的热门关键词

图 3-10 所示为 Swimwear 关键词所对应的主要竞争对手网站列表。在此，卖家需要重点关注原始关键词较多的网站，即重点关注 "Organic Competitors"（有机竞争者）列表中的网站。

Competitors Overview			
PPC Competitors (15)	Keywords	Organic Competitors (19)	Keywords
	3,610		29,578
	283		6,962
	4,711		7,787
	1,040		7,152
	7,787		5,185
	64		3,047
	297		3,557
	635		1,628
	609		1,014
	4,914		297
View More »		View More »	

图 3-10　Swimwear 关键词所对应的主要竞争对手网站列表

第三步：使用 Alexa 分析网站的目标市场

下面将以通过 KeywordSpy 发现的某个网站为例，利用 Alexa 工具进一步对该网站进行分析，以确定其是否可以作为选品数据分析的参考网站。

登录 Alexa，选择"流量分析"选项卡，在搜索框中输入网站网址，然后单击"流量分析"按钮，如图 3-11 所示。

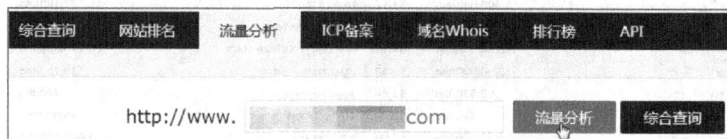

图 3-11　输入搜索网址

在查询结果页面中，要重点关注所查询网站的流量和流量趋势（代表网站的整体知名度）（见图 3-12 和图 3-13），以及该网站在各个国家/地区的排名与访问比例（代表网站在各个国家/地区的知名度），如图 3-14 所示。

网站流量	以下UV&PV数据为估算值，非精确统计，仅供参考			
访问量	当日	周平均	月平均	三月平均
UV	800000	480000	448000	540800
PV	3679000	1920000	2016000	2612000

图 3-12　网站的流量

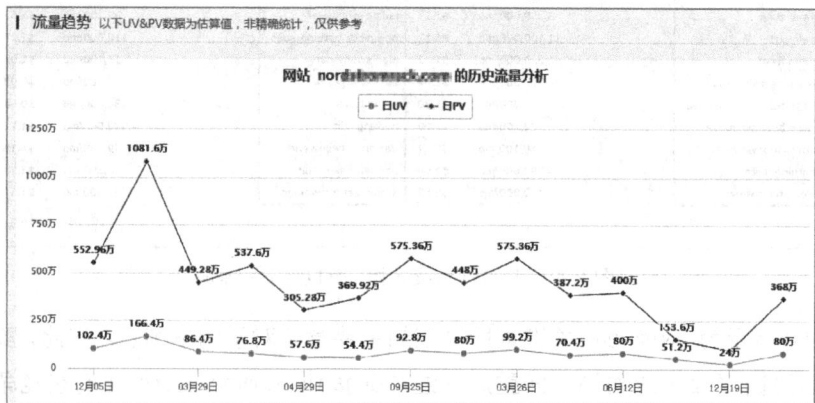

图 3-13　网站的流量趋势

国家/地区访问比例			
国家/地区名称	国家/地区代码	网站访问比例	页面浏览比例
美国	US	69.9%	71.3%
日本	JP	23.3%	22.8%
加拿大	CA	1.9%	1.9%
印度	IN	0.8%	0.9%
尼日利亚	NG	0.5%	0.5%
其他	OTHER	3.5%	2.6%

图 3-14　网站在各个国家/地区的排名与访问比例

由图 3-14 可知，这个网站以美国为主要目标市场，且在美国有较高的知名度。综合考虑 KeywordSpy 工具的分析结果，可以将该网站作为分析美国市场乃至北美市场泳装类商品的商品类型、价格的参考网站。

▶▶▶ 3.3.2 站内数据调研与分析

亚马逊、全球速卖通等跨境电子商务平台会为卖家提供一些数据调研与分析工具，辅助卖家开展选品工作。

全球速卖通的"数据纵横"基于速卖通平台的交易数据，可以为卖家提供具体行业的商品分析数据、销售趋势和买家行为数据等内容，帮助卖家从行业、类目与属性等角度进行选品。图 3-15 所示为"数据纵横"中一级行业蓝海程度分析，圆圈的颜色越深，说明该行业竞争力越小。颜色最深的行业往往是比较冷门的行业，卖家开拓市场花费的时间会比较长。

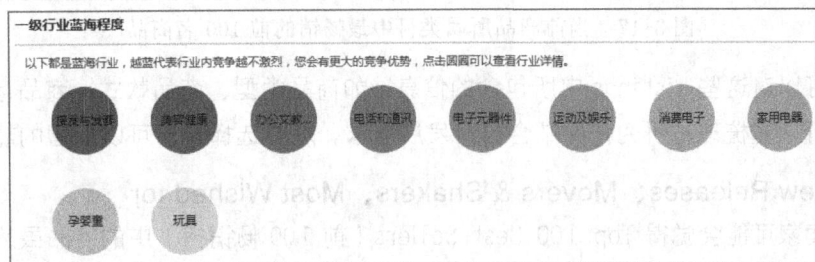

图 3-15 "数据纵横"中一级行业蓝海程度分析

当然，亚马逊平台也为卖家提供了一些很好的数据分析工具，如果能够充分利用，选出爆款商品并不是一件困难的事情。下面介绍几个亚马逊平台上的数据调研与分析工具。

1. Amazon Best Sellers

在亚马逊上，打开任何 Listing（商品页面），在商品详情页的"Product information"（商品信息）中都会有一个"Best Sellers Rank"（畅销排行榜）选项，如图 3-16 所示。

Product information	
Product Dimensions	3 x 3 x 4 inches
Item Weight	0.64 ounces
Shipping Weight	0.64 ounces (View shipping rates and policies)
Department	mens
Manufacturer	Casio
ASIN	B000GAWSDG
Domestic Shipping	Currently, item can be shipped only within the U.S. and to APO/FPO addresses. For APO/FPO shipments, please check with the manufacturer regarding warranty and support issues.
International Shipping	This item can be shipped to select countries outside of the U.S. Learn More
Item model number	EAW-F-91W-1
Batteries	1 Lithium Metal batteries required.
Customer Reviews	★★★★☆ 5,438 ratings 4.5 out of 5 stars
Best Sellers Rank	#124 in Electronics (See Top 100 in Electronics) #1 in Men's Wrist Watches #280 in Men's Shops
Date first listed on Amazon	January 1, 2004

图 3-16 "Product information"中的畅销排行榜

单击"Best Sellers Rank"选项中的 See Top 100 in Electronics 超链接，即可查看当前商品所属类目中最畅销的前 100 名商品，如图 3-17 所示。

图 3-17　当前商品所属类目中最畅销的前 100 名商品

卖家可以对这些 Listings 中所包含的信息，如商品类型、商品款式、商品标题、商品价格等进行认真梳理与研究，并结合自身发展需求，从中选择自己可以运营的热卖商品。

2. New Releases、Movers & Shakers、Most Wished for

有的卖家可能会觉得 Top 100 Best Sellers（前 100 畅销榜）中的商品虽然具有很好的销量，但它们同时也是众多卖家所关注的对象，因此其市场竞争是非常激烈的。当然，某些商品之所以会登上 Best Seller，是借助了天时、地利等因素，而市场竞争环境的变化具有不确定性，以前能够大卖的商品未必能够在当前的市场竞争中获得成功。

因此，卖家除了关注 Top 100 Best Sellers 外，还可以关注 Top 100 Best Sellers 页面中间位置的 New Releases（新品热卖）、Movers & Shakers（上升最快）、Most Wished For（添加愿望夹最多）等榜单，如图 3-18 所示。

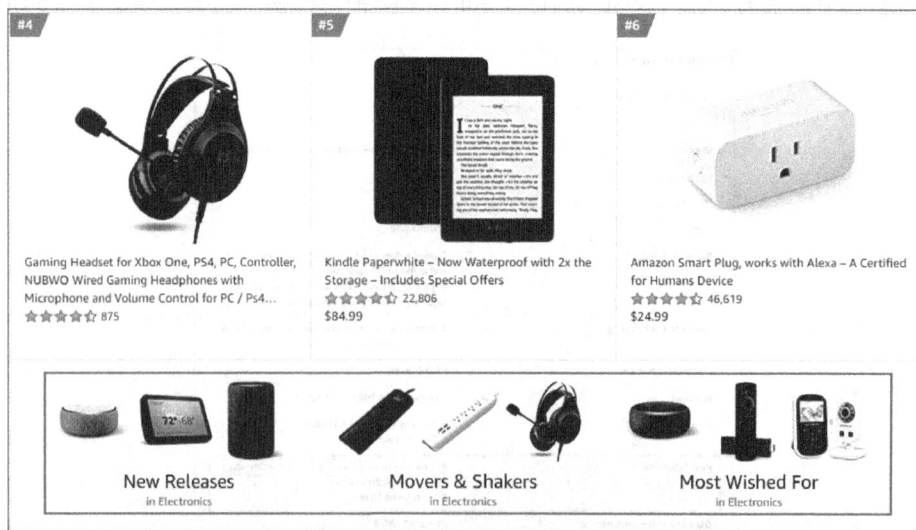

图 3-18　New Releases、Movers & Shakers、Most Wished For 榜单

与 Amazon Best Sellers 榜单相比，虽然这些榜单的关注量较少，但它们也在不同程度上代表亚马逊平台上的买家需求和销售趋势。

Amazon Hot New Releases 榜单展示的是亚马逊平台上的"新星"商品，即上架时间较短，但排名上升速度很快的商品，如图 3-19 所示。与 Amazon Best Sellers 榜单上竞争激烈、难以追赶的商品相比，这个榜单上的商品或许更值得卖家参考和销售。

图 3-19　Amazon Hot New Releases 榜单

Amazon Movers & Shakers 榜单展示的是亚马逊平台上所有品类 Top100 的波动趋势，如图 3-20 所示。在这个页面中，每个商品都会有一个箭头，表示商品人气上升的速率。根据这些箭头的指示，卖家可以找出一些具有较大销售潜力的商品。

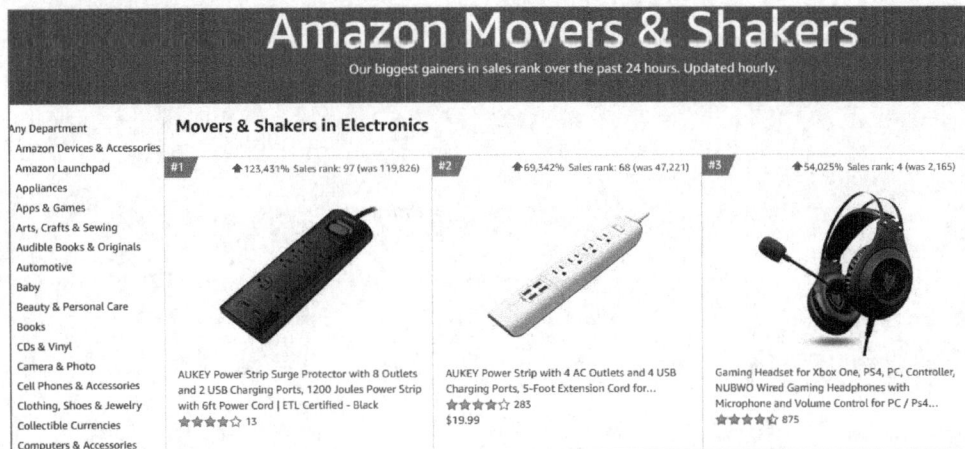

图 3-20　Amazon Movers & Shakers 榜单

Amazon Most Wished for 榜单是卖家挑选未来热卖品的重要参考依据。亚马逊平台通过搜集买家的访问和需求数据形成了这个榜单，如图 3-21 所示。当买家添加至愿望夹中的商品有打折或降价的信息时，亚马逊会自动发送邮件提醒买家，并促成交易。如果卖家的商品上了该榜单，或者卖家能够以更优惠的价格为买家提供他们希望获得的商品，那么小幅度的减价促销就可以为卖家带来更多的销量，从而使卖家赢得商机。

图 3-21　Amazon Most Wished For 榜单

课后习题

1．国际市场调研的主要内容包括哪些？

2．在进行跨境电子商务选品时，应当遵循哪些原则？

3．什么是评价数据分析法？如何运用评价数据分析法进行选品？

4．尝试运用 Google Trends、KeywordSpy、Alexa 等工具分析 T 恤在美国、澳大利亚的销售周期性变化，并找到开发该品类商品的参考网站。

第 4 章

挖掘商机，拓展市场
——跨境电子商务营销推广

学习目标

➢ 了解搜索引擎竞价排名的优势。

➢ 掌握设置搜索引擎竞价排名关键词的技巧。

➢ 掌握投放搜索引擎关键词广告的技巧。

➢ 掌握开展社交媒体营销的技巧。

➢ 掌握开展 KOL 营销的技巧。

➢ 掌握开展电子邮件营销的技巧

➢ 了解各大跨境电子商务平台的站内推广工具。

➢ 掌握运用各站内推广工具开展营销推广的技巧。

营销推广是卖家进行引流的重要手段，一名优秀的卖家不但需要了解各种站外推广渠道和方法，还要熟悉各大跨境电子商务平台站内的营销工具，最大限度地借助平台提供的推广工具提升店铺商品的曝光率，以及自身品牌的价值及信誉度。本章将详细介绍搜索引擎营销、社交媒体营销、KOL 营销、电子邮件营销和站内付费广告营销等推广技巧。

4.1 搜索引擎营销

随着信息技术的发展，搜索引擎营销越来越受到卖家的青睐，它凭借低成本、高效率的优势逐渐成为卖家开展站外营销的主流方式之一。搜索引擎营销是指企业利用搜索引擎工具，根据用户使用搜索引擎检索信息的机会，配合一系列技术和策略，将更多的企业信息呈现给目标用户，从而获得盈利的一种网络营销方式。

▶▶▶ 4.1.1　搜索引擎竞价排名

搜索引擎竞价排名是指用户在网站付费后才能被搜索引擎收录，用户付费越高，其发布的内容在搜索引擎搜索结果页面的排名就越靠前。其实质是用户为自己的网页购买关键字排名，搜索引擎按照点击计费的一种营销方式。用户可以通过调整每次点击付费的价格来控制自己在特定关键词搜索结果中的排名，并可以通过设定不同的关键词捕捉不同类型的目标访问者。

1. 搜索引擎竞价排名的特点

与其他营销方式相比，搜索引擎竞价排名的特点如图 4-1 所示。

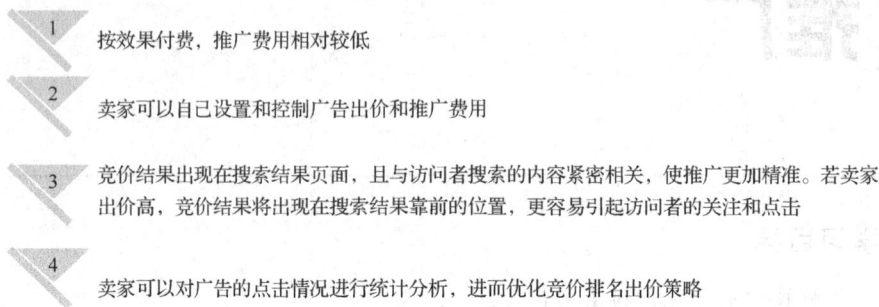

1　按效果付费，推广费用相对较低

2　卖家可以自己设置和控制广告出价和推广费用

3　竞价结果出现在搜索结果页面，且与访问者搜索的内容紧密相关，使推广更加精准。若卖家出价高，竞价结果将出现在搜索结果靠前的位置，更容易引起访问者的关注和点击

4　卖家可以对广告的点击情况进行统计分析，进而优化竞价排名出价策略

图 4-1　搜索引擎竞价排名的特点

2. 搜索引擎竞价排名关键词的来源

在选择竞价排名的关键词之前，卖家先要明确关键词的作用是寻找和定位潜在买家，因此，关键词的选择应依据潜在买家的搜索习惯。搜索引擎竞价排名关键词的提取方法与流程如图 4-2 所示。

寻找核心关键词 ➡ 延伸拓展 ➡ 筛选提炼 ➡ 分类管理

图 4-2　搜索引擎竞价排名关键词的提取方法与流程

（1）寻找核心关键词

首先，从潜在买家的搜索习惯出发，全方位寻找与商品相关的关键词；其次，以内容为王，从商品或服务的特点出发寻找核心关键词；最后，挖掘目标买家的需求、偏好和兴趣，拓展潜在的核心关键词。

通常来说，核心关键词分为四类，如图 4-3 所示。

找到并积累了一定数量的核心关键词后，卖家可以利用一些数据分析工具（如谷歌关键词工具）对这些核心关键词进行数据分析，包括分析某个关键词的搜索量、搜索热度变化趋势、主要搜索人群，以及搜索这些关键词的买家同时还搜了哪些相关的词等，从而为确定核心关键词提供数据参考。

1 **商品词**
卖家所提供的商品或服务的名称、别称，是最能体现潜在买家明确搜索意图的词汇之一，是卖家关键词词库中的必备词

2 **品牌词**
独一无二的能体现卖家实力的品牌名称的词。搜索品牌词的访问者通常都是带着明确目标主动寻找卖家的潜在买家，所以品牌词是卖家关键词词库至关重要的战略词

3 **商品咨询词**
买家用来咨询与商品或服务相关信息的，贴近买家口语的词汇或短句。咨询词往往最接近潜在买家的购买需求，并且容易影响他们的购买决策，是卖家关键词词库的明星词

4 **行业词**
表达商品和服务所属类别、体现行业特殊性的词。这类词可能影响潜在买家对同类商品产生新的需求。同行业的卖家都会提及这类词，是卖家关键词词库的潜力词

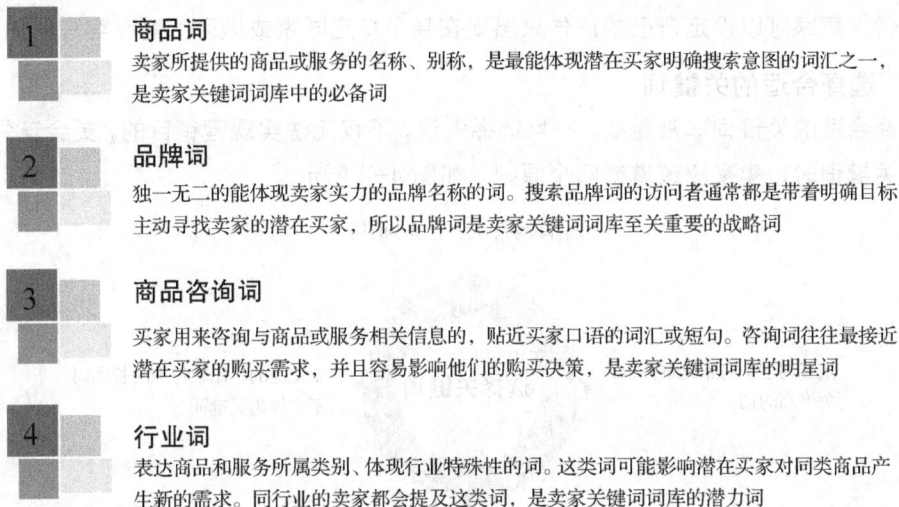

图 4-3　核心关键词的类型

（2）延伸拓展

卖家可以在核心关键词的基础上进一步拓展关键词，构成长尾关键词。长尾关键词（Long Tail Keyword）是网站上的非目标关键词但与目标关键词相关的，可以带来搜索流量的组合型关键词。长尾关键词的特征是比较长，往往由2～3个词语组成，甚至是一句短语，它们往往存在于网页中的内容页面，除了内容页的标题，还存在于内容中。

（3）筛选提炼

通过前面两步，卖家可以发现大量的关键词，但不可能每个关键词都要采用，一方面预算不允许，另一方面也没有这个必要。卖家可以根据自身的推广需要、关键绩效指标和预算对关键词进行筛选提炼。

（4）分类管理

结合目标买家的购买行为特征，卖家可以将所有的关键词进行分类。例如，将关键词分为人群词、商品词、口碑词、行业词及品牌词等。在推广时，卖家根据不同的时间段来选择不同类型的关键词。

▶▶▶ 4.1.2　关键词广告

关键词广告是指显示在搜索结果页面的网站链接广告，这种广告按点击次数收取广告费。卖家可以根据需要设置不同的关键词进行广告投放，这就相当于在不同页面轮换投放广告。

在跨境电子商务行业中，谷歌是跨境电子商务卖家开展站外引流必选的一个重要渠道。下面就以谷歌为例，分享几个投放关键词广告的技巧。

1. 明确目标受众群体

在谷歌投放关键词广告之前，卖家要先对商品的竞争力、市场热度、目标受众群体进行分析，然后选择市场前景较好的地区锁定潜在客户群体。此外，为了避免产生不必要的

点击支付，卖家可以设定自己的广告只出现在某个特定国家或地区的潜在客户群体中。

2. 选择合适的关键词

选择合适的关键词非常重要，一旦选择失误，不仅无法实现营销目的，更会流失客户。在选择关键词时，卖家应该遵循四个原则，如图4-4所示。

图 4-4　选择关键词的原则

3. 在广告标题中添加吸引眼球的词

卖家可以在广告标题中添加一些具有号召性的词，如 Free（免费的）、New（新的）等，但是在添加这些词时要注意不能违反谷歌的相关规定。例如，如果广告标题中含有 "Free"（免费的）字样，那么广告直接链接的页面应该含有相应的免费商品或服务；如果广告标题中含有 "New"（新的）字样，那么该商品或服务的推出年限要在半年之内。此外，需要注意在广告标题中不能含有 Best（最好的）、The cheapest（最便宜的）、first（第一）等带有主观感情的词。

4. 对广告进行测试

通常来说，卖家需要设计两个或更多的广告方案并对这些方案进行测试，从而选出点击率较高的广告方案。随后重复这个过程，不断地对广告方案进行优化，以不断地提高广告的点击率。

5. 有效避免无效点击

为了减少不必要的广告开销，卖家可以将商品或服务的价格添加在广告的最后，避免那些在网上寻找免费服务或商品的人点击广告。由于这种做法会让卖家的目标客户并不是网上每一个访问者，那些在网络上寻找免费资源的人不可能成为卖家的客户，因此可能会对广告的点击率造成一定的影响，但可以提高潜在客户的总体转化率，并降低平均客户取得成本。

4.2　社交媒体营销

社交媒体是人们彼此之间用来分享意见、见解、经验和观点的工具和平台，也是卖家开展站外营销的有效渠道。社交媒体营销一般被视为最具互动性的营销方式，有效的社交媒体营销不仅能使卖家与买家之间形成良性互动，更会对卖家的商品销售和发展产生积极影响。

▶▶▶ 4.2.1　Facebook 营销

Facebook 作为全球最大的网络社交通信平台之一，历来是跨境电子商务卖家开展营销推广的必选工具之一。卖家使用 Facebook 营销能够让自己的商品或服务更容易被买家搜索到，相当于为网店创建了一个交流社区，可以更直接地推广自己的商品。

1．如何吸引粉丝关注 Facebook 账号

在 Facebook 上做推广营销，卖家除了要提供优质的服务外，还需要与粉丝建立紧密的关系，加强双方的交流沟通。在利用 Facebook 营销时，卖家可以采用以下几种方法提升自己的 Facebook 账号的人气。

（1）创建友好的页面

一个杂乱无章的页面往往会让访问者产生不适感，卖家要想给访问者留下一个良好的印象，首先要让 Facebook 页面看起来比较"友好可亲"。卖家可以从合理的页面布局排版、提供优质的商品服务、定期更新商品信息，以及加强与粉丝之间的互动等方面进行完善。

（2）维系好忠诚粉丝

众所周知，卖家的忠诚客户就是商品和品牌最好的宣传员。如果卖家的品牌在市场上得到了良好的反馈，积累了一定的客户群，此时，卖家可以鼓励忠诚客户加入 Facebook 来支持自己，然后让忠诚客户进行宣传，借助忠诚客户的口碑宣传吸引更多的访问者浏览自己的 Facebook 页面来了解商品。

（3）添加 Facebook 的社交插件

借助多个社交平台展开推广是一种行之有效的营销方式，但在推广过程中需要有一个网络桥梁将所有的社会化媒体活动联结起来，这样做是为了更好地控制推广内容，以及进行品牌管理。

在 Facebook 网站中，卖家可以通过整合利用 Facebook 的社交插件加强各个社交平台之间的联系。随着 Facebook 访问量的提升，卖家的 Facebook 页面也会产生更多粉丝及朋友的推送，这能让更多的人看到企业的 Facebook 页面，进而提高浏览量。

（4）利用高人气的 Facebook 页面

卖家可以利用 Facebook 平台提供的工具搜索与自身所销售的商品相关的 Facebook 页面，或者是寻找一些与自己业务相关的讨论，并向这些人气较高的 Facebook 页面提供一些有价值的信息，与这些人气较高的 Facebook 页面的管理者与粉丝建立亲密关系，当彼此了解后，可以引导他们去访问自己的 Facebook 页面。

（5）借助网络论坛与合作网站

如果卖家有合作网站或在网络论坛中表现活跃，可以在合作网站或网络论坛的签名档中添加自己 Facebook 页面的链接。需要注意的是，卖家一定要发表一些具有实用性的文章，只有保证自己的参与获得了合作网站浏览者或网络论坛中其他人的认可和关注，才能吸引

他们去关注自己的商品。

（6）联合组织社交活动

卖家可以与其他 Facebook 页面的管理员进行合作，共同策划一个能让双方粉丝获益的社交活动，这样既能增进彼此之间的了解，又能达到推广宣传的目的。

2. 如何提升 Facebook 页面的互动性

具有互动性的 Facebook 页面更容易吸引访问者的关注，卖家可以参考以下几个方法来提升 Facebook 页面的互动性。

（1）充分发挥创意

如果卖家在 Facebook 上只是一味地介绍商品，会让访问者感到单调无趣。访问者更喜欢浏览富有创意的内容，所以卖家在 Facebook 上发布的内容要融入创意，例如分享一些有趣而新奇的创意商品，这样才能吸引更多的访问者。

（2）采用多样化的形式

相对于文字，视频和图片更能给人带来直观形象的感官体验，所以卖家可以将发表的内容以多样化的形式进行展现，这样更容易引起访问者的兴趣。卖家在选择图片时要遵循三个原则：一是图片要简洁干净，不宜有太多的文字描述；二是图片要与商品直接相关；三是图片色彩要鲜明，吸引访问者眼球。

（3）内容短小精悍

人们不喜欢长篇大论，越来越喜欢简单短小的内容，这就要求卖家在发布内容时，最好使用简练的句子，或者将复杂的信息简单化，这样的内容更容易受到访问者的欢迎，更具有传播性。

（4）注重互动性

要想增强社交媒体的互动性，卖家可以有意识地开展一些互动活动，引导访问者和粉丝参与其中，例如针对几款服饰搭配设计，呼唤访问者和粉丝参与投票。通常来说，新颖有趣的活动，更能调动访问者和粉丝参与活动的积极性。

（5）善用留白

卖家可以在 Facebook 页面中提出一个问题，然后留一个空白让访问者来填空。如果问题能够激发访问者的兴趣，就能引起他们热烈的评论，然后卖家再及时进行回复，就可以拉近卖家与访问者之间的距离。

▶▶▶ 4.2.2 Instagram 营销

照片墙（Instagram）是一款在移动端上运行的社交应用，它允许用户以一种快速、美妙和有趣的方式将自己随时抓拍下的图片进行分享。自从 2010 年问世以来，Instagram 已成为领先的社交媒体平台，每月有超过 6 亿的活跃用户。这个平台最大的亮点就是具有极高的用户参与度。

为了能够以新颖独特的方式表达品牌，确保品牌在 Instagram 上获得最大的曝光率，以吸引更多的潜在关注者，卖家在 Instagram 上做营销推广时，可以尝试采用以下技巧。

1. 分享与交流买家体验

考虑到大多数买家在电子商务平台购物时喜欢查看真实的买家体验，因此卖家要注意收集真实的买家体验内容，通过精挑细选并征得买家同意后将其展现到自己的 Instagram 推广内容中。

这些买家体验的内容无形中为卖家口碑的传播提供了途径，在 Instagram 上看到其他买家体验的人将有更大的可能成为卖家未来的潜在买家。

2. 有效利用主题标签

主题标签的作用是让卖家发布的推广内容被更多的目标客户发现。卖家要尽可能地使用那些与自身业务相关且有趣、符合自身所在行业属性的各种主题标签。只要有人搜索到卖家曾经使用过的标签，那么卖家的帖子和业务都将对其可见。

在建立主题标签时，卖家可以尝试做一个与自身业务相关且独一无二的主题标签，这样可以让 Instagram 上的粉丝更准确地追踪他们感兴趣的主题，查看该主题过去的帖文；粉丝也能以此作为交流，从而形成忠诚的粉丝群体。

3. 展示引人注目的图片

作为一个主打图片的社交平台，Instagram 最为引人注目的就是各种精美的图片。卖家在设计图片时，最好选择能展示商品使用场景的图片，即将商品和配件放在现实的环境中进行展示。

在设计图文时切忌生搬硬套，不要为了展示文字说明而影响图片的美观度。Instagram 毕竟是一个以图为主兼快速浏览的平台，所以卖家可以将图文分开，发一张博人眼球的图片，感兴趣的粉丝自然会主动查看文字说明。

4. 增强与粉丝的互动

无论使用哪个社交平台进行营销都需要注意与粉丝保持有效互动，Instagram 的算法尤其看重互动数据，因此卖家要想提高自己在 Instagram 上发布的内容的曝光率，经常与粉丝互动（如留言、点赞等）是非常有必要的。卖家留言或点赞后，粉丝也能在"追踪中"页面看到，利于提升其对品牌的好感度。

▶▶▶ 4.2.3　Twitter 营销

Twitter 是全球访问量较大的网站之一，拥有超过 5 亿的注册用户。虽然发布的每条"推文"被限制在 140 个字符内，但不妨碍各个卖家利用 Twitter 进行商品促销和品牌营销。

1. Twitter 营销的广告类型

Twitter 提供了三种广告类型，即推荐推文、推荐账户和推荐趋势。每种广告各具优势，卖家可以根据自己的营销需求选择适合自己的广告形式。

（1）推荐推文

推荐推文就是卖家在 Twitter 上购买普通推文，这个推文会被标上"推荐"标志，这种推文也可以转发、回复、点赞等。推荐推文的最大作用是能让购买推文的卖家接触到更广泛的用户群体，或者在现有关注者中引发人们积极参与。

如果卖家想宣传推广店铺的某个活动，可以选择使用推荐推文，可以通过吸引访问者点击推文来提升自己店铺内的流量。此外，卖家还可以在推文中为访问者提供优惠券，以提升店铺的转化率。

（2）推荐账户

推荐账户是指将某个账户推荐给尚未关注该账户的用户。卖家使用推荐账户功能可以有效地提高自己 Twitter 账号的粉丝增长率。推荐账户具有以下优势。

首先，推动访问者购买商品，发掘潜在买家。卖家只有让更多的访问者关注自己的 Twitter 账号，才有可能向访问者宣传自己的商品，让他们更深入地了解品牌。其次，推荐账户显示在 Twitter 平台的多个位置，包括主页时间线、关注谁和搜索结果等位置。最后，提高品牌知名度和口碑共享。当卖家在 Twitter 上发布有价值的内容时，Twitter 能够让访问者通过转发来与朋友分享内容，从而提高品牌的覆盖面。因此，如果卖家希望有更多的人关注自己的品牌和商品，可以选择使用此类广告。

（3）推荐趋势

Twitter 上的热门话题是社交网络上最受关注的话题，有着非常高的点击率。卖家使用推荐趋势功能，可以在 Twitter 上发布一个主题标签，并让其展示在页面的左侧。这样就可以让更多的访问者看到自己设置的主题标签，进而提升自己商品的曝光量，增加广告系列的覆盖面。

2. Twitter 营销的技巧

有大量的追随者，并不意味着 Twitter 营销已经大获成功。卖家要想借助 Twitter 成功地推销和推广自己的品牌和店铺，最好的方式就是在 Twitter 上发布高质量的内容。卖家可以采用以下技巧。

（1）在 Twitter 上使用图片

图形、图表能直观地传递出复杂、抽象的内容，而且比文字更容易给人留下深刻的印象。有时用图片体现某事物比用语言更加直观，尤其是在描述某件事物作为沟通媒介时，Twitter 一般将语言描述限制在 140 个字符内。例如，美国服装零售商 Abercrombie & Fitch 连续 7 天发布了 14 个推文，包含 16 张图片，这些图片展示了 Abercrombie & Fitch 的商品及用户渴望的生活方式，获得了很好的效果。

（2）在热闹时段发布推文

卖家在发布推文时要注意合理安排推文发布的时间，以提高推文的互动率。美国著名的客户关系管理服务提供商 Salesforce 曾经发表过一份关于 Twitter 营销的报告。Salesforce 研究发现，在服饰行业，大约 12% 的品牌喜欢在周末发布推文，但推文的互动率比工作日高出 30%。这说明服装品牌如果合理安排推文发布时间，将更容易吸引潜在买家。因此，卖家有必要测试何时发布推文得到的关注最多，然后在这些时间段安排 Twitter 营销。

（3）注重内容

卖家在推文中为访问者提供有价值的内容和有用的促销折扣信息，能有效提升推文对访问者的吸引力。集客营销公司 HubSpot 曾发布一份关于电子商务进行 Twitter 营销的建议清单，清单第一条就是"推销之前先引起兴趣"。

（4）定期发布优质内容

卖家要坚持定期发布优质推文，不要"三天打鱼，两天晒网"，每天坚持发布两到三条推文，这样才能吸引用户的关注，避免被其遗忘。

（5）回应访问者的推文

Twitter 也是卖家为粉丝提供服务、与粉丝进行互动的工具。因此，当粉丝在 Twitter 上提及自己的商品或公司时，卖家要及时地对此做出回应。

例如，一位购买过耐克服装的客户在 Twitter 上发布了一张图片，图片上是几件耐克服装，并配文："Yes, I have a problem, but at least I'm encouraging myself to go to the gym."（是，我身体有问题，但至少我鼓励自己去健身房）并@了耐克的 Twitter 账号。于是，耐克的社交媒体营销人员对此也用一张图片进行了回应，并配文"We see no problem."（我们看来没有问题），如图 4-5 所示。

图 4-5　耐克回复访问者的推文

（6）减少推文中的链接数量

相关研究表明，不包含链接的推文更容易让访问者产生互动，所以并不是说发布的每一条推文中都一定要包含链接，链接的精妙之处在于精而不是杂。在发布推文时，卖家要懂得合理地减少包含链接的推文数量，这样更有利于提升与访问者之间的互动。

▶▶▶ 4.2.4　YouTube 营销

YouTube 是全球知名的视频网站之一，每天都有成千上万的视频被用户上传、浏览和分享。相对于其他社交网站，YouTube 的视频更容易带来"病毒式"的推广效果，所以YouTube 也是跨境电子商务卖家开展营销推广不可或缺的工具之一。

YouTube 是品牌出口推广不可错过的站外引流渠道之一，YouTube 的广告活动应该针对人们在不同购买状态的不同需求来开展，而不是随意地制作视频。全球知名的管理咨询公司麦肯锡将 YouTube 用户的购买行为分为五个阶段，如图 4-6 所示。

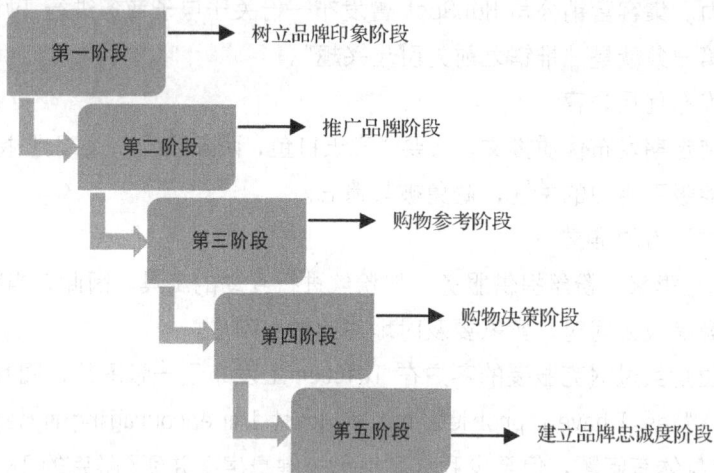

图 4-6　YouTube 用户购买行为阶段划分

一旦卖家创建了某个成功的广告，了解了目标受众的特点，就可以以此为参照创建更多具有战略性和效益的 YouTube 广告活动。

1. 树立品牌印象阶段——增强目标受众娱乐参与感

在树立品牌印象阶段，目标受众对卖家和卖家的商品并不熟悉，所以卖家在这一阶段可以通过创建教学类视频、娱乐类视频、"网红"推荐类视频，提高视频的曝光度和品牌的影响力。

（1）教学类视频

How-to 教学类视频是常见的视频营销形式之一，卖家可以在这类视频中演示目标受众感兴趣的某种操作，并利用详尽的步骤进行说明，以此带入商品。图 4-7 所示为某家居品牌在 YouTube 上发布的教学类视频，该视频既实用又有趣，虽然没有直接展示商品销售的信息或链接，但吸引了很多对家居装修感兴趣的人对该品牌进行关注，有效地提升了品牌的知名度。

图 4-7　某家居品牌在 YouTube 上发布的教学类视频

如果卖家正处于初步尝试 YouTube 的阶段，那么教学类视频就是很好的选择，因为卖家所拥有的商品知识对很多用户而言就是专家级别的建议，而这也是创建和品牌相呼应内容的方式之一。

（2）娱乐类视频

创建娱乐类视频大多需要团队的配合，但这类视频往往可以引起广泛的传播。幽默有趣或壮观惊叹的视频都可以很好地吸引受众的关注。

（3）"网红"推荐类视频

让潜在新用户了解品牌的方法之一是赞助"网红"视频。YouTube 上非常流行的一种"网红"推荐类视频就是开箱视频，即 YouTube "网红"拆箱并介绍商品的视频。拍摄开箱视频的"网红"通常会对包裹内的商品进行真实的描述，并客观、真诚地说明商品的使用体验，有利于加强品牌与目标受众的互动，刺激其采取购买行动。图 4-8 所示为某款运动相机品牌发布的"网红"开箱视频。

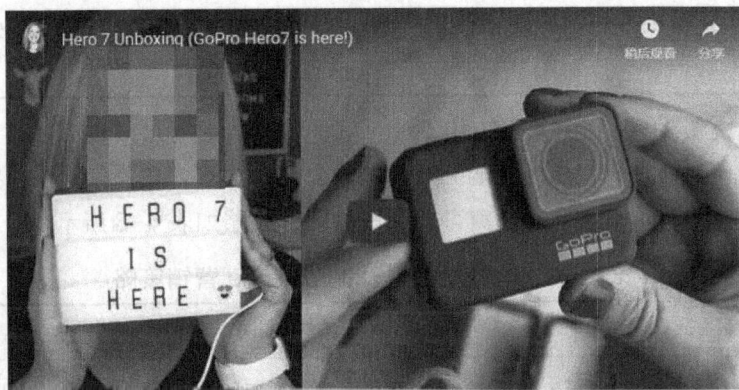

图 4-8 某款运动相机品牌发布的"网红"开箱视频

2. 推广品牌阶段——展现品牌魅力

当用户对品牌产生了一定的了解之后，卖家需要展示品牌的亮点，尽可能地拉近品牌与用户之间的距离。在该阶段，卖家可以通过发布个人故事类视频和欢迎类视频来展示品牌魅力，如表 4-1 所示。

表 4-1 推广品牌阶段的 YouTube 营销策略

营销策略	具体做法
个人故事类视频	展示品牌魅力的一个好方法就是拍摄品牌背后的个人故事，通过展示卖家的心路历程或创业故事，激发用户对商品和品牌产生共鸣，增强用户对品牌的信任感。不过，个人故事类视频并不需要被"病毒式"地传播，只需在特定的受众范围内引起人们的关注即可
欢迎类视频	欢迎类视频能够拉近品牌和用户之间的距离，更好地展示品牌的亮点。例如，销售假发的品牌 Luxy Hair 以脱毛商品为主题，为潜在用户打造了一些视频，简单介绍了脱毛商品的相关操作方式和使用效果。该类视频简单而有效，一些新用户可能会在看完视频后进一步了解该商品，然后选择购买

3. 购物参考阶段——展示商品优势

一旦潜在目标用户熟悉品牌后，视频营销的战略就要从以娱乐为主转向以引导为主，卖家需要通过发布商品介绍类视频和再营销视频向用户展示商品的优势，并且强调商品对用户需求的满足，如表 4-2 所示。

表 4-2　购物参考阶段的 YouTube 营销策略

营销策略	具体做法
商品介绍类视频	商品介绍类视频是最基本的视频形式，卖家要着重展示商品的功能和优点。例如索尼相机 A6500 的宣传视频，视频中提及了相机的诸多功能，以及这款相机如何改善用户的摄影体验。 卖家可以尽可能地展示自己所销售的商品在同类商品中脱颖而出的功能或亮点。不过，卖家需要在视频时间上多加把控。相关研究发现，30 秒以内的视频观看率超过 80%，视频的观看率会随着视频时长的增加而下降，卖家可以适当地将视频时长控制在 3~4 分钟
再营销视频	在用户访问卖家的网店后，卖家可以向他们展示与其感兴趣的商品相关的 YouTube 广告

4. 购买决策阶段——提升转化率

当卖家意识到潜在用户产生了购买商品的意向时，卖家在该阶段发布视频的目的就是提升转化率。在购买决策阶段，卖家可以采取的营销策略如表 4-3 所示。

表 4-3　购买决策阶段的 YouTube 营销策略

营销策略	具体做法
专注商品及跟进购物类视频	一旦卖家知道用户已经准备好购买商品，就要保证用户能够完成购买过程，并尽可能地提高订单数量和金额。卖家可以通过采用交叉促销和向上销售的方法来实现这一目的。交叉销售的作用是对用户购买的商品进行补充，例如，卖家可以考虑将充电线配合手机外壳进行销售。向上销售则是提高用户需求，例如，卖家可以考虑将防水、耐热手机壳和手机一起进行推荐。 这类专注商品的视频可以通过白色背景、工作室和生活场景等方式进行展示。白色背景是最为经典的视频呈现方式，而白色背景中的商品也可以带给用户最为直观的感受。工作室背景拍摄强调商品的专业度，有利于定制高水平的视频。商品使用生活场景展示视频是最贴近用户也最有感染力的视频
商品购物车提示类视频	卖家可以通过发送带有再营销 YouTube 视频广告的电子邮件来拯救用户购物车里被遗忘的商品。这类型的视频不需要过于复杂或冗长，只需简单地对用户发出提醒就可以促进该商品的转化

5. 建立品牌忠诚度阶段——促成长期购物关系

用户购买商品对卖家而言是营销成功的一半，但这并不意味着营销活动的结束，接下来卖家还需要培养用户对品牌的信任度以及建立长期购物关系。卖家在此阶段可以采取的营销策略如表 4-4 所示。

表 4-4　建立品牌忠诚度阶段的 YouTube 营销策略

营销策略	具体做法
升级折扣与二次购买优惠类视频	用户可能不会在没有折扣的情况下再次购买商品，但会在优惠的吸引下开始定期购物，所以卖家可以考虑提供一个展示基本常规折扣的宣传视频。例如，为会员提供 5%～10% 的优惠，或者为曾经购买过商品的用户提供免费送货，以鼓励他们再次购买。这类视频不需要昂贵的制作成本，卖家只需借助一些简单的工具就可以创建。例如，卖家在几张商品照片上添加文字就能够创建一个简单并具有吸引力的宣传视频
展示推荐类视频	建立客户忠诚度的有效方法之一是向用户展示推荐商品，例如，美发品牌 NaturallyCurly 通过视频巧妙地做到了这一点，它向用户展示了商品如何帮助用户打理卷发。这类视频无须昂贵的制作成本，简单的背景、基础的摄影器材、简单的照明工具就可以满足视频的拍摄需要
借鉴成功的视频经验	若卖家希望 YouTube 营销能够在客户忠诚度上发挥作用，那么势必要借鉴一些成功的视频经验。需要注意的是，无论是主打"感情牌"还是"商品牌"，这一阶段的视频都要重视用户的参与感，赢得用户的认同。因此，视频的可看性、趣味性和价值性就显得至关重要

▶▶▶ 4.2.5　LinkedIn 营销

LinkedIn 成立于 2003 年，是一个面向商业用户的社交网络（SNS）服务网站。该网站的目的是让注册用户维护他们在商业交往中认识并信任的联系人，俗称"人脉"（Connections）。LinkedIn 是提供分享公司信息、行业新闻和市场活动的平台，其用户可以在这个平台上接触到业内人士以及待挖掘的潜在客户，因此 LinkedIn 是外贸商务人士使用较多的一款社交网络工具。

LinkedIn 聚焦职场社交，该平台上聚集最多的是高端白领人群，甚至包括企业中的高层管理人员。对于 B2B 跨境电子商务卖家来说，其通过 LinkedIn 甚至有机会接触到买方企业的决策管理层，这也是 LinkedIn 的核心竞争力。

LinkedIn 为用户提供了营销度量工具（Metrics）来帮助用户度量推广效果，其提供的指标包括受众数量、引起的活动、点击率、粉丝、订阅数和费用等。同时，它还可以将不同的推广内容进行对比，帮助用户多维度分析推广的效果。

为了有效提高 LinkedIn 营销效果，卖家可以尝试运用以下技巧。

1. 避免空洞的推广内容

LinkedIn 的高端特性决定了卖家在此平台上发布的推广内容必须是所有内容中最好的、最有价值的。职场人员本来空闲时间就少，如果向他们推送一些无实质性的内容，很容易引起他们的反感，他们也没有理由为这些没有价值的内容停留。制作高价值的推广内容虽然需要花费一定的时间和精力，但卖家会得到可喜的回报。卖家可以凭借在 LinkedIn 发布高价值的推广内容在所属领域获得良好的声誉，品牌更容易受到用户的青睐。

2. 添加主题标签

在 LinkedIn 上发布帖子时，每个帖子使用 3～4 个标签比较合适。帖子中使用的主题标签不仅应贴合品牌，还应贴合帖子的内容，因为用户很有可能不会在 LinkedIn 上搜索品牌的标签，而是搜索与他们所在行业或兴趣相关的标签。例如，为帖子添加 "marketing"（市场营销）标签，则表明该帖子可以分享与市场营销相关的内容，而市场营销涉及的行业非常多，那么 "marketing"（市场营销）这个标签覆盖的用户群范围也就会非常广；为帖子添加 "job post"（工作岗位）或 "opportunity"（机会）标签，则表明该帖子包含分享工作职位的内容。

3. 持续更新 LinkedIn 页面

尽量每天更新 LinkedIn 页面的状态，确保用户能够看到自己需要的信息。如果卖家没有时间持续更新状态，可以借助一些社交媒体管理工具来保持 LinkedIn 页面的不断更新。例如，卖家可以借助相关社交媒体管理工具在公司的 LinkedIn 主页上将发布信息时间设置为每周的固定时间，这样可以保证企业的 LinkedIn 页面处于活跃状态，提高企业在 LinkedIn 上的可见性。

4. 建立关系至关重要

由于跨境电子商务卖家面对的不仅是一般的个人用户，可能还有一些潜在合作的客户、供应商等，因此对于卖家来说，建立关系至关重要。关系主要体现在对用户的情感化管理上。例如，访问企业主页的群体、分享的内容、内容的反馈，这些是企业了解用户并与其建立关系的基础。另外，卖家要做问题的解决者，而不是商品的推销者，在 LinkedIn 上少打广告，多提建议，才能彰显自身的价值。

5. 提高用户关注度

提高企业 LinkedIn 页面的关注度，团队发挥着重要的作用。企业要鼓励员工积极参与 LinkedIn 页面上的讨论，激活页面的活跃度。企业还可以让员工在电子邮件签名中添加企业的 LinkedIn 页面链接，这会给企业的 LinkedIn 页面带来更多的关注，吸引更多的访问者。

4.3 KOL 营销

关键意见领袖（Key Opinion Leader，KOL）是指拥有更多、更准确的商品信息，且为相关群体所接受或信任，并对该群体的购买行为产生较大影响力的人。KOL 通常会有自己擅长的领域，平时可能通过博客、社群或视频平台经营自己专业的内容。

KOL 与粉丝群体的关系密切，他们利用社交媒体的可访问性与粉丝建立个人联系并获得他们的信任，并且当粉丝在抉择是否购买某商品时，KOL 会从体验者的角度出发为他们提供意见，引导其消费想法。因此，越来越多的卖家倾向于选择 KOL 来代言商品。

1. KOL 营销的重要性

卖家在做营销时需要创造的不仅是商品的内容，最重要的是树立自己的诚信形象。KOL 的特点是拥有大量忠诚的社交媒体粉丝，他们被视为某个领域的专家，他们的建议常常受到粉丝的信任及高度评价。对于卖家来说，KOL营销具有以下优势。

（1）建立品牌知名度

由于社交媒体中的KOL在某个领域中具有广泛的影响力，因此他们可以帮助卖家提升品牌认知度和知名度。当有KOL推荐或认可某一品牌时，粉丝关注该KOL就可以了解到该品牌和商品。

KOL最大的力量在于粉丝对他们有着极高的信任度。正是这种信任使他们能够发展成为忠诚的粉丝群体。当一个KOL分享他们对某款商品或服务的客观评价时，KOL被认为是该商品或服务好用的一个最佳证明，这会进而增强该品牌的知名度，提升该品牌的信誉。

（2）精确的市场定位

分析和定位商品的目标客户群体是营销工作的关键环节，但这通常是一个困难且烦琐的过程。精准地定位目标客户群需要卖家对潜在客户有深刻的了解。

卖家选择KOL进行营销，只需要确保选择的KOL与自己的商品市场定位相关，并且他们的公众角色与品牌形象有一定的一致性即可。卖家把商品的属性配合KOL的风格拍摄成商品的宣传视频，并将此视频展示给目标受众群体，就能让受众群体了解到商品，提升商品在此类目的知名度。

（3）促进粉丝参与

卖家在社交媒体上发布帖子，一般是通过增加帖子的点赞数、评论数等方式来提升与用户的互动率，如果缺乏有效的互动，即使卖家的社交媒体账号有数百万的粉丝也难以达到最佳的营销效果，而KOL可以有效地帮助卖家提升社交媒体账号与用户的互动。

一方面，卖家通过与KOL合作可以提高社交媒体账号中推广内容的质量，并且使其更加以用户为中心，这样的内容更有可能在目标受众中引起关注；另一方面，当KOL在社交媒体的个人资料上分享关于商品的内容时，往往粉丝也会参与其中。如果粉丝喜欢这些内容，就会在自己的个人页面上分享它，从而进一步扩大这些内容的传播范围。

2. KOL营销的必备技巧

如果卖家正在尝试采用KOL营销方式投放广告和宣传商品，那么应用以下技巧可以达到事半功倍的效果。

（1）设定活动目标

有目标才能激发动力，如果什么目标都没有，那么卖家找KOL做了推广后，就很难判断这次推广的效果，甚至无法计算KOL营销的投资回报率，因此卖家在开展KOL营销时需要设定一个目标。这个目标可以是为商品增加一定数量的访问者，也可以是将某一特定商品的销售额提高一定的百分比。

（2）筛选最合适的KOL

卖家进行KOL营销的主要目的是扩大商品和服务的推广覆盖面，简单来说，就是拓展商品的受众群体，挖掘潜在客户。

KOL是公认的、在某个话题或领域中最有影响力的思想领袖。如果想进行一场成功的KOL营销活动，卖家需要找到目标受众视之为关键意见领袖的人。首先，卖家要清楚商品定位和目标受众群体越精准，越容易找到最合适的 KOL。因此，卖家在开展 KOL 营销之前要确定目标受众是谁。然后，卖家再根据目标受众确定谁才是真正能对他们产生影响的人，从而选择合适的 KOL。卖家在选择 KOL 时需要考虑几个因素，如图 4-9 所示。

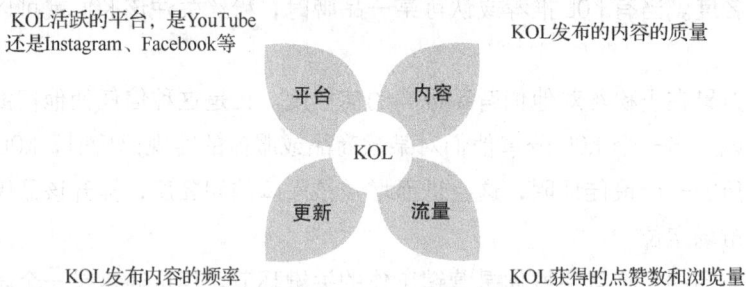

图 4-9　选择 KOL 时需要考虑的因素

（3）听取 KOL 的意见和建议

KOL 可以帮助卖家制订营销计划，告诉卖家什么样的内容最容易吸引粉丝的目光，最容易让他的粉丝转化为受众。当然，卖家通过让 KOL 分享内容，可以了解目标受众的需求。

卖家要积极地听取 KOL 的意见，了解目标受众当前关注的话题是什么。KOL 要了解什么样的内容是受众最感兴趣的，也要了解受众毫不关心的内容是哪些，甚至还可以告诉卖家哪些领域是市场中的"无人区"。KOL 所提供的这些信息可以给卖家提供极大的帮助。

（4）制作高质量的内容

卖家要想让营销获得成功，需要让 KOL 分享高质量的内容。KOL 有能力让粉丝信任他们，但没有人会因此就乐意为他们推广的商品买单。KOL 与粉丝交流的内容往往与他们的专业领域相关。因此，卖家要使 KOL 营销发挥作用，KOL 分享的商品内容最好与他们的领域相关。

如果卖家想与 KOL 建立良好的合作关系，可以策划高质量的营销活动，向他们发起邀约。如果卖家的商品或品牌本身就有一定的知名度，KOL 也会反过来向卖家发起请求，希望能够帮助卖家做宣传推广。KOL 也可以作为一个内部人士，提出他们对商品的看法，这些看法可能是数据、专业知识或业内知识，这也是卖家与 KOL 建立合作关系的一种好方法。

（5）确定推广的形式

卖家确定 KOL 的推广形式涉及多方面的内容。例如，卖家是仅需 KOL 在视频里提到商品就好，还是要求 KOL 要对商品进行详细的说明；是让 KOL 把商品购买链接放在他的简介里，还是给 KOL 提供专属打折码等。

此外，如果卖家想让 KOL 帮助自己做免费的推广，就可以尝试免费给 KOL 赠送商品，向他们发出邀约，鼓励 KOL 进行分享。

4.4　电子邮件营销

电子邮件营销（E-mail Direct Marketing，EDM）是在目标受众事先许可的前提下，卖家借助电子邮件软件通过向其发送电子邮件，传播有价值的信息的一种网络营销手段。电子邮件软件有多种用途，可以发送电子广告、商品信息、销售信息、市场调查问卷、市场推广活动信息等。电子邮件营销方式具备极高的投资回报率，所以备受跨境电子商务卖家的青睐。

1. 电子邮件营销的特点

总体来说，电子邮件营销的特点表现在四个方面，如图 4-10 所示。

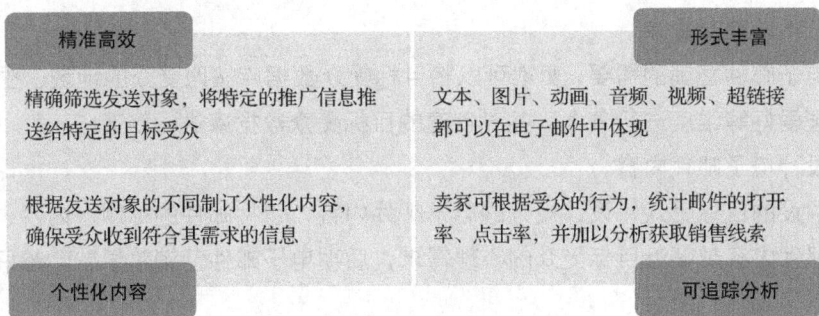

图 4-10　电子邮件营销的特点

2. 电子邮件营销的方式

目前，电子邮件营销的方式主要有三种，即许可式电子邮件营销、个性化电子邮件营销和病毒式电子邮件营销，如表 4-5 所示。

表 4-5　电子邮件营销的方式

营销方式	具体内容
许可式电子邮件营销	电子邮件的收件人事先已经同意接收相关的营销邮件。该方式是在发件人与收件人之间建立一种"握手"协议。如果卖家发送的邮件中的内容都是买家希望获得的信息，那么这种邮件比漫无目的的广告更贴心，更容易引起买家的关注，也更容易实现买家与卖家共赢的目标
个性化电子邮件营销	通过利用个性化的电子邮件模板（如在邮件中支持使用表格、图片及改变字体颜色等），卖家根据目标受众的情况，预先设置邮件发送的参数（如邮件发送的时间、条件等），电子邮件营销软件会在指定的时间向指定的受众自动发送有指定内容的营销邮件
病毒式电子邮件营销	网络推广中较为常见的一种模式，它通常借助口碑传播的原理，让信息高效传播，该模式具有成本低、效率高的优点

3. 电子邮件营销的流程

要想开展高效的电子邮件营销，卖家需要把握好每个环节的工作。通常来说，电子邮件营销的流程包括五个环节，如图 4-11 所示。

（1）创建目标受众数据库

创建目标受众数据库是为后期开展高效的电子邮件营销做铺垫，目标受众数据库越完善和精准，后期电子邮件营销效果就会越显著。卖家可以通过建立会员制度、收集购买过自己商品的买家信息等途径来采集电子邮件目标受众的数据。

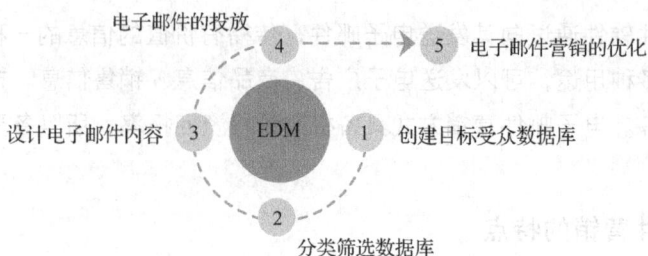

图 4-11　电子邮件营销的流程

（2）分类筛选数据库

针对电子邮件营销的需要，卖家可以将目标受众数据库按照受众的地域、性别、年龄、特点及兴趣爱好等维度进行分类，并对创建的目标受众数据库进行筛选。

（3）设计电子邮件内容

根据预设的目标受众，设计规范的电子邮件内容，包括邮件的标题、内容、排版布局等，电子邮件内容越贴近目标受众的心理需求，后期电子邮件营销效果就会越好。

（4）电子邮件的投放

电子邮件的投放是一个既简单又困难的环节，因为它关系到制作的电子邮件是准确到达目标受众手中，还是被丢入垃圾箱中。为了保证电子邮件投放的到达率和精准度，卖家要选择优质的电子邮件营销工具进行电子邮件的投放。

（5）电子邮件营销的优化

根据电子邮件的打开率、点击率、到达率等各方面的数据对电子邮件营销进行优化，包括是否需要删减目标受众数据、是否更换电子邮件营销服务商，以及优化电子邮件内容等。

4. 电子邮件内容的撰写

借助电子邮件营销软件，卖家可以设计格式精美的电子邮件，给收件人带来一种美的感受，但是邮件的外观并不是真正吸引收件人阅读邮件的关键，只有真正能够给收件人带来价值的电子邮件内容，才能吸引受众的关注，进而刺激他们的购买欲，这也是卖家开展电子邮件营销最应该注意的地方。

卖家在撰写电子邮件内容时，可以采用以下技巧。

（1）做好标题设计

人们收到邮件后，通常会先关注邮件标题，如果邮件标题缺乏亮点，就难以激发人们阅读的兴趣。对于一些具有时效性的信息，卖家可在邮件标题的前面添加 daily、weekly、monthly 等词，如 "The daily discount for Wrist Watch"（腕表每日折扣）；当店铺有促销活动、新商品上市时，可以用事件作为邮件标题，提醒人们"不要错过"，如 "Don't Miss Our Special Offer for dresses"（不要错过我们特别提供的连衣裙）；有的卖家会为商品提供操作视频，可以在邮件标题中体现出来，如 "Operation Video for the puzzle"（拼图的操作视频）。

（2）内容简明扼要

电子邮件内容要尽量简明扼要、条理清晰。例如，邮件可以介绍商品，如店铺最近热销的商品，或者介绍节假日和季节类活动公告等，还可以向收件人提供一个活动链接或者有一定截止时间的活动优惠代码。当然，活动优惠代码要留给收件人一定的时间去使用。

（3）刺激受众的兴趣与好奇心

卖家在邮件中要鼓励收件人深入了解邮件内容，要尽量刺激他们的兴趣与好奇心，鼓励其点击邮件中的链接并了解商品信息。鼓励的方式有多种，例如，突出自己商品或服务的特色，免费赠送礼品，向收件人表明其购买商品可以获得哪些好处等。

（4）合理设置图片

邮件中使用的图片不能太大，一般要求小于 15KB。图片数量也不能太多，应少于 8 张，以免收件人因邮件的打开速度太慢而失去耐心关闭邮件。图片应放在网络空间，否则收件人很可能看不到。图片的名称不能含有"AD"字符，否则会被当成"被过滤广告"。

（5）回避借助插件浏览内容

邮件中尽量不要使用 Flash、Java、JavaScript 等格式的内容，否则收件人可能打不开，或者收件人需要安装一些插件才能浏览邮件。为了避免收件人收到的邮件显示乱码或者图片格式无法浏览，卖家可以制作一个和邮件内容相同的 Web 页面，然后在邮件顶部设置"如果您无法查看邮件内容，请点击这里"超链接，链接指向放有相同内容的 Web 页面。

（6）谨慎使用链接

卖家可以在邮件中添加链接，但数量不宜过多。链接也要写成绝对地址而非相对地址，不要使用地图功能的链接图片，否则会使邮件被多数邮箱自动划分为垃圾邮件。

4.5 跨境电子商务平台站内推广

与搜索引擎营销、社交媒体营销、KOL 营销、电子邮件营销等站外营销方式相比，各大跨境电子商务平台站内推广是更为直接的营销方式，它可以有效利用站内营销工具，让卖家的商品在站内得到直接的展示，展现位置多样化，能帮助卖家进行引流推广。

▶▶▶ 4.5.1 速卖通站内推广

速卖通站内推广方式主要有速卖通直通车和速卖通站内店铺活动推广，下面将详细介绍如何利用速卖通直通车和速卖通站内店铺活动进行产品推广。

1. 速卖通直通车

速卖通直通车又被称为竞价排名（Pay for Performance，P4P），是速卖通平台会员通过自主设置全方位的关键词展示商品信息，通过大量曝光商品来吸引潜在买家，并按照点击付费的推广方式。

（1）速卖通直通车展位

目前，全球速卖通的搜索结果页面上 60 个商品为一页（搜索结果按图库方式展示），搜索结果的第一页第 12 位起隔 7 个商品位有一个直通车推广位；搜索结果的第二页第 8 位起隔 7 个商品位有一个直通车推广位（直通车的展位会随着商品更新变化有所调整）。

（2）速卖通直通车推广计划

速卖通直通车推广计划分为重点推广计划和快捷推广计划两种，两者的特点、优势及适合的商品如表 4-6 所示。

表 4-6　重点推广计划和快捷推广计划对比

推广计划	特点	优势	适合的商品
重点推广计划	卖家最多可以创建 10 个重点推广计划，每个重点推广计划最多包含 100 个单元，每个单元内可以选择 1 个商品	具有独有创意推广等功能，可以帮助卖家更好地打造爆款	适用于重点商品的推广，建议卖家优先选择市场热销或自身有销量、价格优势的商品进行推广（可参考商品分析中的成交转化率、购物车、搜索点击率等数据）
快捷推广计划	卖家最多可以创建 30 个快捷推广计划，每个快捷推广计划最多容纳 100 个商品、20 000 个关键词	具有批量选词、出价等功能，可以帮助卖家更加快速地创建自己的计划，捕捉更多的流量	适用于普通商品的批量推广

（3）速卖通直通车扣费规则

速卖通直通车是按点击计费的，当买家搜索了一个关键词，而卖家设置的推广商品符合直通车的展示条件时，卖家的推广商品就会在相应的速卖通直通车展示位置上出现。只有当买家点击了卖家推广的商品时，才会进行扣费。如果买家仅是浏览，并未点击推广商品查看，则不扣费。

点击费用受推广评分和关键词设定出价的影响，但不会超过卖家为关键词所设定的出价。卖家的推广商品与相关关键词的推广评分越高，其需要付出的每次点击花费越低。

（4）速卖通直通车排序规则

速卖通直通车的排序取决于速卖通直通车的投放方式。目前，速卖通直通车有关键词投放和商品推荐投放两种方式。关键词投放的排序与推广评分和关键词出价有关，推广评分与关键词出价越高，速卖通直通车推广商品排名靠前的机会越大。商品推荐投放与商品的信息质量、商品推荐出价、商品是否满足浏览买家的潜在需求有关，商品的信息质量越高，商品推荐出价越高，商品与浏览买家的潜在需求越匹配，速卖通直通车推广商品在相关推荐位时的展示靠前的机会也越大。

（5）做好速卖通直通车推广的策略

在速卖通直通车推广过程中，不少卖家会陷入效果甚微的困境：开通了速卖通直通车，但商品还是没有曝光量；有了曝光量，但商品的点击率很低；曝光量和点击率都有了，却没有转化率。之所以出现这些现象，是因为卖家没有掌握速卖通直通车优化推广的技巧。

在做速卖通直通车推广时，卖家可以采用以下策略。

① 做好速卖通直通车选品

有优势的商品更容易获得买家的青睐，开展速卖通直通车选品可以参考以下几个因素。

- 销量（收藏量）大的商品：有一定销量（收藏量）积累的商品，更容易获得买家的信任。
- 转化率高的商品：店铺内转化率高的商品更容易吸引买家的关注。
- 有独家货源和基本销量的商品：有充足的货源保证，以免推广商品因高销量造成缺货。
- 利润、价格相对有优势的商品：价格和利润过低的商品即使有不错的销量，也可能无法赚回速卖通直通车推广耗费的费用，因此要选择利润、价格相对有优势的商品。

② 提升关键词与商品的相关性

关键词应该选择曝光度高、点击率高、与商品匹配度高的词语。卖家可以采取两种方法来提升所选关键词与推广商品的相关性。第一种方法是提升关键词与商品名称中的描述相关程度。例如，商品的名称为 "cell phone battery"，直通车的关键词也为 "cell phone battery" 或者与此相关的同义词，则说明关键词和商品的相关性较好。

第二种方法是提升关键词与商品类目及属性的匹配程度。例如商品 "nokia 5310 mobile phone"，在属性 "型号" 中的属性值为 "5310"，而如果直通车的关键词也为 "nokia 5310 mobile phone"，则说明关键词和商品的相关性较好。

③ 设置准确、优质的标题

准确、优质的标题能够提高关键词的推广评分，提升直通车推广商品的点击率。首先，标题要符合英文语法规范，语法不要太复杂，以降低系统理解的难度；其次，由于直通车展示位无法完整地展示完整的商品标题，所以标题不能太长，也不能太短，表示商品重要属性、买家关注点和商品卖点的词语尽量放在标题的前面。

④ 保证商品图片的质量

商品图片要清晰、美观，让买家一眼就能看清商品，这样才能激发买家的购买欲望。为了美观或者避免被盗图，卖家可以在商品图片上添加水印，但水印不能加得太明显，以免使直通车展示位上的图片显得杂乱或者模糊不清，影响图片的美感。

2. 速卖通站内店铺活动推广

速卖通平台为卖家提供了免费的营销活动资源，包括单品折扣活动、金币抵扣活动、满减活动、店铺优惠券、店铺互动活动等，各种店铺活动的类型及其优势如表 4-7 所示，有效地利用这些资源能够帮助店铺提升销量。

表 4-7　店铺活动的类型及其优势

店铺活动名称	活动介绍	活动优势
单品折扣活动	由卖家自主选择活动商品和活动时间，设置促销折扣及库存量	卖家可以通过设置不同的折扣力度来推出新品、打造爆品、清理库存，它是活跃店铺气氛、增强店铺人气、调动买家购买欲望的利器

店铺活动名称	活动介绍	活动优势
金币抵扣活动	目前 App 端流量排名较高的频道，买家通过签到、种树等互动玩法获得金币，买家在购买参加金币抵扣活动的商品时可以用金币获得一定的折扣	卖家可以通过金币抵扣活动获得流量，提升订单成交量，提高品牌曝光率
满减活动	包括满立减（满 X 元优惠 Y 元）、满件折（满 X 件优惠 Y 折）、满包邮（满 N 元/件包邮）三种类型	卖家借助满减活动可以刺激买家多买，有效提升客单价。卖家可以在每款参加满减活动的商品的下面搭配一些关联商品，这样当买家想凑足满减条件时，可以起到推荐作用
店铺优惠券	由卖家自主设置优惠金额和使用条件，买家领取后可在有效期内使用	刺激新买家下单和老买家回头购买，从而提升店铺的购买率及客单价。同一时间段可以设置多个店铺优惠券活动，以满足不同购买力买家的需求
店铺互动活动	分为互动游戏和拼团两类	买家参加互动游戏可以获得相应的奖励，这是卖家引流拉新的有效工具；拼团能够驱动买家和好友共享下单，从而帮助卖家吸引流量

▶▶▶ 4.5.2 亚马逊站内推广

对于大部分商家来说，在亚马逊的运营中，站内广告是不可或缺的促进商品曝光和推动销售的推广手段。亚马逊在站内广告的投放上有两种投放方式：自动广告和手动广告。

1. 亚马逊站内广告的类型

对于第三方卖家来说，亚马逊站内广告主要有三种，即赞助商品广告（Sponsored Products）、赞助品牌广告（Sponsored Brands）和赞助展示广告（Sponsored Display）。

（1）赞助商品广告

赞助商品广告是卖家较常使用的一种广告类型，广告会在移动端和 PC 端同步显示。使用赞助商品广告推广的商品在 PC 端搜索结果页面和商品详情页面中显示 "Sponsored" 标识，如图 4-12 所示。需要注意的是，只有拥有黄金购物车（Buy Box）的商品才可以创建这类广告。

（2）赞助品牌广告

亚马逊搜索结果页面顶部是每个卖家都想获得的"黄金展示位置"。针对这个区域，亚马逊推出了赞助品牌广告，这是一种基于亚马逊搜索、优先于其他搜索结果而显示的图文结合的高曝光展示方式。

赞助品牌广告的内容包括五个部分：品牌商标（商品）、品牌名称、购买提示按钮、自定义标题和三个特色商品，如图 4-13 所示。赞助品牌广告会显示在搜索结果页面上，并始终位于结果列表之上。

图 4-12　搜索结果页面的赞助商品广告展示位

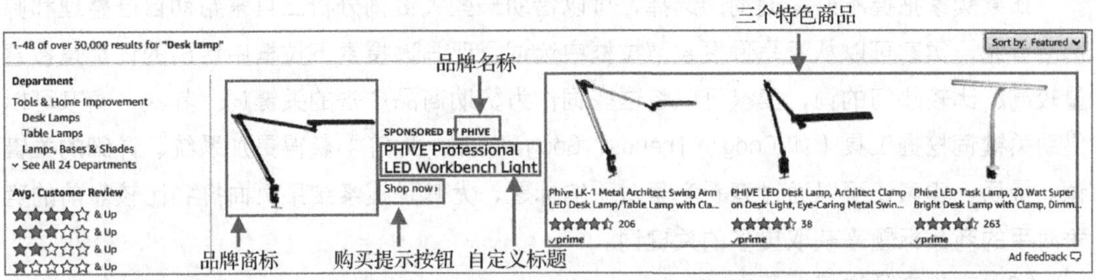

图 4-13　赞助品牌广告的结构

（3）赞助展示广告

与赞助商品广告和赞助品牌广告相比，赞助展示广告拥有更多的展示位置，它可以展示在商品详情页的侧面（见图 4-14）和底部，也可以出现在买家评论页、亚马逊以外的网站以及优惠信息页的顶部，有时还可以出现在竞争对手的商品详情页上。在亚马逊上完成品牌注册的专业卖家、供应商和在亚马逊上销售商品的代理商可以使用此类广告。

图 4-14　商品详情页侧面的赞助展示广告

与其他两种广告不同，赞助展示广告是基于商品和买家兴趣所投放的广告，而不是关键字。因此，卖家可以根据买家的兴趣或他们关注的特定商品（可能是卖家自己的商品，也可能是竞争对手的商品）对广告的目标受众进行定位。

2. 做好赞助商品广告的策略

赞助商品广告有利于帮助卖家提升商品销量，对于新品来说，可以增加商品的曝光机会，进而提升商品转化率。卖家要想做好赞助商品广告需要运用一定的技巧，否则只会浪费资金和时间。

（1）选择合适的关键词

在选择关键词时，首先，不建议使用太多泛词，所谓泛词就是大词、超热词、不精准的词。其次，要选择与自己商品属性相近的关键词，如包含了商品的功能、材质、颜色、风格、使用场所等一两种属性的关键词，因为这些关键词都是与商品较为匹配的，能够缩小商品的范围，进而提高广告转化率。最后，选择的关键词的数量不要太多，通常情况下，一款商品选择 5～10 个关键词即可。

如果卖家把握不好关键词的选择，可以借助一些关键词分析工具来帮助自己整理和筛选。首先，卖家可以从亚马逊搜索下拉框中选词，亚马逊搜索下拉框中给出的词都是搜索量较高、比较热门的词，卖家可以将这些词作为赞助商品广告的关键词。其次，卖家可以借助关键词挖掘工具（如 Google Trends、Google AdWords 等）获得更加系统、详细的关键词。最后，卖家还可以通过查看竞争对手的标题，尤其是搜索结果页面排名比较靠前的竞争对手的商品标题来获取更多的关键词。

（2）完善商品详情页页面

为商品投放广告是为了给商品提升曝光量和流量，如果商品详情页没有做好，就很难实现引流和转化订单的目的。因此，卖家在选定一款商品并为其投放广告时，必须要确保该商品的详情页是完整的，商品详情页中的图片、标题、特性描述、商品描述等的设置都要准确、详细，具有吸引力。其中，最重要的是要做好商品主图的优化工作，因为无论是搜索结果还是广告展示，主图都是最关键的要素，优质的主图是吸引潜在买家点击广告的首要条件。

（3）优先选择大众款

对于存在变体的商品而言，卖家无须对所有的变体都投放广告，可以优先选择受大众认可的款式进行广告的投放。对于款式多样化的商品而言，总有一两种款式更符合大众的审美标准，即所谓的大众款。因此，卖家选择大众款进行广告的投放，更易于吸引大多数买家的关注，以这些大众款为店铺的主打商品导入流量，点击进入广告商品详情页的买家如果有个性化需求，自然会关注个性款。

（4）合理设置广告预算

每日设置的广告预算大概在竞价的 20 倍以上，如果广告实际结果是转化率很高，但预算不够用，可以进一步提升预算；而如果预算总是在非销售高峰时段就被耗尽，就可以分时段调整广告竞价，即在销售非高峰时段降低广告竞价，在销售高峰时段恢复广告竞价，使广告的费用花费在真实的买家身上。

（5）避免选择单价过低的商品

为了保持商品价格的均衡，每个店铺中商品的价格都会有高低档之分，卖家在选择投放赞助商品广告的商品时，要避免选择单价过低的商品。商品单价高，意味着商品获得的利润会较高，这样才能够支撑广告支出，进而实现广告产出大于投入的效果。

如果卖家为售价仅几美元的手机保护壳投放广告，即使广告操作得心应手，最终也难逃亏损的结局。因为商品利润空间太小，投放广告所获得的收入根本不足以支撑广告费用的支出。

▶▶▶ 4.5.3 敦煌网站内推广

为了帮助卖家提高商品曝光度，敦煌网为卖家提供的付费广告推广主要有竞价广告、展示计划和定价广告，下面将分别对其进行介绍。

1. 竞价广告

竞价广告是卖家通过选择关键词或者类目为商品投放广告，并通过与其他卖家竞价的形式决定自己广告位排名，以让自己的广告商品出现在相应的搜索结果列表页中。目前，竞价广告的展示位已融入主搜区，搜索结果前 10 页主搜区的第三名及最后两名作为竞价广告专属展示位。

（1）竞价广告对商品的规则

在敦煌网平台，参与竞价广告的商品需要符合如下要求。

- 只有已经加载搜索（上架并没有处罚状态的）的商品才能被投放。
- 投放期间该商品必须在有效期以内。
- 同一天内，每个卖家在一个广告位只能投放一个商品。

（2）付费规则

卖家出价（修改出价）成功以后，系统会即时按照卖家新的出价冻结相应金额的敦煌币（敦煌币分为敦煌金币和敦煌券，主要用于投放广告，敦煌金币与敦煌券等值。敦煌金币需要卖家充值购买，其与人民币的兑换比例是 1∶1，即 1 元=1 敦煌金币，敦煌金币一旦到账均不能退款。敦煌券为敦煌网赠送给卖家的，附带有效期限）；广告投放结束后，统一结算竞价广告消耗。如果卖家在广告展示当天修改出价，则按照各个价格的展示时间来计算平均出价，结算时按照平均出价扣费。平均出价的计算公式如下。

平均出价=价格 1×展示时长 1/1440＋价格 2×展示时长 2/1440＋⋯＋价格 n×展示时长 n/1440

展示时长通过商品状态和价格修改的时间点计算获得，精确到分钟，不足一分钟的按照一分钟计算。如果当天有时段没有展示，如金橱窗展位被挤出 21 名，那么该时段不计入扣费。

（3）竞价广告投放策略

卖家在投放竞价广告时，只有选好关键词、有效优化商品才能使广告收到良好的效果。下面介绍一些竞价广告投放的策略。

① 选择热销商品

卖家可以利用敦煌网数据智囊中的商铺概况查看店铺热销商品。对于未出单的卖家而言，其可以选择被买家加入购物车次数较多的商品，或是浏览和点击量高的商品进行广告的投放。

在新品上市时，卖家如果能在其他卖家拿到货之前率先拿到新品，就可以考虑将新品投放到竞价广告中，让有需求的买家尽早看到新品，提高商品的被关注度，进而快速抢占新品市场。而对于促销商品，如款式更新较快的服装类商品，卖家每到季末都会进行清仓促销，这时可以为清仓促销品投放竞价广告，而且该类商品设置了促销折扣后，商品主图的左上角会被系统打上折扣标识。

② 在标题中突出卖点

在搜索结果页面，在列表展示状态下商品的标题可以显示完整，而在图库展示状态下，商品标题则只显示前面的一部分。因此，卖家在设置投放竞价广告的商品标题时，要将体现商品特色、属性和卖点的词写在标题的前半部分，避免这些词在广告位中不能完整显示，失去被点击的机会。

③ 保证高质量的图片

高质量的图片更容易吸引买家的注意，因此投放竞价广告一定要保证商品图片的质量。在设置商品图片时，卖家要注意图片中商品主体清晰、背景简单，能够充分展现商品的整体性；图片中不要添加中文或其他网站的水印，避免图片侵权；在图片中可以添加打折标识，以增强买家的购买欲望；最好不要使用拼接图，如果无法避免，可以使用商品整体大图或不同角度、颜色、细节的图拼接。

④ 合理设置商品价格

商品价格是影响销售的重要因素之一，所以卖家要为竞价广告商品设置一个既有吸引力又具竞争力的价格。卖家可以使用三种方法来为商品设置价格，第一，参考境外 B2B 网站上同行业卖家商品的价格；第二，参考敦煌网上同行业其他卖家商品的价格；第三，参考敦煌网其他广告位商品的价格。

2．展示计划

展示计划是敦煌网提供的一种广告投放形式，系统根据商品的特性精准投放，采用按点击收费的形式，性价比高，适合优质单品的推广。

（1）展示位置

展示计划的展示位置有多个，包括 PC 端和移动端首页、类目页、PC 端搜索结果页（见图 4-15）、PC 端商品详情页右侧（见图 4-16）、PC 端商品最终页、买家后台等。

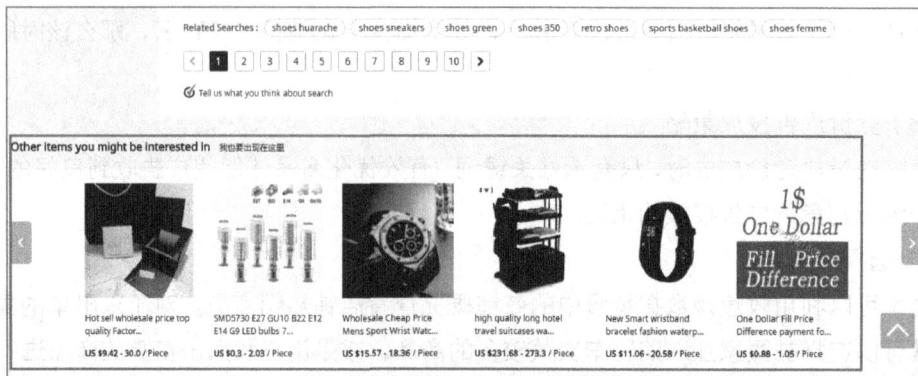

图 4-15　PC 端搜索结果页展示位

图 4-16　PC 端商品详情页右侧展示位

（2）付费规则

展示计划广告按点击收费（CPC），参加展示计划并被成功展示的商品会按照展示期间的点击量收费，每次点击的价格为 1.5 敦煌币。境内 IP 点击不计费，境外同一 IP 产生的多次点击按一次计算。

（3）展示计划的优势

展示计划具有精准投放、高性价比、超强引流等优势。它基于成熟的买家购买分析机制，能将卖家商品展示给最具购买意向的买家；它按照真实点击收费，让卖家的每一笔消耗都物有所值；展示计划的展位多样，能够帮助卖家最大限度地吸引流量。

（4）展示计划选品策略

卖家在网站上展示的商品都可以加入展示计划。展示计划是系统通过分析买家购买需求，然后选取买家最可能购买的商品向其进行展示。因此，为了得到更多的展示机会，卖家可以选择高质量的商品加入展示计划，在选品时要考虑商品的热销程度、好评率、近期销量、描述完整度等标准。

3. 定价广告

定价广告是敦煌网整合网站的资源，为卖家打造的一系列优质推广展示位，广告以橱窗或图片的形式展示，展示位分布于网站的各个高流量页面，占据了页面上被关注的焦点。

定价广告的展示位置主要分为 Banner 展位、站内展位和促销展位，它们占据敦煌网的高流量、高曝光页面，以不同的投放形式进行展示，这三类展位的展示位置、投放形式与适合场景如表 4-8 所示。

表 4-8　定价广告的展位、投放形式与适合场景

广告展位	展示位置	投放形式	适合场景
Banner 展位	主要分布在网站首页、各类目频道首页、商品列表以及买家后台首页等高流量页面，同时广告位于页面的醒目位置，拥有很好的展示效果和点击率	以图片形式展示	适合进行店铺宣传、品牌推广和大规模促销

广告展位	展示位置	投放形式	适合场景
站内展位	主要分布在网站首页和各类目频道首页等高流量页面	专门的单品和店铺展示橱窗	适合进行店铺宣传和打造单品爆款
促销展位	分布在敦煌网的各种促销活动页面，具有较强的季节性和主题性，针对适合的群体展示	按类目和商品特性定制化打造的展示界面和橱窗展位	适合进行新品促销和打造单品爆款

▶▶▶ 4.5.4　Wish 站内推广

Wish 卖家想打造爆款，可以在付费推广渠道筛选有潜力的商品，通过商品推广（ProductBoost）功能提升商品的曝光率，使其在众多商品中脱颖而出。

ProductBoost 结合了商户端的数据与 Wish 后台算法，可以帮助卖家增加相关商品的流量。参加 ProductBoost 的商品，如果和 Wish 买家有着高度的关联性，同时花费更高的 ProductBoost 竞价，便可以获得更高的商品排名。

1．流量推送方式

ProductBoost 系统会对高竞价、高预算、高转化的商品给予更多权重；针对转化率低的商品，系统会减少对其提供的流量支持；如果商品处于自然衰退期（如老款商品出现销量下降趋势），ProductBoost 不保证能让该商品的销量得到显著提升。

2．付费规则

对于每个参与 ProductBoost 的商品，卖家将支付两笔费用，即总报名费和总支出。

（1）总报名费：卖家需要为每个参加活动的商品支付 1 美元的报名费。这笔费用在卖家提交活动申请时产生，并将在每月两次的常规放款中扣除。

（2）总支出：即活动期间所得流量的总费用，基于商品的竞价及流量计算而来。若卖家对促销活动设置了预算上限，则总支出不会超出该预算。当一轮促销活动结束后，所产生的费用将于每月两次的常规放款中扣除。

3．商品展示

根据卖家提供的关键词，参加 ProductBoost 的商品会在商品排名中获得更好的位置，它们将被展现在店铺配送范围内的国家或地区。例如，卖家店铺设置的是"仅配送至美国"，卖家店铺内的商品就仅供美国的买家购买，参加了 ProductBoost 的商品也就会被展现在美国的买家面前。

4．做好 ProductBoost 的策略

卖家利用 ProductBoost 打造爆款，需要从选品、关键词选择和关键词竞价三个方向着手，如表 4-9 所示。

表 4-9　ProductBoost 营销策略

营销策略	具体做法
选品	卖家要选择高质量、与 Wish 买家有关联的商品。首先，卖家可以通过第三方工具从 Wish、全球速卖通、亚马逊、eBay 等平台上选取一些潜力新品，但这些新品不能是 Wish 平台的爆款。随后分析 Wish 店铺后台中各个商品的数据，要选择购买按钮点击率达到 10%、支付转化率达到 20% 的商品
关键词选择	ProductBoost 是通过精准搜索获得更多流量的，所以卖家在前期要选择使用比较精准的关键词。卖家第一次做 ProductBoost 可以选择 10~15 个精准关键词，后续再根据 ProductBoost 流量的转换情况优化商品详情页。投放 ProductBoost 的第二周，卖家可以根据商品转化率相应地增加关键词。卖家在选择关键词时，可以选择使用小语种类的关键词
关键词竞价	如果某款商品是首次做 ProductBoost，卖家可以通过设置较低的关键词竞价来测试这款商品是否适合做 ProductBoost，然后根据流量的转化情况，后续优化该商品。 如果该商品参加 ProductBoost 两周后获得了较高的流量，卖家可以继续提高该商品的关键词的竞价，以此让商品获取更多的流量。 如果该商品参加 ProductBoost 三周后仍未达到潜力爆款的要求（商品购买按钮点击率达到 10%、支付转化率达到 20%），则建议卖家放弃这款商品

▼ ◉ 课后习题 ●●●

1．搜索引擎竞价排名有什么优势？卖家如何寻找和选择搜索引擎竞价排名的关键词？

2．列举几个提高 Facebook 页面互动率的方法，并选择一件商品分别在 Facebook、Twitter 上做推广。

3．电子邮件营销有哪些特点？在撰写电子邮件内容时需要注意哪些事项？

4．要提高速卖通直通车的商品转化率，卖家应做好哪几个方面工作？在自己的店铺中选择一款商品，并为其开通速卖通直通车推广。

第5章

高效配送，全球畅通
——跨境电子商务物流

📖 **学习目标**

➢ 掌握跨境电子商务物流的类型、特点、体积重量限制等要求。

➢ 掌握海外仓的运作流程和模式，以及选择海外仓模式的方法。

➢ 掌握 B2B 跨境电子商务出口报关的基本流程。

➢ 掌握 B2C 跨境电子商务出口报关的基本流程。

➢ 掌握海关扣关的应对方法。

在跨境电子商务交易中，物流是连接卖家和买家的桥梁，是实现商品高效配送、提升买家购物体验的重要保障。目前，跨境电子商务交易较常用的物流模式包括邮政物流、商业快递、专线物流以及海外仓。各类物流模式有着不同的特点，卖家要从各种各样的物流解决方案中选择高效的、适合自己的物流方式，这样才能节约物流成本，提高运营效益。

5.1 跨境电子商务物流类型

面对邮政物流、商业快递、专线物流等诸多国际快递方式，卖家可以从运费、安全度、运送速度及买家的实际需要等方面进行分析，进而选择适合自己的物流方式。

▶▶▶ 5.1.1 邮政物流

邮政物流是指各国和地区邮政部门所属的物流系统，如 EMS、e 邮宝、e 特快、中国邮政小包、新加坡邮政小包，以及其他邮政小包等。

1. EMS

全球邮政特快专递（EMS），即特快专递邮件业务，是由中国邮政速递物流与各国（地区）邮政合作开办的寄递特快专递邮件的服务，其最大的优势就是在各国（地区）邮政、海关、航空等部门均享有优先处理权。

EMS 的优缺点如表 5-1 所示。

表 5-1　EMS 的优缺点

项目	具体内容
优点	① 投递网络强大，覆盖范围广，价格较为便宜，以实际重量计费，不算抛重； ② 享有优先通关权，在清关时可以不用提供商业发票，清关没有通过的货物可以免费运回境内； ③ 寄往俄罗斯以及南美洲等国家（地区）的货物，使用 EMS 具有绝对优势； ④ 比较适合小件，以及对时效性要求较低的货物
缺点	① 相对于商业快递来说，速度较慢； ② 查询网站信息更新不及时，出现问题后只能做书面查询，耗费的时间较长； ③ 不能一票多件，运送大件货物的价格较高

2．e 邮宝

e 邮宝（ePacket）是中国邮政速递物流为适应跨境电子商务客户寄送轻小件物品需求而推出的经济型国际速递业务，该产品以 EMS 网络为主要发运渠道，包裹出口至境外邮政后，通过目的地邮政轻小件网络投递。

e 邮宝包裹的包裹重量和尺寸限制如表 5-2 所示。

表 5-2　e 邮宝包裹的包裹重量和尺寸限制

包裹形状	重量限制	最大尺寸限制	最小尺寸限制
方形包裹	单件包裹重量小于 2 千克	单件包裹的长、宽、厚之和不超过 90 厘米，最长边的长度不超过 60 厘米	单件包裹长度不小于 14 厘米，宽度不小于 11 厘米
卷轴状包裹		包裹直径的两倍和长度合计不超过 104 厘米，包裹长度不超过 90 厘米	包裹直径的两倍和长度合计不小于 17 厘米，长度不小于 11 厘米

e 邮宝可以为客户提供包裹收寄、出口封发、进口接收的实时跟踪查询信息，不提供包裹签收信息，只提供投递确认信息。客户可以通过 EMS 网站、寄达地邮政网站或者拨打客服专线查看包裹跟踪信息。

目前，e 邮宝暂不提供包裹的丢失、延误、损毁补偿、查验等附加服务。对于无法投递或收件人拒收的包裹，e 邮宝可以为客户提供集中退回服务。因此，一些价值较高的商品并不适合选择 e 邮宝投递。

e 邮宝是全球速卖通、eBay、敦煌网等主流跨境电子商务平台认可和推荐的物流渠道之一，支持发往美国、英国、澳大利亚、加拿大、法国、俄罗斯、以色列等 39 个国家和地区，重点路向全程平均时效为 7～15 个工作日。

e 邮宝运费根据包裹重量按克计费，运往俄罗斯路向的单个包裹限重在 3 千克以内，运往以色列、英国路向的单个包裹限重在 5 千克以内，运往其他路向的单个包裹限重在 2 千克以内。

3. e 特快

e 特快是中国邮政为了适应跨境电子商务客户寄递需求而设计的一款高端跨境电子商务物流服务，包裹信息可以全程跟踪，客户可以随时查询包裹状态。

e 特快以 50 克起续重计费，包裹体积重量大于实际重量的按体积重量计收资费。体积重量的计算办法是任一单边长度超过 60 厘米时开始计泡，体积重量 = 长（厘米）×宽（厘米）×高（厘米）/6000。

使用 e 特快寄往朝鲜的包裹任何一边的长度都不得超过 1.05 米，包裹长度和长度以外的最大横周合计不得超过 2.0 米；寄往澳大利亚的包裹任何一边的长度都不得超过 1.05 米，包裹长度和长度以外的最大横周合计不得超过 3.0 米；寄往美国的包裹任何一边的长度都不得超过 1.52 米，包裹长度和长度以外的最大横周合计不得超过 2.74 米；寄往阿根廷的包裹任何一边的长度都不得超过 1.05 米，包裹长度和长度以外的最大横周合计不得超过 2.0 米。寄往其他国家和地区的包裹任何一边的长度都不得超过 1.5 米，包裹长度和长度以外的最大横周合计不得超过 3.0 米。

4. 中国邮政小包

中国邮政小包是中国邮政基于万国邮联网络，针对 2 千克以下的小件物品推出的直发寄递服务，包括国际平常小包、国际挂号小包和国际跟踪小包。中国邮政小包的包裹重量和尺寸限制如表 5-3 所示。

表 5-3　中国邮政小包的包裹重量和尺寸限制

包裹形状	重量限制	最大尺寸限制	最小尺寸限制
方形包裹	单件包裹重量小于 2 千克	单件包裹的长、宽、厚之和不超过 90 厘米，最长边的长度不超过 60 厘米	单件包裹至少有一面的长度不小于 14 厘米，宽度不小于 9 厘米
卷轴状包裹		包裹直径的两倍和长度合计不超过 104 厘米，包裹的长度不超过 90 厘米	包裹直径的两倍和长度合计不小于 17 厘米，长度不小于 10 厘米

中国邮政小包是全球速卖通、eBay、敦煌网等主流跨境电子商务平台认可的物流解决方案之一，能够为客户提供经济实惠、清关便捷的轻小件寄递服务。中国邮政小包的优缺点如表 5-4 所示。

表 5-4　中国邮政小包的优缺点

项目	具体内容
优点	① 支持线上线下两种渠道发货，线上渠道提供上门揽收、客户自送等多种交寄方式； ② 运费相对较低； ③ 部分路向可提供航空、陆运等多种运输方式； ④ 在海关享有"绿色通道"特权，所以清关能力很强； ⑤ 包裹本质上属于"民用包裹"，可邮寄的物品品类较多

项目	具体内容
缺点	① 限重较低，只接受重量在 2 千克以下的包裹，包裹如果超过限重，就需要被分成多个进行邮寄； ② 运送时间较长

总体来说，中国邮政小包属于性价比较高的物流方式，适合邮寄单个包裹重量较轻、价格要求实惠且对时限、跟踪查询要求较低的商品。但是，由于中国邮政小包属于"民用包裹"，而海关对个人邮递物品的验放遵循"自用合理数量"的原则，即以亲友之间相互馈赠自用的正常需要数量为限，所以若要寄送数量太多的商品，则不宜选择这种物流方式。

5．新加坡邮政小包

新加坡邮政小包是递四方和新加坡邮政联合推出的物流服务，包括新加坡邮政小包挂号和新加坡邮政小包平邮两种业务。

新加坡邮政小包的包裹重量及尺寸限制如表 5-5 所示。

表 5-5　新加坡邮政小包的包裹重量及尺寸限制

货物形状	重量限制	最大尺寸限制	最小尺寸限制
方形包裹	单件包裹重量在 2 千克之内	包裹的长、宽、高之和不得超过 90 厘米，单边长度不得超过 60 厘米	包裹表面尺码不得小于 9 厘米×14 厘米
卷轴状包裹		包裹直径的两倍加上长度之和不得超过 104 厘米，单边长度不得超过 90 厘米	包裹直径的两倍加上长度之和不得小于 17 厘米，单边长度不得小于 10 厘米

新加坡邮政小包覆盖的范围广，全球有邮局的地方都可以到达（极少数国家和地区除外），交寄便利。包裹 10 克起即可邮寄，按包裹总重量收费，所以它有绝对的价格优势。此外，新加坡邮政小包可以寄送带电池的商品，这也是它的一大优势。

6．其他邮政小包

（1）瑞士邮政小包

瑞士邮政小包的价格相对较高，但在欧洲地区的通关能力很强，在欧洲申根国家（申根国家即加入《关于逐步取消共同边界检查》协定，又称《申根协定》的国家）免报关，因此瑞士邮政小包在欧洲线路的寄送上时效性较强。

（2）瑞典邮政小包

与瑞士邮政小包相比，瑞典邮政小包价格较低，在俄罗斯有较强的通关能力，且投递速度较快，所以是包裹寄往俄罗斯首选的物流方式，有时可以寄送带电池的商品。

▶▶▶ 5.1.2　商业快递

在跨境电子商务中，常用的商业快递方式主要有联合包裹速递（United Parcel Service，UPS）、TNT、联邦快递（FedEx）、DHL、顺丰速运等，不同的国际快递公司在运输渠道、服务内容上具有不同的特点。

1. UPS

UPS 是一家全球性的快递承运商与包裹递送公司，同时也是专业的运输、物流、资本与电子商务服务的提供者。

UPS 可以为客户提供六种保证确定时间和确定日期送达的国际快递服务，即 UPS 全球特快加急服务（UPS Worldwide Express Plus）、UPS 全球特快服务（UPS Worldwide Express）、UPS 全球特快货运（UPS Worldwide Express Freight）、UPS 全球特快货运日中送达服务（UPS Worldwide Express Freight Midday）、UPS 全球速快服务（UPS Worldwide Express Saver）和 UPS 全球快捷服务（UPS Expedited）。

一般来说，大部分货代公司可以为跨境电子商务卖家提供 UPS 的四种主要业务服务，即 UPS 全球特快加急服务、UPS 全球特快服务、UPS 全球速快服务和 UPS 全球快捷服务。在这四种业务服务中，在 UPS 货源单上，除了 UPS 全球快捷服务是用蓝色标记（即所谓的蓝单）外，另外三种都是用红色标记的，但通常所说的红单多指 UPS 全球速快服务。其中，UPS 全球特快加急服务的资费最高；UPS 全球快捷服务的资费最低，速度也最慢。

UPS 还能为卖家提供指定时间和指定日期送达的全球空运服务。UPS 全球空运服务是卖家运输较大型货件的理想选择，其提供的服务如表 5-6 所示。

表 5-6 UPS 全球空运服务项目

空运服务类型	特点	递送时效
UPS 空运保费直达（UPS Air Freight Premium Direct）	可以为客户提供特定日期取件服务，以及门到门的运送服务	1～3 个工作日
UPS 空运直达（UPS Air Freight Direct）	在全球范围内收发货件，可以为客户提供机场到机场的运送服务	1～3 个工作日
UPS 空运整合（UPS Air Freight Consolidated）	在全球范围内收发货件，可以为客户提供机场到机场的运送服务；客户还可以选择收件、递送及海关清关在内的增值服务	3～5 个工作日

此外，UPS 还可以为客户提供多项增值服务，如取件和递送选项、递送通知、回邮、货件清关等，以满足客户的多样化需求。

UPS 支持一票多件，一票多件货物的总计费重量取运单内每个包裹的实际重量和体积重量中的较大者，不足 0.5 千克的按 0.5 千克计算，超过 0.5 千克的按 1 千克计算。每票包裹的计费重量为该票包裹中每一件包裹的计费重量之和。此外，UPS 会对体积超大物品收取超重费，可能会对运送到部分偏远地区的包裹加收偏远地区费。

2. TNT

TNT 集团是全球领先的快递和邮政服务商之一，总部位于荷兰，可以为客户提供世界范围内的包裹、文件及货运项目的安全准时运送服务。

TNT 为客户提供多种全球快递服务项目。对于比较紧急的包裹和货物，客户可以选择

TNT 全球快递服务，让其在规定的时间内送达，TNT 全球快递服务项目及其特点如表 5-7 所示；对于不紧急的包裹和货物，客户可以选择 TNT 经济快递服务，TNT 经济快递服务项目及其特点如表 5-8 所示。

表 5-7　TNT 全球快递服务项目及其特点

全球快递服务项目类型	特点
9:00 全球快递 （朝九快递）	可以确保在收件人工作日开始时即已送达； 送达范围覆盖全球 40 多个国家和地区的大型城市； 货物重量不得超过 210 千克
10:00 全球快递 （朝十快递）	支持早晨派送； 送达范围覆盖全球 45 个国家和地区的大型城市； 货物重量不得超过 210 千克
12:00 全球快递 （中午快递）	支持午前送达； 送达范围覆盖全球 60 多个国家和地区的大型商业区； 货物重量不得超过 500 千克
全球快递	支持收件人下班前交付； 货物重量不得超过 500 千克

表 5-8　TNT 经济快递服务项目及其特点

经济快递服务项目类型	特点
经济快递	运往欧洲的货物重量不得超过 7 000 千克，运往其他国家和地区的货物重量不得超过 500 千克
12:00 经济快递	支持指定工作日中午之前送达； 送达范围覆盖超过 25 个欧洲国家和地区的大型商业区； 货物重量不得超过 500 千克

此外，对于需要加急派送的货品，或者需要更多特殊照顾的货物（如易碎品、对温度敏感的物品、价值昂贵的物品等），TNT 可以为客户提供专车派送、专人派送、专机派送等定制化解决方案，保证货物能够被安全、准时地送达目的地。

TNT 除了要收取基本运费外，还要收取相应的附加费用，包括燃油附加费、偏远地区附加费和加强安全附加费。由于燃油价格不断波动，燃油附加费也会随之变动。加强安全附加费是指 TNT 通过执行额外的程序、活动和投资，为客户货物提供安全保护后所收取的费用。为了抵消部分附加费用，所有货物均收取加强安全附加费。

TNT 对所有国际快递、经济快递和特殊快递服务货物收取附加费用，收费标准为每千克 0.05 欧元，每票最低 0.50 欧元，最高 10 欧元。对于空运货物，附加费用按照每千克 0.09 欧元收取。最低附加费用基于 100 千克重量，没有最大计费重量限制。

3. 联邦快递（FedEx）

联邦快递（FedEx）是全球较具规模的速递运输公司，服务范围覆盖全球 220 多个国家和地区，能为客户提供隔夜快递、地面快递、重型货物运送、文件复印及物流服务。

联邦快递的常规物流服务包括联邦快递优先服务和联邦快递经济服务，两者的区别在于时效和价格。联邦快递优先服务的时效快，价格较高；联邦快递经济服务的时效慢，价格较低。联邦快递优先服务和联邦快递经济服务的具体服务项目及其特点如表 5-9 所示。

表 5-9　联邦快递优先服务和联邦快递经济服务的具体服务项目及其特点

服务类型		特点
联邦快递优先服务	联邦快递国际特早快递服务	递送时间：通常在 1～3 个工作日送达全球各地。出口至美国、加拿大、巴西、墨西哥、波多黎各的货件最早可于上午 8:00 前（一般在 1～3 个工作日内）准时送达；出口至欧盟成员的货件可于上午 9:00 前（一般在 2 个工作日内）准时送达； 包裹尺寸及重量限制：宽度上限为 274 厘米，长度和周长总和不得超过 330 厘米，重量不得超过 68 千克； 服务特色：可以提供递送签收服务、代理清关服务、在线跟踪服务，能保证退款
	联邦快递国际优先快递服务	送达时间：通常在 1～3 个工作日送达全球各地； 包裹尺寸及重量限制：宽度上限为 274 厘米，长度和周长总和不得超过 330 厘米，重量不得超过 68 千克； 服务特色：可以提供递送签收服务、代理清关服务、在线跟踪服务，付款方式灵活，收件人可以在联邦快递取货点提货
	联邦快递国际优先快递重货服务	送达时间：通常在 1～3 个工作日送达全球各地； 包裹尺寸及重量限制：对于高度超过 178 厘米、长度超过 302 厘米或宽度超过 203 厘米的货件，需要提供垫木搬运许可；重量下限为 68 千克，货物总重不限；对于重量超过 997 千克的货件，需要提供垫木搬运许可； 服务特色：可以统一运送那些可用叉车搬运或绑在垫木上的单个货件，可由寄件人决定货件的包装方式
	联邦快递国际优先快递分送快递服务	送达时间：通常在 2～4 个工作日送达全球各地； 包裹尺寸及重量限制：①单个货件的长度不得超过 274 厘米，长度和周长总和不超过 330 厘米；②单个货件的重量不得超过 68 千克；③单个托盘高度若超过 178 厘米、长度超过 302 厘米或宽度超过 203 厘米，需要提供相关许可；④货物总重不限，对于重量超过 997 千克的货件，需要提供垫木搬运许可；⑤货物可以包含重量不超过 68 千克的松散货物或货件，以及超过 69 千克的大型货件或垫木包装货件； 服务特色：支持同一个目的地的多个地址和收件人，即可以将一整件大宗货件跨境递送并在目的地境内拆分送达多个地点；送达欧洲各地的多件货物可以视为一个货件进行清关；各个货件均可在线跟踪

服务类型		特点
联邦快递经济服务	联邦快递国际经济快递服务	送达时间：通常在2～4个工作日送达亚洲各地；可以在3个工作日送达美国；可以在3～4个工作日送达欧洲各地； 包裹尺寸及重量限制：宽度上限为274厘米，长度和周长总和不得超过330厘米，重量不得超过68千克； 服务特色：可以提供递送签收服务、代理清关服务与在线跟踪服务
	联邦快递国际经济快递重货服务	送达时间：通常在2～4个工作日送达全球各地； 包裹尺寸及重量限制：①高度超过178厘米、长度超过302厘米或宽度超过203厘米的货件，需要提供垫木搬运许可；②货件重量下限为68千克，货物总重不限；③重量超过997千克的货件，需要提供垫木搬运许可； 服务特色：可以提供代理清关服务

总体来说，联邦快递适合运送21千克以上的货件，其网站信息更新快、查询响应速度快。但是，与其他商业快递相比，联邦快递的价格稍高，需要计算货件的体积重量，对托运货物的种类有着较为严格的限制。

4. DHL

DHL是全球知名的邮递和物流集团Deutsche Post DHL旗下的公司，其业务遍布全球220个国家和地区，能够为客户提供寄送文件、包裹及大型货运服务。

DHL包裹寄送业务类型及其特点如表5-10所示。

表5-10 DHL包裹寄送业务类型及其特点

DHL包裹寄送业务类型	特点	适合寄送的物品类型
DHL跨境电子商务包裹（DHL Packet International）	① 包裹重量不得超过2千克； ② 包裹各个边的长度不得超过60厘米； ③ 包裹的长、宽、高之和不得超过90厘米； ④ 运输时间一般为4～15个工作日，其中经济包裹的运输时间为9～15个工作日，标准包裹的运输时间为4～10个工作日； ⑤ 在70多个国家和地区提供关键追踪节点查询服务（直至包裹进入目的地）； ⑥ 通关工作简单，由收件人支付关税及其他税款； ⑦ 可以为无法递送的退件提供退件管理解决方案； ⑧ 按件开具电子发票	重量较轻、价值较低的物品
DHL跨境电子商务可追踪包裹（DHL Packet Plus International）	① 包裹重量不得超过2千克； ② 包裹各个边的长度不得超过60厘米； ③ 包裹的长、宽、高之和不得超过90厘米； ④ 运输时间通常为4～10个工作日； ⑤ 可以在超过55个国家和地区提供端到端的查询服务；	重量较轻的物品

DHL 包裹寄送 业务类型	特点	适合寄送的 物品类型
DHL 跨境电子 商务可追踪包裹 （DHL Packet Plus International）	⑥ 清关工作简单，由收件人支付关税及其他税款； ⑦ 可以提供包裹保价服务； ⑧ 在关键市场可以提供星期六派送服务； ⑨ 可以为无法递送的货件提供退件管理解决方案； ⑩ 按件开具电子发票	重量较轻的 物品
DHL 跨境电子商 务专线包裹 （DHL Parcel International Direct）	① 包裹重量不得超过 20 千克； ② 包裹的长不得超过 120 厘米，宽和高均不得超过 60 厘米； ③ 包裹的周长不得超过 300 厘米； ④ 运输时间一般为 4~7 个工作日，标准包裹的运输时间 为 5~7 个工作日，专线包裹的运输时间为 4~6 个工作日； ⑤ 可以提供端到端的查询及派送确认； ⑥ 可以提供包裹保价服务； ⑦ 发件人和收件人均可作为清关关税或其他税款的支 付方； ⑧ 可以为卖家提供电子到付功能； ⑨ 可以为无法递送的货件提供退件管理解决方案； ⑩ 可以提供地址验证功能； ⑪ 按件开具电子发票	市场需求高、 重量较重的 物品

DHL 还支持托盘、集装箱等类型的货物运输，可以为客户提供国际空运、国际海运、公路运输、铁路货运等多种形式的国际货物运输。DHL 国际货物运输服务及其特点如表 5-11 所示。

表 5-11　DHL 国际货物运输服务及其特点

运输方式	特点
国际空运	① 有多种服务模式供客户选择，可以满足客户特殊的运载要求。例如，DHL 同一天航班（DHL Same Day Jetline）、DHL 同日快线（DHL Same Day Speedline）、DHL 空运附加服务（DHL Airfreight Plus）、DHL 国际空运（DHL Air Connect）服务模式可以承运危险品和超大尺寸货物，DHL 航空优先运输（DHL Air Priority）服务模式可以承运易腐商品，DHL 包机（DHL Air Charter）服务模式可以承运超大尺寸货物、超重货物、危险货物、易腐商品和贵重商品； ② 所有空运模式均可提供门到门的服务、端到端追踪，客户可以选择由 DHL 负责代理报关
国际海运	① 可以为客户提供不同类型的整箱、拼箱服务，如集装箱整装服务、集装箱拼箱服务、定制的买家与货主拼箱服务等，保证货物能够在正确的时间抵达正确的地点； ② 可以承运易腐商品、药品、化学制品、新鲜水果、鱼类、巧克力、冰淇淋、家禽等，并为货物提供专业的温度和湿度保护； ③ 可以承运液体类货物，并为液体类货物的运输提供专业的集装箱解决方案； ④ 可以为客户提供包船服务，承运标准集装箱无法装载的超大货物

运输方式	特点
公路运输	① 可以为客户提供小批量货物合并装运、整车和拼车装运服务； ② 可以承运危险货物、超限货物、对温度敏感的货物等
铁路货运	可以为客户提供欧洲与亚洲的铁路运输服务，客户可以选择整箱货服务和拼箱货服务

概括来说，DHL 具有运输速度快、覆盖范围广、物流信息更新快等优势，但它的收费相对较高，需要计算货物的体积重量。

5. 顺丰速运

顺丰速运即顺丰，是我国颇具实力的快递物流综合服务商。经过多年的快速发展，顺丰已经具备为客户提供一体化综合物流解决方案的能力，不仅能为客户提供配送端的物流服务，还能为客户提供仓储管理、销售预测、大数据分析、金融管理等一系列解决方案。

在国际物流服务领域，顺丰能为客户提供国际标快、国际特惠、国际小包、国际重货、保税仓储、海外仓储、转运等不同类型和时效标准的进出口物流服务，并可以根据客户需求量身定制包括市场准入、运输、清关和派送在内的一体化进出口解决方案。

针对跨境电子商务行业，顺丰专为跨境 B2C 电子商务卖家量身定制了国际电子商务专递服务，包括国际电商专递—标准、国际电商专递—快速、国际电商专递—送仓、国际电商专递—CD 四种服务项目，能够充分满足 B2C 电子商务卖家对大包裹、中高价值段物品的寄递以及 FBA 仓寄递的需求。

顺丰国际电子商务专递服务具有高效揽收、全程可跟踪、便捷清关、时效可控等优势。此外，顺丰国际电子商务专递可以承运符合航空运输安全标准的内置锂离子电池。

▶▶▶ 5.1.3 专线物流

专线物流是指从一个国家和地区到另一个国家和地区的专线运输。通常情况下，跨境专线物流会使用航空包仓的方式来完成货物的跨境运输，然后由第三方合作企业对货物进行目的地范围内的派送。

1. 中俄快递

中俄快递（SPSR Express）是俄罗斯优质的商业物流公司之一，其物流服务特点如表5-12 所示。

表 5-12 中俄快递物流服务的特点

项目	具体介绍
派送范围	俄罗斯全境
送达时效	俄罗斯境内 75 个主要城市（包含莫斯科、圣彼得堡等）11～14 日内到达，其他偏远地区 31 日内可到达； 默认送货到门，收件人也可以选择自提（SPSR 在俄罗斯境内 260 多个城市设置了 900 多个方便的自提点）

项目	具体介绍
包裹尺寸及重量限制	包裹的长、宽、高之和小于 180 厘米，单边长不能超过 120 厘米； 方形包裹的表面尺寸不得小于 9 厘米×14 厘米； 卷轴状包裹的 2 倍直径及长度之和不得小于 17 厘米，单边长度不得小于 10 厘米； 每个单件包裹重量不得超过 31 千克

2. 俄速通

俄速通成立于 2013 年，其主要业务涵盖跨境物流仓储服务、供应链贸易服务、供应链金融服务和电子商务分销服务四大模块，是中俄跨境数字贸易的综合服务商。

俄速通跨境电子商务物流服务涵盖航空、陆运、铁运、海运全渠道物流方式，能够满足 B2C 行业和 B2B 行业的各种需求。俄速通的航空专线物流服务采用全货包机形式，具有时效高、渠道稳定、经济实惠的优势。航空与陆运相结合的运输方式，使俄速通可以发寄的商品基本涵盖了跨境电子商务的主要商品品类。此外，俄速通兼顾时效与成本的中欧班列铁路运输或海铁联运可以满足 B2B 贸易的各种需求。

3. Aramex

Aramex 是中东地区著名的快递公司之一，我国将其称为"中东专线"，可以为客户提供全球范围内的综合物流和运输解决方案。

Aramex 快递是向中东地区邮寄货物的首选，其主要具有三大优势，如图 5-1 所示。

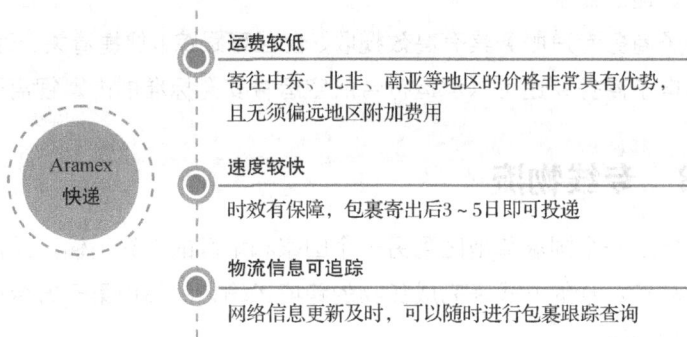

图 5-1　Aramex 快递的优势

卖家使用 Aramex 快递时，需要注意以下几点。

① 必须用英文填写运单上收件人的姓名、地址、电话、邮编，以及商品信息、申报价值、件数、重量等信息。

② 单票货物申报不得超过 5 万美元。

③ 收件人地址不能是邮政信箱（Post Office Box，PO box）的地址。

5.2　海外仓

海外仓是指建立在境外的仓储设施。在跨境电子商务中，海外仓是卖家为了提升订单交付能力而在接近买家的地区设立的仓储物流节点，通常具有货物储存、流通加工、本地配送及售后服务等功能。

▶▶▶ 5.2.1 海外仓的运作流程

海外仓是指由网络外贸交易平台、物流服务商单独或合作为卖家在商品销售目的地提供的货品仓储、分拣、包装、派送一站式控制与管理服务。海外仓的整个运作流程包括头程运输、仓储管理和本地配送三个环节，如图 5-2 所示。

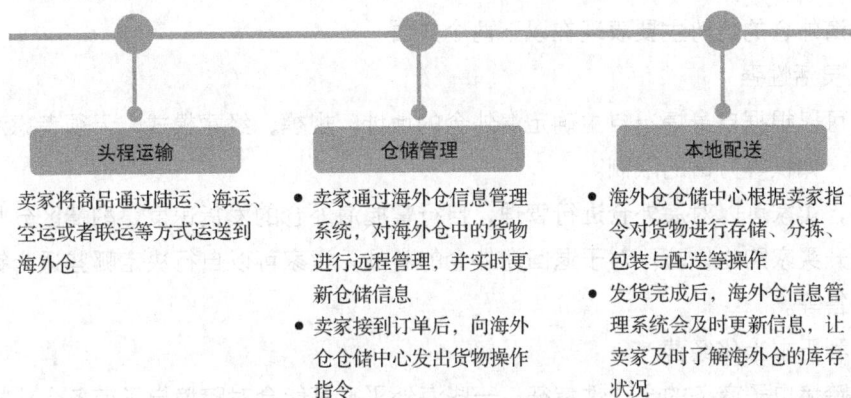

头程运输	仓储管理	本地配送
卖家将商品通过陆运、海运、空运或者联运等方式运送到海外仓	• 卖家通过海外仓信息管理系统，对海外仓中的货物进行远程管理，并实时更新仓储信息 • 卖家接到订单后，向海外仓仓储中心发出货物操作指令	• 海外仓仓储中心根据卖家指令对货物进行存储、分拣、包装与配送等操作 • 发货完成后，海外仓信息管理系统会及时更新信息，让卖家及时了解海外仓的库存状况

图 5-2　海外仓的运作流程

海外仓的成本一般包括三个部分，如图 5-3 所示。

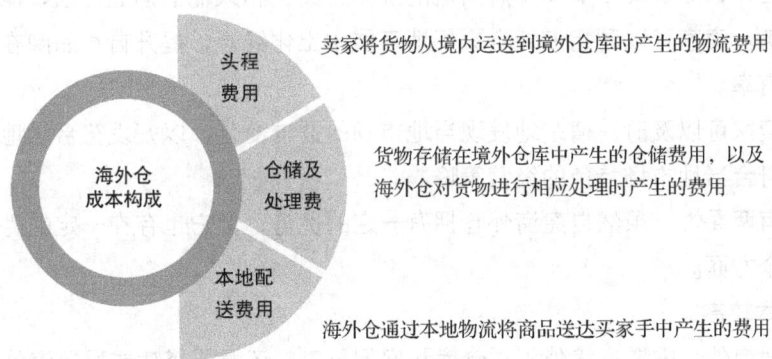

海外仓成本构成

头程费用 —— 卖家将货物从境内运送到境外仓库时产生的物流费用

仓储及处理费 —— 货物存储在境外仓库中产生的仓储费用，以及海外仓对货物进行相应处理时产生的费用

本地配送费用 —— 海外仓通过本地物流将商品送达买家手中产生的费用

图 5-3　海外仓成本构成

海外仓有利于解决跨境电子商务中的物流痛点，鼓励电子商务企业走出去。在海外仓模式下，买家下单后，卖家通过海外仓实现本地发货，大大缩短了商品的配送时间，也减少了清关障碍；卖家将商品批量运输到海外仓，降低了运输成本。

此外，海外仓还为卖家提供了商品检测维修、二次包装、退换货等增值服务，有利于提升买家的购物体验。可以这样说，海外仓不只是在境外建仓库，它更是一种对现有跨境物流运输方案的优化与整合。

▶▶▶ 5.2.2 海外仓的模式

得益于跨境电子商务出口交易规模的快速增长，近几年，市场对海外仓的需求日益旺盛。目前，市场上的海外仓分为三种模式，即自建海外仓、跨境电子商务平台海外仓和第三方海外仓。

1. 自建海外仓

自建海外仓是指卖家在海外自行建立仓储，仅为自身销售的商品提供仓储、配送等物流服务，并由卖家负责头程运输、通关、报关、海外仓管理、拣货、终端配送等一系列工作。

自建海外仓的优势主要表现在以下两个方面。

（1）灵活性强

卖家可以根据自身情况自主确定海外仓的地址、规模、经营模式，无须考虑海外仓对商品种类、体积等方面的限制。

此外，卖家可以对海外仓进行管理，自行掌握海外仓的发货速度，酌情区分加急件、慢件，提升买家购物体验。对于退回海外仓的商品，卖家可以自行决定哪些适合销毁，哪些可以再售等。

（2）利于本土化经营

由于跨境电子商务的全球性特征，一些海外买家可能会对跨境电子商务企业提供的商品存在疑虑。如果卖家在目标市场建立了海外仓，就会给当地的买家传递一个信号，那就是这个卖家是真实存在的，经营实力较强，这样有利于提升买家对卖家的信任度。

在海外仓的运营管理中，卖家可以雇用当地员工负责海外仓的供应链管理、商品销售、客户服务等工作，这些员工更加了解当地的法律、文化和人们的沟通习惯，能够为买家带来更好的服务。卖家可以利用海外仓更好地开展本土化经营，提升自身品牌在当地的影响力和市场占有率。

此外，卖家可以及时、清楚地发现当地市场的需求变化，以开发符合当地市场需求的商品，制定符合当地市场特色的经营策略。

凡事都有两面性，虽然自建海外仓拥有一定的优势，但它也存在一定的劣势，主要表现在以下三个方面。

（1）成本较高

卖家自建海外仓需要在境外租赁仓库和雇佣员工，还需要搭建或租赁海外仓储管理系统，而境外人力成本普遍较高，仓库租赁费用也较高，而且搭建或租赁海外仓储管理系统也需要花费一定的资金，因此自建海外仓的成本较高。

（2）经营管理要求较高

自建海外仓涉及当地的清关政策、税收制度、劳工政策、仓储国际化运营等，这就要求卖家不仅要了解海外仓所在地的政治环境、经济环境、文化习俗、法律环境、劳工雇佣政策等，还要了解当地的基础设施建设水平、信息技术水平、服务水平等。此外，卖家还需要组建海外仓储管理团队，由于文化差异较大，对海外仓管理人员的管理也是卖家面临的一大挑战。

在海外建立海外仓，就像在海外创建并运营一家公司一样，卖家需要面临海外经营的政治风险、经济风险等多种风险。

（3）仓储面积弹性小

仓库租用的面积固定，如果卖家租用的仓储面积太大，出货量却达不到一定的规模，就会形成浪费；而如果卖家租用的仓储面积太小，在搞大型促销活动时又容易面临仓储空间不足的情况。

2. 跨境电子商务平台海外仓

为了提升自身竞争力，为卖家和买家提供更好的服务，一些跨境电子商务平台建立了海外仓，全球速卖通和亚马逊就是其中的代表。

（1）全球速卖通菜鸟海外仓

菜鸟海外仓是全球速卖通和菜鸟网络联合境外优势仓储资源及本地配送资源，同时整合国际头程物流商和出口退税服务商共同推出的物流服务。菜鸟海外仓能够为全球速卖通平台上的卖家提供境内揽收、境内验货、出口清关退税、国际空海干线运输、进口清关、送仓、海外仓储管理、海外仓储发货、本地配送、物流纠纷处理、售后服务等一站式服务。

加入全球速卖通菜鸟海外仓的卖家，将获得前台流量权益、仓配权益、服务权益等多方面的权益，如图5-4所示。卖家的运营数据表现越好，所能享受的权益就越多。

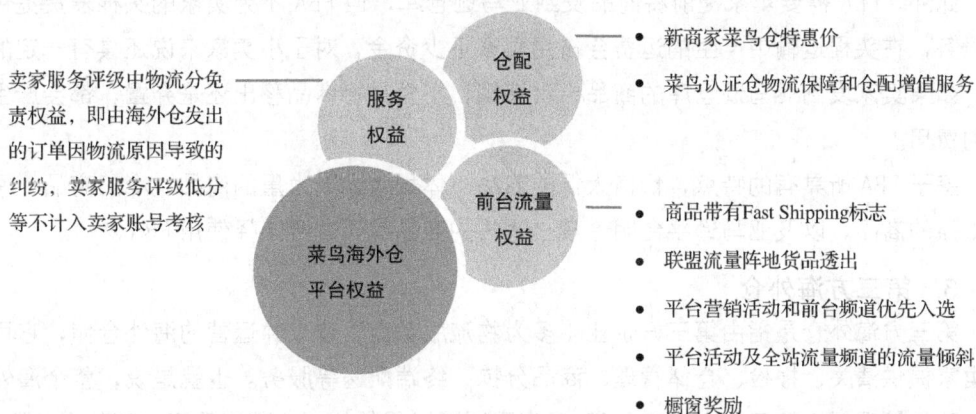

图 5-4　全球速卖通菜鸟海外仓平台权益

（2）FBA

亚马逊物流（Fullfillment By Amazon，FBA）是亚马逊为卖家提供的包括仓储、拣货打包、派送、收款、客服与退货处理等各项服务在内的一站式物流服务。使用FBA的卖家可以将其库存中的部分商品或全部商品运送到亚马逊的仓库中，由亚马逊代理销售，并负责商品配送和相关的客户服务等工作。如果出现退货问题，FBA也能帮卖家进行处理。

作为一个全程的物流服务，FBA具有以下优势。

① 运营管理专业化

亚马逊是较早建立海外仓的企业之一，其海外仓覆盖范围广，有非常成熟的仓储管理和配送体系，能够为卖家提供仓储管理、配送、退货等一系列专业的辅助服务，有效地减轻了卖家的运营压力。此外，FBA能够为卖家提供专业的客户服务，帮助卖家减轻客服压力。

② 有助于商品推广

对于FBA的商品，亚马逊平台会通过提高商品在搜索结果页面的排名，帮助卖家通过抢夺购物车等方式增加商品的曝光次数，进而提升商品销量。

③ 改善卖家账户表现

亚马逊平台可以为卖家移除由FBA引起的中差评纠纷，进而帮助卖家改善账户表现。

虽然FBA能够为亚马逊卖家提供快捷、优质的物流服务，但任何事物都有两面性，FBA在具有巨大优势的同时，也存在一定的劣势，主要表现在以下几个方面。

① 灵活性低

FBA对商品的尺寸、重量和类别有一定的限制，不符合要求的商品无法使用FBA。此外，其他第三方海外仓的服务方有中文客服帮助卖家处理一些问题，而FBA只能用英文与卖家沟通，且邮件回复通常不太及时。

此外，FBA不提供贴标签服务，如果卖家前期工作没有做好，商品标签扫描出现问题，会对商品入库造成影响，甚至导致商品无法入库。

② 仓储费用偏高

使用FBA需要交纳的费用比较多，如订单配送费、库存仓储费、移除订单费、退货处理费，以及计划外预处理服务费等，这会给卖家带来较大的成本压力。

此外，FBA需要卖家提前将商品发到亚马逊仓库，但FBA不为卖家的头程发货提供清关服务，在头程运输中产生的运费会占用卖家不少资金，对于小卖家来说还具有一定的风险。如果卖家发到亚马逊仓库的商品出现滞销，不管是将商品移出还是弃置，都会产生相应的费用。

鉴于FBA所具有的特点，价格太低的商品、体积太大或太重的商品、冷门商品、季节性太强的商品，以及亚马逊平台明令禁止销售的商品都不适合选择使用FBA。

3. 第三方海外仓

第三方海外仓是指由第三方企业（多为物流服务商）建立并运营的海外仓储，它可以为卖家提供清关、报检、仓储管理、商品分拣、终端配送等服务。也就是说，整个海外仓的运营与管理都由第三方企业来负责,卖家可以通过租赁的方式获得第三方海外仓的服务。

第三方海外仓的优势主要表现在以下几个方面。

（1）节省卖家建仓成本

对于卖家来说，租赁第三方海外仓有利于减少运营管理海外仓的人工成本，从而降低卖家的运营投入。

（2）降低海外仓运营风险

租赁第三方海外仓可以帮助卖家规避法律法规、行业政策、税收政策，以及境外人员管理等环节带来的风险，从而降低海外仓的运营风险。

第三方海外仓的运营与管理完全由第三方企业负责，所以第三方企业的物流覆盖范围、物流节点、海外仓储选址、海外仓服务与管理水平等将直接影响卖家海外仓储的服务水平和海外仓储战略所形成的经济效益。如果卖家在选择第三方海外仓时出现失误，不仅会给买家带来不良的购物体验，给卖家的品牌造成负面影响，还会影响卖家的经营效益。

（3）选品范围更广

FBA 对商品的尺寸、重量、类别有一定的限制，比较适合体积小、利润高、质量好的商品。第三方海外仓的数量较多，卖家可以选择的范围较广，卖家可根据某类商品的特点去挑选能够接受此类商品的第三方海外仓，因此，即使商品体积大、重量大，也能找到合适的第三方海外仓。

（4）适用范围广

第三方海外仓向所有的跨境电子商务卖家开放。此外，第三方海外仓还具有中转的作用，如果卖家同时使用第三方海外仓和 FBA，在销售旺季可以直接从第三方海外仓向 FBA 仓发货，节省发货时间。

虽然第三方海外仓存在诸多优势，但其缺点也是不容忽视的。例如，第三方海外仓无法为卖家提供商品推广服务，需要卖家通过各类推广工具来增加商品和店铺的曝光率；第三方海外仓不能提供售后与投诉服务，无法消除买家留下的中差评；此外，将商品放在海外仓可能会存在一定的潜在安全风险。

▶▶▶ 5.2.3 卖家如何选择海外仓模式

海外仓不仅能为卖家提供强大的物流支持，还能为买家提供更好的购物体验。因此，在当前的跨境电子商务行业中，海外仓的作用越来越突出。对于卖家来说，其只有选择适合自己的海外仓模式，才能充分发挥海外仓的优势，借助海外仓提升自身竞争力，否则不恰当的海外仓模式只会增加卖家的运营成本，加入卖家的运营风险。

卖家在选择海外仓模式时，需要考虑以下因素。

1. 商品特征

FBA、第三方海外仓均对商品的种类、体积、重量有所限制，尤其是 FBA，对商品的限制较为严格，如果商品的种类、体积、重量不符合要求，则无法使用 FBA。而自建海外仓在入库商品的选择上更具灵活性，卖家可以根据商品的特点建立与其相符的海外仓。因此，卖家在选择海外仓模式之前，要详细了解自己商品的特征，以及各类海外仓对商品体积、重量的要求，然后选择合适的海外仓模式。

2. 海外仓服务能力

在海外仓的头程运输中，FBA 不为卖家提供清关服务；部分第三方海外仓可以为卖家提供清关服务，有的还可以提供头程运输、退税服务。在商品入库阶段，FBA 不为卖家提供商品整理和贴标签服务，需要卖家在前期自行做好这些工作；而第三方海外仓则可以为卖家提供商品整理和贴标签服务。

而自建海外仓则需要卖家自力更生，全权负责头程运输、清关、商品入库前整理、贴标签等一系列工作。卖家在选择海外仓模式时，要考虑自身是否对这些服务有需求，并谨慎衡量这些服务的成本效益。

3. 卖家的物流运营战略

不同的卖家所采取的物流运营战略不同，如果卖家选择海外仓只是为了提高商品在境外市场的销量，提升经营效益，并不打算将海外仓物流体系纳入自身经营范围，就可以选择使用跨境电子商务平台的海外仓或者第三方海外仓。

如果卖家选择海外仓是为了提高品牌知名度和渗透率，以更好地实施本土化运营战略，或者计划构建属于自己的海外仓物流体系，则可以选择自建海外仓模式。

4. 卖家的规模和实力

对于卖家来说，无论是自建海外仓，还是租用第三方海外仓，抑或使用跨境电子商务平台的海外仓，都需要承担相应的风险。卖家在选择海外仓模式时，要充分考虑自身的发展规模、实力及风险承担能力。

一般来说，自建海外仓的成本较高，且对卖家的经营管理能力要求较高，所以选择自建海外仓的卖家需要具备较强的资金实力和经营管理能力。

与自建海外仓相比，跨境电子商务平台海外仓、第三方海外仓的使用成本较低，且卖家无须具备海外仓管理方面的人才和经验。此外，跨境电子商务平台海外仓不仅能为卖家提供商品存储、终端配送等服务，还能为卖家提供专业的客户服务，帮助卖家优化买家购物体验。卖家使用跨境电子商务平台海外仓还能享受跨境电子商务平台的流量倾斜，提高商品的曝光率。对于刚开始涉足跨境电子商务的卖家来说，使用跨境电子商务平台海外仓是个不错的选择。

5.3 出口货物的报关

海关报关是跨境出口电子商务必须经历的一个环节，是指货物、行李、邮递物品、运输工具等在进出关境时由所有人或其代理人向海关申报，交验规定的单据与证件，请求海关办理进出口有关手续的过程。

▶▶▶ 5.3.1 B2B 跨境电子商务出口报关

B2B 跨境电子商务企业可以通过"单一窗口"或通关服务平台实现通关一次申报、一次查验、一次放行，同时海关、税务、外汇、市场监管等部门也可以通过通关服务平台获得跨境电子商务企业的商品信息，并对商品交易实现全流程监管。

一般来说，B2B 跨境电子商务企业出口报关需要经过申报、查验和放行三个步骤。

1. 申报

发货人根据出口合同的约定按时、按质、按量准备好货物后，向运输公司办理租船订舱手续，准备向海关办理报关手续，或者委托专业（代理）报关公司办理报关相关手续。

若委托专业（代理）报关公司代理申报，卖家应该在货物出口之前在出口岸就近向专业（代理）报关企业办理委托报关手续。接受委托的专业（代理）报关企业向委托单位收取正式的报关委托书，报关委托书以海关要求的格式为准。

提前准备好报关所需的单证能够保证出口货物的顺利通关。一般来说，报关所需的单证包括出口货物报关单、托运单（即下货纸）、发票一份、贸易合同一份、出口收汇核销单，以及海关监管条件所涉及的各类证件。

在申报时要注意，出口货物的报关时限为装货的 24 小时以前，不需要征税费，查验的货物自接受申报起 1 日内办结通关手续。

2. 查验

查验是指海关对实际货物与报关单证进行核对，查验申报环节所申报的内容是否与查证的单、货一致，并查证是否存在瞒报、伪报和申报不实等问题。查验环节可以对申报审单环节提出的疑点进行验证，为征税、统计和后续管理提供监管依据。

海关查验货物后，要填写验货记录，内容包括查验时间、地点、进出口货物的收发货人或其代理人名称、申报货物情况、货物的运输包装情况（如运输工具的名称、集装箱号、尺码和封号）、货物名称、规格型号等。

需要查验的货物自接受申报起 1 日内开出查验通知单，自具备海关查验条件起 1 日内完成查验，除需缴税外，自查验完毕 4 小时内办结通关手续。

根据《中华人民共和国海关法》有关规定，进出口的货物除国家另有规定外，均应征收关税。关税由海关依照海关进出口税则征收。需要征税费的货物，自接受申报 1 日内开出税单，并于缴核税单 2 小时内办结通关手续。

3. 放行

对于一般出口货物，发货人或其代理人向海关如实申报，并如实缴纳相关税款和费用后，海关会在出口装货单上加盖"海关放行章"，出口货物的发货人凭此装船起运出境。

若申请出口货物退关，发货人应当在退关之日起 3 日内向海关申报退关，经海关核准后方能将货物运出海关监管场所。

海关放行后，在出口退税专用报关单上加盖"验讫章"和已向税务机关备案的海关审核出口退税负责人的签章，退还报关单位。报关单的有关内容必须与船务公司传送给海关的舱单内容一致，才能顺利地核销退税。

对海关接受申报并放行后，由于运输工具配载等原因，部分货物未能装载上原申报的运输工具的，出口货物发货人应当及时向海关递交《进出口货物报关单/撤销申请表》及更正后的箱单发票、提单副本，这样报关单上的内容才能与舱单上的内容一致。

▶▶▶ 5.3.2 B2C 跨境电子商务出口报关

《关于实施支持跨境电子商务零售出口有关政策的意见》要求各政府相关部门根据跨境电子商务不同的经营主体，建立与之相适应的海关监管模式和检验监管。针对 B2C 跨境电子商务出口模式，目前我国主要有"9610"模式和"1210"模式。

1. "9610"模式（一般出口模式）报关

对于采用邮寄、快递方式开展零售出口的卖家来说，若按一般贸易出口对单个包裹报关清关，需要耗费大量的人力、物力，这必然不利于中小卖家的发展。因此，为了方便这类卖家报关和办理退税，中华人民共和国海关总署增列了海关监管方式代码"9610"。

"9610"模式适用于境内个人或电子商务企业通过电子商务交易平台实现交易，并采用"清单核放、汇总申报"模式办理通关手续的电子商务零售进出口商品（通过海关特殊监管区域或保税监管场所一线的电子商务零售进出口商品除外）。

"9610"模式下出口报关的核心是"清单核放、汇总申报"，如图5-5所示。

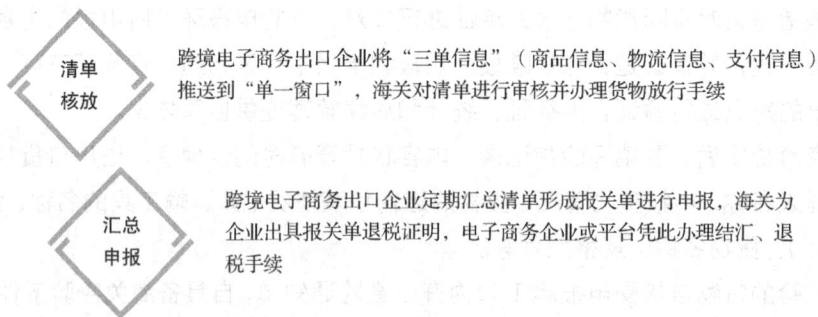

清单核放　跨境电子商务出口企业将"三单信息"（商品信息、物流信息、支付信息）推送到"单一窗口"，海关对清单进行审核并办理货物放行手续

汇总申报　跨境电子商务出口企业定期汇总清单形成报关单进行申报，海关为企业出具报关单退税证明，电子商务企业或平台凭此办理结汇、退税手续

图5-5　"9610"模式出口报关的核心

"9610"模式下出口报关的基本流程如表5-13所示。

表5-13　"9610"模式下出口报关的基本流程

序号	相关流程	具体说明
1	信息登记或注册	跨境电子商务企业、物流企业等参与跨境电子商务零售出口业务的企业，应当向企业所在地海关办理信息登记或注册
2	通关申报	跨境电子商务零售出口商品申报前，跨境电子商务企业或其代理人、物流企业应当分别通过国际贸易"单一窗口"或跨境电子商务通关服务平台向海关传输交易、收款、物流等电子信息，并对数据真实性承担相应法律责任。此外，跨境电子商务企业或其代理人应提交《中华人民共和国海关跨境电子商务零售进出口商品申报清单》
3	离境结关	出口申报清单放行后，跨境电子商务出口商品通过运输工具运输离境，对应出口申报清单结关
4	汇总申报	跨境电子商务零售商品出口后，跨境电子商务企业或其代理人应于每月15日前（当月15日是法定节假日或者法定休息日的，顺延至其后的第一个工作日），将上月结关的申报清单依据清单表头同一收发货人、同一运输方式、同一生产销售单位、同一运抵地、同一出境关别，以及清单表体同一最终目的地、同一10位海关商品编码、同一币制的规则进行归并，汇总形成《中华人民共和国海关出口货物报关单》向海关申报。允许以"清单核放、汇总统计"方式办理报关手续的，则不再汇总

2. "1210"模式（保税出口模式）报关

"1210"模式的全称为"保税跨境贸易电子商务"，简称"保税电商"。"1210"模式适用于境内个人或电子商务企业在经海关认可的电子商务平台实现跨境交易，并通过海关特殊监管区域或保税监管场所进出的电子商务零售进出境商品。

简单来说，"1210"模式就是卖家先将商品批量备货至海关监管下的保税仓库，待产生订单后，卖家根据订单为每件商品办理海关通关手续，并在保税仓库完成贴面单和打包，经海关查验放行后，由卖家委托物流服务商将商品送至买家手中。"1210"模式的特点是卖出一件商品就清关一件，没有卖出的商品可以不出保税中心，也无须报关，还可以退回卖家。

以"1210"模式开展跨境贸易电子商务零售出口业务的电子商务企业、海关特殊监管区域或保税监管场所内跨境贸易电子商务经营企业、支付企业和物流企业应当按照规定向海关备案，并通过电子商务平台实时传送交易、支付、仓储和物流等数据。

在"1210"模式下，卖家存储在保税仓的商品可以多次先出口，卖家于每月月底汇总出口商品的数量之后，再一次性进行口岸集报，生成一份正式报关单。

目前，"1210"模式只在深圳、郑州、许昌、广州、珠海等少数几个地区开展，而"1210"模式的推广效果和卖家的接受程度，仍需要时间来验证。

▶▶▶ 5.3.3 海关扣关的应对方法

卖家遇到货物被扣关这类问题时不要太紧张，首先要了解国际快递货物被扣关的原因，因为每个国家和地区的海关条例都有所不同。当遭受扣货、扣关时，相关海关部门会向发件人或收件人出具一份说明，其中会说明扣货的原因，发件人或收件人必须配合海关提供相关的文件。

通常来说，国际快递货物被海关扣关或者不允许清关是由以下原因造成的。

（1）商品货物品名填写不详细、不清楚，需要重新提供证明函，具体说明货物的品名及其用途。

（2）货物申报价值过低（海关有理由怀疑逃税）。

（3）国际快递货物单、证不齐全，发件人需要提供必需的单、证，如进口许可证。

（4）敏感货物，属于进、出口国家和地区禁止或者限制进口、出口的物品。

因此，卖家要做好以下工作，尽量避免产生海关扣货的情况。

（1）选择安全的递送方式，如航空挂号小包和EMS，而且使用EMS寄送的货物就算是被海关扣货，还是能够免费退回发货地点的。

（2）了解各国和地区的海关政策。例如澳大利亚虽然通关容易，但电池类商品是海关不允许入境的，所以电池或者带电磁的商品尽量不要发往澳大利亚；如果一定要卖带电池的商品，可以同买家说清楚不发电池，只发商品。

（3）重量越重的包裹被海关扣货的可能性越大。

（4）不同商品被海关扣货的概率不同，如电子商品被扣的概率相对较高。

课后习题 ●●●

1．简述 e 邮宝和中国邮政小包的特点，并说明它们分别适合运送哪些商品。

2．目前海外仓有哪些模式？各类模式有哪些优缺点？卖家在选择海外仓模式时应该考虑哪些因素？

3．导致海关扣关的原因主要有哪些？卖家如何避免海关扣关？

第6章
资金回收——跨境电子商务支付、结汇与退税

📚 学习目标

➤ 掌握 B2B 跨境电子商务中常用的支付方式及其特点。

➤ 掌握 B2C 跨境电子商务中常用的支付方式及其特点。

➤ 掌握跨境电子商务中外汇分类管理的相关规定。

➤ 了解跨境电子商务收款结汇的基本方式。

➤ 掌握跨境电子商务出口退税的相关规定。

资金是企业生存和发展的重要基础，是企业生产和运营的血液。在跨境电子商务中，涉及资金的环节主要包括货款的支付、结汇与退税。支付方式不仅会影响买家的购物体验，还会影响卖家获得货款的时间和提现的成本，所以选择合适的支付方式对于卖家来说非常重要；而结汇涉及货币的转换，关系着卖家资金的回笼。此外，跨境电子商务卖家合理利用出口退税，可以有效降低运营成本，"阳光化"经营，提高毛利。

6.1　B2B 跨境电子商务支付方式

在 B2B 跨境电子商务模式中，由于涉及的交易金额比较庞大，因此买卖双方通常会选择线下结算的方式。B2B 跨境电子商务模式中常用的支付方式有信用证、电汇、西联汇款、速汇金和托收等。

▶▶▶ 6.1.1　信用证

在国际贸易活动中，买卖双方会存在互相不信任的情况，卖家担心自己发货或提交货运单据后买家不付款，而买家担心自己付款后卖家不按合同约定发货，买卖双方在交货和

付款上存在矛盾，而信用证（Letter of Credit，L/C）能有效缓解这种矛盾，因此成为国际贸易中主要的支付方式。

1. 信用证支付方式的特点

信用证是指由银行（开证行）依照申请人的要求和指示或自己主动，在符合信用证条款的条件下，凭规定单据向第三者（受益人）或其指定方进行付款的书面文件。也就是说，信用证是一种银行开立的有条件的承诺付款的书面文件。

信用证支付方式具有三个特点，如图 6-1 所示。

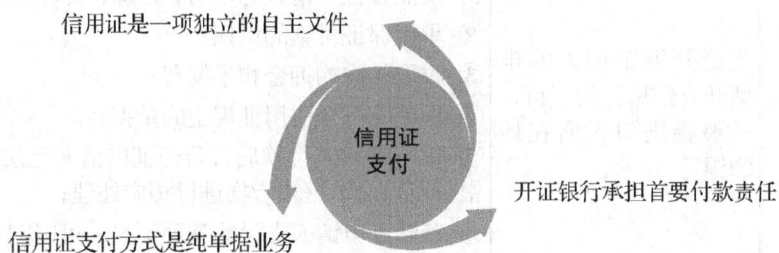

信用证是一项独立的自主文件

信用证支付

开证银行承担首要付款责任

信用证支付方式是纯单据业务

图 6-1 信用证支付方式的特点

（1）信用证是一项独立的自主文件

信用证不依赖于买卖双方订立的贸易合同，而是独立于买卖合同之外的开证行与受益人之间的契约，银行在审单时不受贸易合同的约束。按照国际惯例，银行在审单时只对信用证负责，而不会关注贸易合同与否履行。

（2）信用证支付方式是纯单据业务

信用证付款方式是银行凭单付款，只看单据不看商品，也不管合同的内容和合同是否履行，只要受益人提供的单据符合信用证的要求，开证行就应无条件付款。

（3）开证银行承担首要付款责任

信用证是以银行信用为担保的文件，开证银行对支付承担首要付款责任。只要受益人提供了符合要求的单据，无论开证申请人是否付款，开证银行都应向受益人支付款项。

在国际贸易中，信用证支付方式的最大优点是由银行信用做付款担保，卖方只需按照信用证的要求在规定的期限内向银行提交符合信用证规定的各种单证，并做到"单单一致，单证一致"，就可以得到银行的付款。

在信用证支付方式中，由银行做担保，参与交易活动的买卖双方不会直接进行货款操作，货款的支付以银行取得符合信用证规定的单据为条件，这在一定程度上提高了付款的安全性和客观公正性。

2. 信用证支付方式的主要当事人

在信用证支付方式中，涉及的当事人通常包括开证申请人、开证行、受益人、通知行、议付行、付款行、偿付行、保兑行和承兑行等。各个当事人拥有不同的职责，具体如表 6-1 所示。

表 6-1　信用证支付方式中的主要当事人及其职责

当事人	释义	职责
开证申请人	又称开证人，指向银行提出申请开立信用证的人，一般为进口人，即买卖合同的买方	① 根据买卖合同向银行申请开立信用证； ② 向银行交付一定比例的押金； ③ 及时向银行支付款项赎单； ④ 验证单据，若单据有误可退单； ⑤ 验货，若货物有误可退货
开证行	接受开证申请人的申请开立信用证的银行，一般指进口人所在地的银行	① 按照开证申请人的申请，正确、及时地开立信用证； ② 承担保证付款的责任； ③ 收取相应的押金和手续费； ④ 拒绝不符合信用证规定的单据； ⑤ 银行向卖方付款后，若开证申请人无法付款赎单，银行可以对单据和货物进行相应处理； ⑥ 若开证申请人支付的款项不足，可以向其追索余额
受益人	信用证上所指定的有权使用该证的人，一般是出口商，即买卖合同的卖方	① 审核信用证，若信用证存在问题，受益人应及时要求开证行或开证申请人对信用证进行修改，或者拒绝接受信用证； ② 若开证行或开证申请人拒绝受益人提出的修改信用证的要求，或修改后的信用证仍不符合要求，受益人有权在通知开证行和开证申请人后单方面撤销合同并拒绝接受信用证； ③ 接受信用证后，按照信用证的规定交货和备齐单据，在规定的时间内交单议付； ④ 保证单据的正确性，若单据不符合要求，受益人需要按照开证行的指示进行改正并按期交单； ⑤ 交单后若开证行倒闭或拒付，受益人可以要求开证申请人付款； ⑥ 若开证行在信用证使用前破产了，受益人可要求开证申请人重新开证
通知行	按照开证行的委托将信用证转交受益人的银行。一般指出口商所在地的银行，而且通常是开证行的代理行	① 证明信用证的真实性； ② 将信用证转交给受益人
议付行	又称购票银行、贴现银行、押汇银行，是指愿意买入或贴现受益人交来的跟单汇票的银行。一般指出口商所在地的银行	① 对受益人交付的单据进行严格审核； ② 垫付或贴现跟单汇票； ③ 背批信用证； ④ 可议付，也可不议付； ⑤ 议付后有权对货运单据进行处理； ⑥ 享有付款追索权，即议付后若开证行倒闭或拒绝付款，议付行可向受益人追回先前垫付的货款

当事人	释义	职责
付款行	信用证上指定付款的银行，通常是开证行	① 有权向信用证的受益人付款，也有权不付款； ② 一旦向受益人付款后，就不能再向受益人追回付款
偿付行	又称清算行，指受开证行的委托，代替开证行向议付行或付款行偿还垫款的银行	① 只负责付款，不负责审核单据，偿付行不对单据承担责任，因此，偿付行的付款不能视为开证行的付款； ② 只负责偿付，不负责退款； ③ 若偿付行无法偿还垫款，将由开证行偿付
保兑行	受开证行的委托以自己的名义对信用证加具保兑的银行。通常由通知行兼任，也可由其他资信良好的银行担任	① 对信用证加批"保证兑付"； ② 独立对信用证负责，根据单据向受益人付款； ③ 付款后只能向开证行索偿，若开证行破产或拒绝付款，则不能向受益人和议付行索偿
承兑行	对受益人提交的汇票进行承兑的银行	向受益人付款，但不能向受益人追回付款

3. 信用证的类型

根据信用证的性质、付款期限、使用方法等的不同，信用证可以分为不同的类型，如表 6-2 所示。

表 6-2　信用证的类型

分类标准	信用证类型	释义	备注
是否附有货运单据	跟单信用证	需要凭跟单汇票或仅凭单据付款的信用证	① 此处的单据是指代表货物所有权或证明货物已经发货的单据，如提单、铁路运单、航空运单、邮包收据等； ② 国际贸易结算中的多数情况使用的是跟单信用证
	光票信用证	凭光票付款的信用证	银行凭光票信用证付款也会要求受益人提交一些非货运单据，如发票、垫款清单等
是否有另一家银行加具保兑	保兑信用证	开证行开出的由另一家银行加具保兑，并对符合信用证条款规定的单据承担付款责任的信用证	保兑行对信用证进行保兑后，其承担的责任与信用证开证行所承担的责任相当
	不保兑信用证	未经另一家银行加具保兑的信用证	开证行对信用证负有保证付款的责任
付款时间的不同	即期信用证	受益人向开证行或付款行提交符合信用证条款的单据，银行审单后立即履行付款责任的信用证	付款行付款后无追索权

跨境电子商务（实训指导版 慕课版）

分类标准	信用证类型	释义	备注
付款时间的不同	远期信用证	开证行或付款行收到符合信用证条款的单据后不立即付款，而是按照信用证中规定的付款期限付款的信用证	比一般信用证的风险大，如果开证行的资信较低，为了保证安全收款，受益人可以要求其他银行对信用证进行保兑
信用证权益是否可转让	可转让信用证	受益人（第一受益人）可以要求银行将信用证的全部或部分权利转让给一个或数个受益人（第二受益人）使用的信用证	① 开证行要在信用证中明确注明"可转让（transferable）"字样，否则视为不可转让信用证；② 可转让信用证只能转让一次，第二受益人不能再要求银行将信用证转让给第三者
	不可转让信用证	受益人不能要求银行将信用证的权利转让给他人的信用证	信用证中未注明"可转让"字样，则为不可转让信用证
信用证的使用方法	循环信用证	部分金额或全部金额被使用后，其金额又恢复到原金额可再被使用，如此循环，直至达到信用证规定的次数或规定的金额为止的信用证	① 适用于长期贸易合同下的分批交货的情况；② 与一般信用证相比，此类信用证设有循环条款，用来说明信用证的循环方法、循环次数、循环达到的总金额
	对开信用证	交易双方互为开证申请人和受益人、金额大致相等的信用证	① 在开出的两张信用证中，第一张信用证的开证申请人是第二张信用证的受益人，第一张信用证的受益人是第二张信用证的开证申请人；② 两张信用证的金额大致相等；③ 两张信用证可同时互开，也可先后开立；④ 此种信用证多用于易货贸易、补偿贸易和来料加工业务中
	对背信用证	一个信用证的受益人要求一家银行以该信用证为基础，另开一张以该银行为开证行、该受益人为开证申请人的信用证	① 该信用证主要用于中间商的贸易活动；② 原信用证的金额（单价）应比对背信用证的金额（单价）高；③ 对背信用证的装运期应比原信用证中规定的早
	预支信用证	受益人在装货交单前被允许支取部分或全部货款的信用证	① 主要用于受益人组货而资金紧张的情况；② 预支信用证凭受益人的光票和受益人按时发货交单的保证书付款
	备用信用证	开证行根据开证申请人的请求对受益人做出保证承担某项义务的信用证	开证行保证若开证申请人未能按规定履行其应该履行的义务，受益人只要凭借备用信用证的规定向开证行提交开证申请人未履行义务的证明文件，即可得到开证行的偿付

4．信用证的主要内容

在国际贸易中，各国或地区银行开出的信用证的格式不尽相同，文字语句描述也有所差别，但信用证中所包含的内容基本相同。通常来说，信用证的主要内容如表 6-3 所示。

表 6-3　信用证的主要内容

信用证的内容	具体说明
信用证本身的说明	信用证的编号、开证日期、信用证的到期日期和到期地点、交单期限等
信用证的兑付方式	信用证是即期付款、延期付款、承兑还是议付
信用证的种类	信用证是否能转让，是否由另一家银行保兑
信用证的当事人	必须记载的当事人有信用证申请人、开证行、受益人、通知行；可能记载的当事人有付款行、偿付行、议付行、保兑行
汇票条款	汇票的金额、出票人、受票人、到期日、出票日期等；若信用证无须汇票，可以没有此项内容
信用证金额	货币代号、金额，有的信用证还会规定金额有一定比率的上下浮动幅度
货物条款	货物的名称、规格、包装、数量、重量、价格等
运输条款	运输方式、装运地和目的地、装运期限、是否能够分批装运或转运、分批装运或转运的方式等
单据条款	需要提交单据的种类、份数、内容要求等。通常来说，需要提交的单据包括商业发票、运输单据、保险单据，有的信用证还要求提交包装单据，如装箱单、重量单、产地单、检验证书等
其他条款	根据具体情况有所不同。常见的其他条款如要求通知行加保兑，对银行费用的说明，不允许某个银行担任议付行，对议付行寄单方式、议付倍数和索偿方式的说明等
责任条款	开证行对受益人及汇票持有人承诺保证付款的责任文句；境外来证大多数会添加"除另有规定外，本证根据国际商会《跟单信用证统一惯例》即国际商会第 600 号出版物（《UCP600》）办理"的语句

5．信用证支付的基本流程

在信用证支付方式中，涉及申请信用证、开立信用证、通知信用证、银行付款、开证申请人赎单等多个环节，并需要办理各种手续。通常来说，信用证支付的基本流程如图 6-2 所示。

>>> 6.1.2　电汇

电汇（Telegraphic Transfer，T/T）是指付款人将款项交存汇出行，汇出行应汇款人的申请，给在目的地的分行或代理行（汇入行）拍发加押电报、电话或银行国际代码（SWIFT Code），指示汇入行向收款人支付一定金额货款的交款方式。电汇属于商业信用，也就是说，买家掌握着最终付款权。

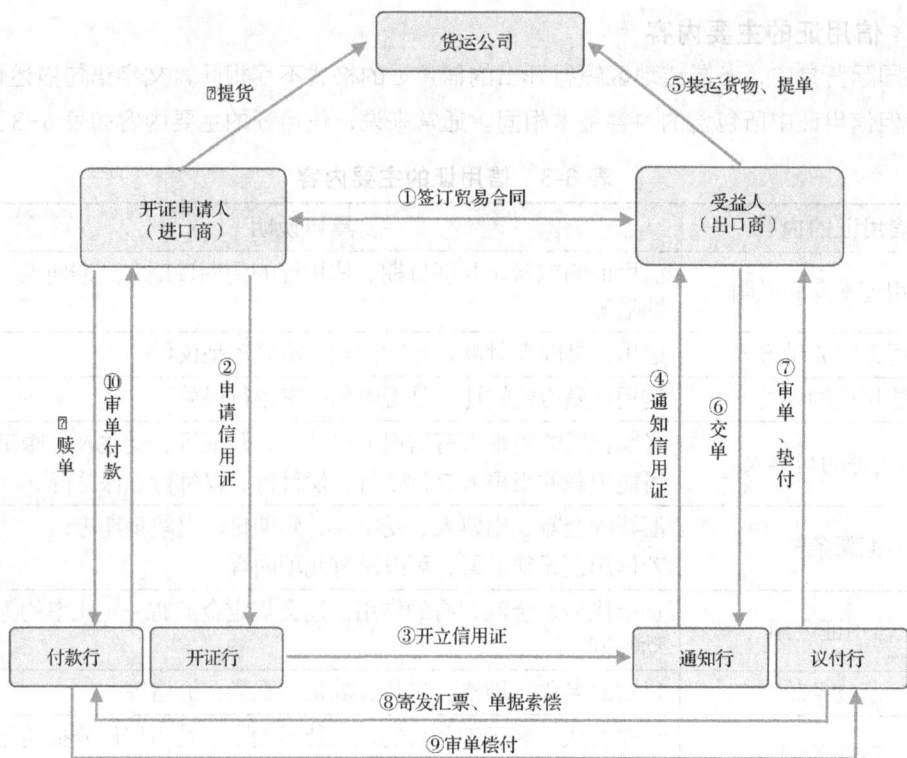

图 6-2　信用证支付的基本流程

1. 电汇支付的基本流程

与信用证支付方式相比，电汇的支付方式具有手续简单、支付速度快、安全性高的特点。电汇支付的基本流程是：汇款人填写电汇申请书，并向汇出行交款，从汇出行处取得电汇回执；汇出行接受汇款，向汇入行发送加押电报、电传或 SWIFT 电文；汇入行收到电报、电传或 SWIFT 电文后，核对密押无误后制作电汇通知书，通知收款人取款；收款人拿着通知书及其他有效证件去取款，并在收据上签字交给汇入行；汇入行凭此解付汇款，并将付讫借记通知书寄给汇出行。

电汇支付的基本流程如图 6-3 所示。

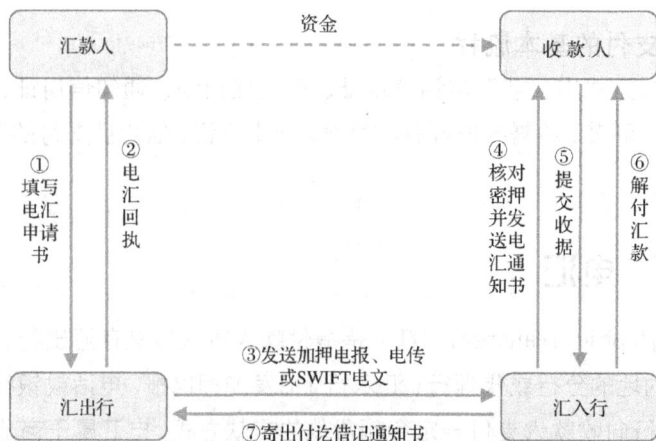

图 6-3　电汇支付的基本流程

2. 电汇支付方式的类型

T/T 作为一种国际贸易付款方式，一般分为前 T/T 和后 T/T 两种方式。

（1）前 T/T

在国际贸易中，前 T/T 是指买家在卖家发货前就向其付清全部货款，卖家收到全部货款后才向买家发货。对于卖家来说，这是一种非常安全的付款方式，因为卖家不需要承担任何风险，卖家未收到货款就不发货；但对于买家来说，这种付款方式就缺乏安全保障。

（2）后 T/T

后 T/T 是指买家先向卖家预付一定比例的货款，待卖家将货物全部发出后，买家再向卖家支付剩余的款项。通常来说，买家见到卖家提供的货运提单副本后，才会向卖家支付剩余的款项。后 T/T 付款方式比较灵活，买卖双方可以根据具体情况确定买家预付的货款比例，可以是买家先支付 30%的货款，待卖家向买家提供货运提单副本后，买家支付剩余 70%的款项；也可以是买家先向卖家预付 40%的货款，见到货运提单副本后再支付剩余 60%的款项。

电汇支付的方式速度较快，但其手续费较高，所以买卖双方通常是在金额较大或情况比较紧急时才会使用电汇支付的方式。此外，目前国际电汇是通过 SWIFT 网络来完成的，无法做到实时到账，国际电汇的时效通常为 3~5 个工作日。

▶▶▶ 6.1.3　西联汇款

西联汇款是西联国际汇款公司（Western Union）的简称，它是世界上领先的特快汇款公司，用户可以在全球大多数国家和地区的西联汇款代理所在地办理汇款和提款业务。

1. 西联汇款的特点

西联汇款操作简单，用户无须开立银行账户，填写汇款单据即可汇款，汇款人发出汇款后，收款人通常在 15 分钟内即可收到汇款。但是西联汇款对汇款的金额有限制，一般要求汇款金额不得超过 1 万美元。此外，西联汇款的手续费较高，手续费由汇款人承担。

2. 使用西联汇款从中国汇款

在中国，用户可以通过电子渠道和西联汇款的代理网点办理汇款业务，具体介绍如表 6-4 所示。

表 6-4　使用西联汇款从中国汇款的方式

汇款方式	具体介绍
电子渠道汇款	用户可以通过中国光大银行、上海浦东发展银行、中国邮政储蓄银行的网上银行或手机银行进行汇款
代理网点汇款	用户前往西联汇款的代理网点进行汇款，需要提供由政府签发的身份证件，例如居民身份证、护照等

3. 使用西联汇款从中国收款

在中国，用户可以通过现金收款、在线收款和直接到账三种方式办理西联汇款的收款业务，具体介绍如表 6-5 所示。

表 6-5　使用西联汇款从中国收款的方式

收款方式	具体介绍
现金收款	用户前往西联汇款的代理网点收取现金，需要提供由政府签发的身份证件，例如居民身份证、护照等； 用户需要提供汇款人的详细信息，包括汇款人的姓名、汇款金额和汇款监控号（MTCN），汇款监控号是此笔汇款的唯一取款密码，它还可以用于查询汇款状态
在线收款	① 用户可以通过中国光大银行、上海浦东发展银行、中国邮政储蓄银行、中国银行的网上银行或手机银行进行收款，收款时需要填写汇款人的详细信息和汇款监控号； ② 用户可以通过度小满金融 App 和百度 App 将款项存入自己的储蓄卡中
直接到账	收款人可以让汇款人直接转账至自己的银行账户，收款人需要向汇款人提供自己银行账户的详细信息，包括银行账户上记录的姓名、银行名称、银行账号、手机号码； 收款人首次通过银行账户收款时，西联汇款将在现金存入银行账户前匹配并验证保存在系统中的收款人的个人信息。在交易完成后，收款人可以主动联系西联汇款中国客户服务中心进行验证，或等候西联汇款中国客户服务中心在交易完成后 24 小时内联系自己。在验证过程中，收款人需要提供自己的姓名和身份证号码。以后在使用该项服务时，持相同银行账户的同一个收款人将能在几分钟内通过指定银行账户收款

▶▶▶ 6.1.4　速汇金

速汇金是国际速汇金公司（Money Gram）推出的一种个人之间的环球快速汇款业务，是收款人凭汇款人向其提供的 8 位汇款参考号码并提供有效身份证件，到银行柜台或代理速汇金业务的网点，由柜员在取得境外代理行的授权后为其办理支取现金或转账结算的一种业务。

1. 在速汇金代理点从中国汇款

在中国办理速汇金汇款业务十分简单方便，汇款人只需携带本人有效身份证件、收款人的姓名到速汇金任何一个代理网点，填写相关表格，交付款项和交易手续费后，即可获得一个 8 位参考号。汇款人将该号码通知收款人，数分钟后，收款人只需携带本人有效身份证件，到指定的速汇金代理网点办理简单的程序即可收款。

需要注意的是，若汇款人要汇款至收款人的银行账户，则需要提供收款人的银行名称和账号；若汇款人要汇款至收款人的手机钱包，则需要提供收款人带有国际拨号代码的手机号码。

2. 在速汇金代理点收款

速汇金在全球约有 350 000 个代理地点，收款人可以在自己附近的代理点进行收款。收款人在收款时需提供自己的有效身份证件和汇款人提供的 8 位参考号，填写收款表格即可接收款项。

3. 速汇金的特点

速汇金的汇款速度非常快，在速汇金代理网点能够正常受理业务的情况下，速汇金汇款在汇出后十几分钟即可到达收款人账户，收款人通常在成功转账后的几分钟内便可提取现金。

速汇金采取超额收费的方式收取汇款手续费，在一定的汇款金额内，手续费相对较低。而且速汇金没有其他附加费用和不可知费用，即无中间行费、电报费。此外，速汇金汇款、收款手续简单，汇款人不需要选择复杂的汇款路径，收款人无须预先开立银行账户，即可实现资金划转。

▶▶▶ 6.1.5 托收

托收（Collection）是指在进出口贸易中，出口方（债权方）开具以进口方为付款人的汇票，委托出口方银行通过其在进口方的分行或代理行向进口方收取货款的一种结算方式。其基本做法是：出口方先行发货，然后准备好包括运输单据（通常是海运提单）在内的货运单据并开出汇票，把全套跟单汇票交给出口地银行（托收行），委托其通过进口地的分行或代理行（代收行）向进口方收取货款。

按是否附带货运单据进行划分，托收分为光票托收和跟单托收。光票托收是指出口方仅开具汇票而不附带货运单据的托收；跟单托收是指在出口方除开具汇票以外，还附带货运单据的托收。国际贸易中经常使用跟单托收。跟单托收又可分为承兑交单和付款交单。

1. 承兑交单

承兑交单（Documents against Acceptance，D/A）是指出口方在装运货物后开具远期汇票，连同商业（货运）单据一起通过代收行向进口方提示，代收行在进口方对远期汇票加以承兑后即可代表货物所有权的有关商业货运单据交给进口方，至汇票付款到期日，进口方才履行付款责任。

出口方发货后填写托收申请书，开立远期汇票，连同货运单据一起交给托收行，委托其收取款项。托收行根据托收申请书缮制托收委托书，连同远期汇票、货运单据一起交进口方所在地代收行。代收行按照委托书的指示向进口方做承兑提示，进口方在汇票上承兑，代收行在收回汇票的同时，将货运单据交给进口方。进口方到期付款，代收行收到款项后办理转账并通知托收行款已收妥，托收行向出口方交款。承兑交单的基本流程如图 6-4 所示。

在承兑交单中，只要进口方承兑了汇票，代收行就可以将货运单据交给进口方，待汇票到期时才由进口方付款。与付款交单相比，这种方式对进口方非常便利，因为其只要在汇票上承兑，就能取得货物，而且无须自行筹措资金，可以把出售货物的货款作为汇票到期的付款。但这种方式对出口方十分不利，因为出口方要承担进口方取得单据提到货物之后到期违约不履行付款义务的风险。

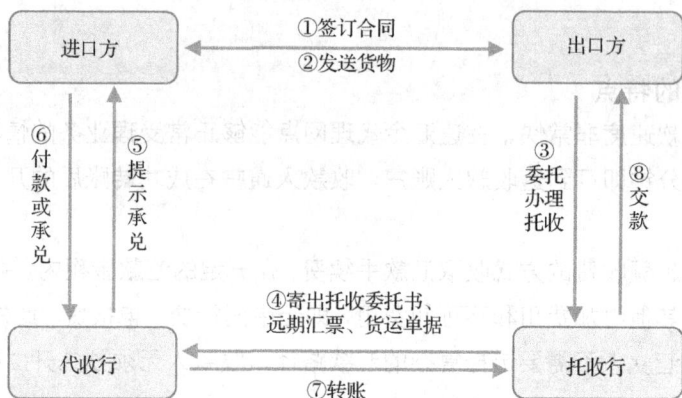

图 6-4　承兑交单的基本流程

2．付款交单

付款交单（Documents against Payment，D/P）是指代收行在进口方付清货款后，将货运单据交给进口方的一种结算方式。按照付款时间的不同，付款交单可以分为即期付款交单和远期付款交单。

即期付款交单是指出口方按照合同规定的日期发货后，开具即期汇票，连同全套货运单据委托给银行向进口方提示，进口方见票后立即付款，待进口方付清货款后，银行向进口方交出货运单据。

远期付款交单是指出口方按照合同规定的日期发货后，开具远期汇票，连同全套货运单据委托给银行向进口方提示，进口方审单无误并承兑汇票后，于汇票到期日或汇票到期日之前付清货款，然后从银行处取得货运单据。

在国际贸易结算中，各方都应遵循国际商会制定的《托收统一规则》中的规定来处理有关 D/P 业务。

D/P 的基本流程如下。

（1）买卖双方在合同中约定采用 D/P 方式结算。

（2）出口方交付货物后准备全部单据，包括货运单证（如提单）、商业单证（如汇票、发票等）。

（3）出口方向自己的外汇往来银行提出办理 D/P 托收的要求，并填写托收指示书，交付全部单据。

（4）出口方的外汇往来银行接受出口方的要求，并对出口方提交的全部单据进行审核，审核无误后收下托收指示书和全部单据，并向出口方开具收条。

（5）出口方外汇往来银行将全套单据分两批寄送至进口方外汇往来银行。

（6）进口方外汇往来银行收到全部单据后，将单据向进口方进行提示。

（7）进口方向自己的外汇往来银行支付款项（即期 D/P 情况），或者进口方审核单据确认无误后对汇票予以承兑，并在汇票到期时付款（远期 D/P 的情况）。

（8）进口方外汇往来银行在收到进口方支付的款项后将全部单据交给进口方。

（9）进口方外汇往来银行将收到的款项转交给出口方外汇往来银行，并由出口方外汇往来银行转交给出口方。

在 D/P 业务中，银行并不负责对单据内容进行审核，也不承担付款义务。银行只是向买卖双方提供转交单据、代为提示单据、代为收款转账等服务。在 D/P 业务中，出口方需要注意以下几个问题。

（1）D/P 业务靠的是商业信用，进口方的资信是出口方获得货款的关键，所以出口方要格外重视进口方的支付能力和商业信誉。

（2）在出口方交付货物后，单据从出口方流转到进口方的过程中，出口方要注意通过掌握单据来控制货物，在进口方付款之前应将单据牢牢控制在自己手中。

（3）在单据的流转、交接点（如出口方将单据交到银行的交接点、出口方银行将单据交到进口方银行的交接点、进口方银行将单据交到进口方的交接点）中容易出现问题，所以出口方需要控制好这些单据交接点，按照规范交接单据。

（4）出口方尽量采用指示提单的方式，这样有利于出口方通过控制提单来控制货物。

托收的方式对进口方比较有利。对于出口方来说，无论是 D/A 还是 D/P 都存在一定的风险。在即期付款交单中，由于出口方已经发货，一旦进口方因货物降价或自身财务状况不佳等拒绝付款，出口方将承担货物退回运费损失和货物转售失败的风险。而在承兑交单和远期付款交单中，出口方将承受较大的资金压力。

6.2　B2C 跨境电子商务支付方式

与 B2B 跨境电子商务模式不同，B2C 跨境电子商务交易具有订单频率高、单个订单金额较低的特点。因此，在 B2C 跨境电子商务交易中常用的支付方式是线上支付，包括信用卡支付、网络银行支付、使用第三方支付工具等。

▶▶▶ 6.2.1　信用卡支付

信用卡是由商业银行或信用卡公司对信用合格的用户发行的信用证明，其形式是一张正面印有发卡银行名称、有效期、号码、持卡人姓名等内容，背面有磁条、签名条的卡片。持有信用卡的用户可以到特约商业服务部门购物或消费，再由银行同商户和持卡人进行结算，持卡人可以在规定额度内透支。

在 B2C 跨境电子商务模式中，使用信用卡支付的基本交易流程如图 6-5 所示。

目前，在 B2C 跨境电子商务交易中，被广泛使用的信用卡有 Visa 卡和万事达卡（MasterCard）。跨境电子商务平台会通过与 Visa、万事达等国际信用卡组织合作，或者直接与境外银行合作，开通接收境外银行信用卡支付的端口。亚马逊、eBay 等跨境电子商务平台普遍接受主流国际信用卡支付。

在欧美市场，信用卡支付是一种比较流行的支付方式，使用人数众多，它以银行信用做担保，有利于保证买卖双方的利益。但是，使用信用卡的介入方式比较复杂，卖家需要预存保证金，并且信用卡的付款额度偏低。

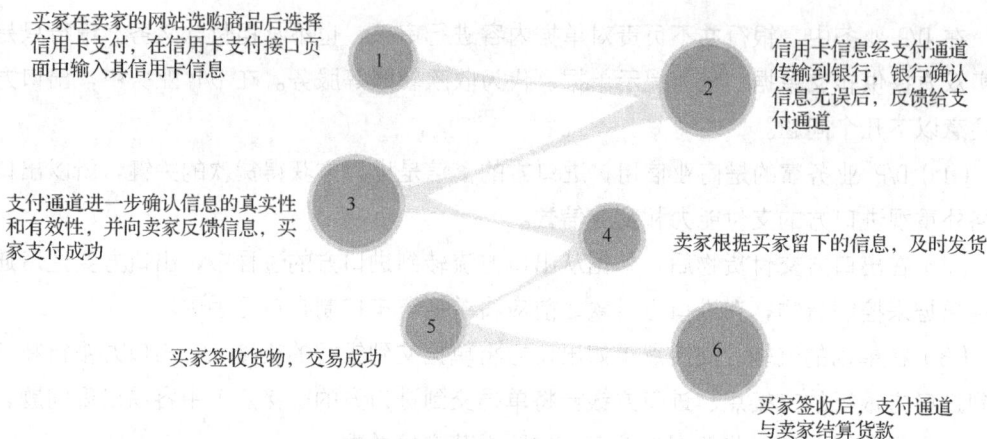

买家在卖家的网站选购商品后选择信用卡支付，在信用卡支付接口页面中输入其信用卡信息

信用卡信息经支付通道传输到银行，银行确认信息无误后，反馈给支付通道

支付通道进一步确认信息的真实性和有效性，并向卖家反馈信息，买家支付成功

卖家根据买家留下的信息，及时发货

买家签收货物，交易成功

买家签收后，支付通道与卖家结算货款

图 6-5 使用信用卡支付的基本交易流程

6.2.2 网络银行支付

网络银行是指利用互联网或通信网络的公共资源及其相关技术，实现银行及客户之间安全、方便、友好地链接，通过网络为客户提供各种金融服务的虚拟电子银行。网络银行通过建立自己的系统，向用户提供开户、销户、查询、对账、转账、投资理财等各种金融服务。

Moneybookers 是一家极具有竞争力的网络电子银行，它诞生于 2002 年 4 月，是英国伦敦 Gatcombe Park 风险投资公司的子公司之一。Moneybookers 的优点和缺点如表 6-6 所示。

表 6-6 Moneybookers 的优点和缺点

项目	内容
优点	① 安全，用户只需提供电子邮件地址即可注册账户，无须提供信用卡信息； ② 没有收款手续费，付款手续费较低； ③ 如果用户完成账户的激活认证，便可以直接申请支票；如果用户不能激活账户，同样可以收款或者付款给别人； ④ 用户只需要知道收款人的电子邮箱地址就可以付款； ⑤ 用户可以直接把美元、欧元转账到自己国家或地区的外币存折或银行卡上
缺点	不允许一个用户注册多个账户，一个用户只能注册一个账户

6.2.3 使用第三方支付工具

第三方支付是指具备一定实力和信誉保障的独立机构，通过与网联对接而促成交易双方进行交易的网络支付模式。

使用第三方支付工具进行支付时，买卖双方需要注册第三方支付账号。第三方支付模式下的网购流程是：买家选购商品后，使用第三方平台提供的账户进行货款支付（货款支付给第三方），并由第三方支付工具通知卖家货款到账，要求卖家发货；买家收到货物，检验货物并进行确认后，再通知第三方支付工具付款，第三方支付工具再将款项转至卖家账户。

下面介绍 B2C 跨境电子商务交易中较常用的第三方支付工具。

1. 支付宝国际版

支付宝国际版是由阿里巴巴与支付宝联合推出的第三方支付担保服务，是支付宝为从事跨境交易的卖家建立的资金管理平台，可以为卖家提供交易支付、收款、提现等服务。

在交易中，先由买家将货款打到卖家第三方担保平台支付宝国际版的账户中，然后由支付宝国际版通知卖家发货，买家收到货物后确认，支付宝国际版将货款放于卖家，至此完成一笔网络交易。

与其他支付方式相比，支付宝国际版具有以下特点。

（1）支持多种支付方式

支付宝国际版支持多种支付方式，包括信用卡、T/T、PayPal、西联汇款等，买家通过绑定这些支付方式的账户，即可通过支付宝国际版进行付款，而且不会产生任何额外的操作成本。

（2）安全保障

支付宝国际版是一种第三方支付担保服务。对于卖家而言，它的风控体系可以保护卖家在交易中免受信用卡盗卡的欺骗，而且仅当支付宝国际版收到买家的货款后，支付宝国际版才会通知卖家发货，这样可以有效地降低卖家在交易中遇到交易欺诈的风险。

（3）方便快捷

使用支付宝国际版收款无须预存任何款项，对于全球速卖通会员来说，他们只需绑定在境内申请的支付宝账户和美元银行账户就可以分别进行人民币和美元的收款。

使用支付宝国际版提现无须申请，买家确认收货且物流妥投后，支付宝国际版将直接把钱汇到卖家在境内申请的支付宝账户或卖家绑定的银行账户中。

2. Payoneer

Payoneer 是万事达卡组织授权的具有发卡资格的机构，能够为跨境电子商务卖家提供灵活、快捷、低费率的跨境收款服务，是全球速卖通、亚马逊、eBay 等跨境电子商务平台推荐使用的支付方式之一。卖家注册 Payoneer 账户，即可从多个电子商务平台收取资金，并将收到的资金方便地提款到自己的本地银行账户。此外，使用 Payoneer 账户转账给其他 Payoneer 账户无须支付手续费。

Payoneer 账户支持美元、英镑、欧元、日元等多种币种，其账户类型分为公司账户和个人账户两类。与个人账户相比，公司账户的特点如表 6-7 所示。

表 6-7　Payoneer 公司账户的特点

项目	具体表现
正规性	Payoneer 公司账户（无实体卡，无年费）的账户名是企业名（拼音）+法人名，可以避免出现使用员工的身份证件注册 Payoneer 卡进行公司资金的收款，最后员工离职的尴尬情况，与个人账户相比更正规
注册要求	注册 Payoneer 公司账户需要提供法人身份证件正反面和企业营业执照，如果是以股东身份注册，需要额外提交《公司章程》最后各股东页面照片
提现要求	公司账户只能提现到注册公司的对公账户，以及法人、股东的个人银行账户中

Payoneer 在全球拥有 400 多万用户，覆盖全球 200 多个国家和地区，可以为跨境电子商务卖家提供电汇转账服务，款项在 1～5 个工作日即可进入收款人当地银行账户内。若是小额转账，用户在自己的 Payoneer 账户后台即可操作，单笔最低转账金额为 500 美元，最高为 9 500 美元（每天转账金额上限），每月最多可转账 10 次。大额转账需通过人工服务进行，单笔最低转账金额为 2 万美元。

3. PayPal

PayPal 是使用较为广泛的第三方支付工具之一，它和一些电子商务平台有合作，是它们的货款支付方式之一。

Paypal 的注册和认证都是完全免费的，并且 Paypal 没有任何月租费或最低消费额限制。买家使用 PayPal 购物，无论是通过信用卡、借记卡还是 PayPal 余额付款，均无须支付任何手续费，手续费由卖家承担。

Paypal 账户分为个人账户和企业账户两类，其中企业账户支持 25 种货币收款，可享受 PayPal 卖家保障。Paypal 为卖家提供了网站收款、账单收款、电子邮件收款、个性化链接收款、在电子商务平台收款五种收款方式，如表 6-8 所示。

表 6-8　Paypal 的收款方式

收款方式	说明
网站收款	① 卖家可以将 PayPal 付款按钮添加至自己的网站，买家单击 PayPal 付款按钮即可付款； ② 无月租费，只有交易完成时卖家才需支付交易费
账单收款	① 卖家可以创建专业化的账单，即时或定时地将账单发送给买家，要求买家根据账单付款； ② 无月租费，只有交易完成时卖家才需支付交易费
电子邮件收款	① 卖家直接将收款请求发送至买家的邮箱，买家收到邮箱通知后，从邮箱中通过信用卡、银行账户或 PayPal 进行付款； ② 无月租费，只有交易完成时卖家才需支付交易费
个性化链接收款	① 卖家可以建立自己专属的 PayPal.Me 链接，通过社交媒体渠道或短信向买家发送此链接，买家点击该链接后可以通过信用卡、银行账户或 PayPal 付款； ② 无月租费，只有交易完成时卖家才需支付交易费
在电子商务平台收款	① 卖家注册 PayPal 账户，并将 PayPal 账户连接到自己的电子商务平台账户进行收款； ② 卖家可享受欺诈性与付款撤销补偿等保障权益

使用 PayPal 收款，卖家只有在成功完成交易时才需支付交易费。此外，满足一定条件后，卖家的月销售额越高，所能享受的费率越优惠，卖家所需支付的交易费就越低。如果卖家时常通过 PayPal 收款，还可使用 PayPal 商家账户获取更多工具和折扣价格。如果卖家的月销售额达到 3 000 美元及以上，并且保持良好的账户记录，可以申请优惠商家费率。卖家只需申请一次，日后 PayPal 便会根据卖家的收款额每月自动调整适用费率，并于次月生效。

卖家通过网站、账单或电子邮件收款享受的标准费率和优惠费率如表 6-9 所示。

表 6-9　网站、账单或电子邮件收款标准费率及优惠费率

费率类型	月销售额（美元）	费率
标准费率	3 000 及以下	4.4% + 0.30 美元
优惠费率	3 001～10 000	3.9% + 0.30 美元
	10 001～100 000	3.7% +0.30 美元
	100 000 以上	3.4% + 0.30 美元

卖家收到买家的 Paypal 付款后，款项将会被保留在卖家的 Paypal 账户的余额中。Paypal 设有"提现"功能，卖家可以通过该功能进行提现。在此，需要特别注意的是，Paypal 账户必须通过认证才能进行提现。

Paypal 为用户提供的提现方式有电汇至中国的银行账户、通过支票提现，以及提现至美国的银行账户。不同的提现方式具有不同的特点和提现手续费标准，具体如表 6-10 所示。

表 6-10　Paypal 的提现方式及其提现手续费标准

提现方式	出款币种	提现手续费
电汇至中国的银行账户	美元	每笔 35 美元
通过支票提现	美元	每笔 5 美元
提现至美国的银行账户	美元	每笔 35 美元

4. PingPong

PingPong 隶属于杭州呼嘭智能技术有限公司，是中国本土的跨多区域收款品牌，致力于为中国跨境电子商务卖家提供低成本的境外收款服务。

PingPong 支持美元、英镑、欧元、日元、澳元、加元、新加坡元等多币种收款，支持亚马逊、Wish、eBay 等多平台统一收款。PingPong 的收款费率最高为 1%，最快 2 小时到账。

5. 连连支付

连连银通电子支付有限公司（简称"连连支付"）是浙江省级高新企业，成立于 2003 年，是专业的第三方支付机构。连连支付支持亚马逊、eBay、Wish 等数十家跨境电子商务平台，支持 10 多种币种的自由结算，可以让卖家使用一个账户实现多币种多平台店铺的资金管理。此外，卖家使用连连支付账户可直接缴纳增值税（VAT）。

6. World First

World First 是全球知名的国际支付平台之一，是蚂蚁金服旗下全资子公司，支持亚马逊、全球速卖通、eBay 等全球多个电子商务平台的接入和收款，支持英镑、美元、加元、日元、欧元、新西兰元、新加坡元、澳元等多币种收款。用户开通 World First 账户后，就能以当地货币开始支付及收款。

6.3 跨境电子商务结汇

结汇是指企业或个人按照汇率将买进外汇和卖出外汇进行结清的行为。在跨境出口电子商务交易中，结汇就是指卖家将销售商品所得的外币，按照国家公布的外汇牌价售予外汇银行而折合成本国货币。

▶▶▶ 6.3.1 外汇分类管理

在货物贸易外汇管理方面，我国对企业实施动态分类管理。国家外汇管理局（简称外汇局）根据企业贸易外汇收支的合规性及其与货物进出口的一致性，将企业分为 A、B、C 三类，各类企业应满足的条件如表 6-11 所示。

表 6-11 外汇分类管理标准

企业类型	满足条件
A 类企业	核查期内遵守外汇管理相关规定，且贸易外汇收支经外汇局非现场或现场核查情况正常
B 类企业	存在下列情况之一的企业，外汇局可将其列为 B 类企业： ① 核查期内存在不符合外汇管理相关规定的现象，经外汇局现场核查企业无合理解释； ② 未按规定履行报告义务； ③ 未按规定办理贸易外汇业务登记； ④ 外汇局实施现场核查时，企业未按规定的时间和方式向其报告或提供资料； ⑤ 应国家相关主管部门要求实施联合监管的企业； ⑥ 外汇局认定的其他情况
C 类企业	存在下列情况之一的企业，外汇局可将其列为 C 类企业： ① 最近 12 个月内因严重违反外汇管理规定受到外汇局处罚或被司法机关立案调查； ② 阻挠或拒不接受外汇局现场核查，或向外汇局提供虚假材料； ③ B 类企业在分类监管有效期届满经外汇局综合评估，相关情况仍符合列入 B 类企业标准； ④ 因存在与外汇管理相关的严重违规行为被国家相关主管部门处罚； ⑤ 外汇局认定的其他情况

外汇局根据企业在分类监管期内遵守外汇管理规定的情况，对企业所属类型进行动态调整。A 类企业违反外汇管理规定将被降级为 B 类或 C 类企业；B 类企业在分类监管期内合规性状况未见好转的，将延长分类监管期或被降级为 C 类企业；B、C 类企业的分类监管有效期为一年，B、C 类企业在分类监管期内守法合规经营的，分类监管期满后可升级为 A 类企业。

在外汇分类管理中，A 类企业贸易外汇收支适用于便利化的管理措施，即 A 类企业进口付汇单证简化，可凭进口报关单、合同或发票等任何一种能够证明交易真实性的单证在银行直接办理付汇，出口收汇无须联网核查；银行办理收付汇审核手续相应简化。

对 B、C 类企业在贸易外汇收支单证审核、业务类型、结算方式等方面实施严格监管，B 类企业贸易外汇收支由银行实施电子数据核查，C 类企业贸易外汇收支须经外汇局逐笔登记后办理。B、C 类企业在分类监管期内办理贸易外汇收支业务应遵循的相关规定如表6-12 所示。

表 6-12　B、C 类企业在分类监管期内办理贸易外汇收支业务应遵循的相关规定

企业类型	外汇分类管理
B 类企业	① 对于以汇款方式结算的（预付货款、预收货款除外），金融机构应当审核相应的进、出口货物报关单和进、出口合同；对于以信用证、托收方式结算的，除按国际结算惯例审核有关商业单据外，还应当审核相应的进、出口合同；对于以预付货款、预收货款结算的，应当审核进、出口合同和发票； ② 金融机构应当对其贸易外汇收支进行电子数据核查；超过可收、付汇额度的贸易外汇收支业务，金融机构应当凭《登记表》办理； ③ 对于转口贸易外汇收支，金融机构应当审核买卖合同、支出申报凭证及相关货权凭证；同一合同项下转口贸易收入金额超过相应支出金额20%（不含）的贸易外汇收支业务，金融机构应当凭《登记表》办理； ④ 对于预收货款、预付货款以及 30 天以上（不含）的延期收款、延期付款，企业须按照规定向所在地外汇局报送信息； ⑤ 企业不得办理 90 天以上（不含）的延期付款业务，不得签订包含 90 天以上（不含）收汇条款的出口合同； ⑥ 企业不得办理收支日期间隔超过 90 天（不含）的转口贸易外汇收支业务； ⑦ 外汇局规定的其他管理措施
C 类企业	① 企业逐笔到所在地外汇局办理登记手续； ② 对于预收货款、预付货款以及 30 天以上（不含）的延期收款、延期付款，企业须按规定向所在地外汇局报送信息； ③ 企业不得办理 90 天以上（不含）的远期信用证（含展期）、海外代付等进口贸易融资业务，不得办理 90 天以上（不含）的延期付款、托收业务，不得签订包含 90 天以上（不含）收汇条款的出口合同； ④ 企业不得办理转口贸易外汇收支； ⑤ 企业为跨国集团集中收付汇成员公司的，该企业不得继续办理集中收付汇业务；企业为跨国集团集中收付汇主办企业的，停止整个集团的集中收付汇业务； ⑥ 外汇局规定的其他管理措施

▶▶▶ 6.3.2　跨境出口电子商务结汇的基本方式

目前，跨境出口电子商务卖家结汇的方式主要有两种，一是直接收款，卖家自己办理结汇或委托某代理方代理结汇；二是卖家通过第三方支付机构进行收款并办理结汇。

1. 直接收款，卖家自己办理结汇或委托某代理方代理结汇

跨境出口电子商务卖家采取直接收款，自己办理结汇或委托某代理方代理结汇的方式。

跨境出口电子商务卖家首先应该依法取得对外贸易经营权，然后到外汇管理部门办理货物贸易外汇收支企业名录登记，最后到银行开立经常项目外汇账户，并办理结汇手续（如果卖家需要通过境外账户或离岸账户进行收款，还需要事先取得外汇管理部门的批准）。

例如，某跨境出口电子商务卖家在银行开立了美元账户，交易结束后收到了买家支付的资金，如果卖家选择自己办理结汇，则应该按照企业所属的外汇分类管理等级的要求办理结汇手续；如果卖家委托相关服务机构代理结汇，代理方收汇后可凭委托代理协议将外汇划转给卖家，也可结汇后将人民币款项划转给卖家。

2. 卖家通过第三方支付机构进行收款并办理结汇

根据《支付机构外汇业务管理办法》，在外汇局允许范围内，支付机构可以为跨境电子商务交易双方提供外汇资金收付及结售汇服务。支付机构应该通过合作银行为跨境电子商务交易双方办理结售汇及相关资金收付服务，在收到资金之日（T）后的第1个工作日（T+1）内完成结售汇业务办理。

跨境出口电子商务交易具有收款较为频繁的特性，这就导致跨境出口电子商务企业的经常项目外汇收支也会较为频繁，根据国家外汇管理局公布的《关于境内机构自行保留经常项目外汇收入的通知》的规定，境内机构可根据经营需要自行保留其经常项目外汇收入。目前，一些第三方支付工具也支持卖家选择"收外汇、不结汇"的方式，直接将相应的外汇汇入自己的银行账户。

根据《货物贸易外汇管理指引实施细则》的规定，企业除可将具有真实、合法交易背景的出口收入存放境外，还可开立用于存放出口收入的境外账户，境外账户的收支应当具有真实、合法的交易基础，符合中国及开户行所在国家（地区）相关法律规定。境外账户的收入范围包括出口收入、账户资金孳息，以及经外汇局批准的其他收入；支出范围包括贸易项下支出，境外承包工程、佣金、运保费项下费用支出，与境外账户相关的境外银行费用支出，经外汇局核准或登记的资本项目支出，以及符合外汇局规定的其他支出。

境外账户发生收支业务的，企业应当在发生收支当月结束之日起10个工作日内通过监测系统如实向外汇局报告出口收入存放境外收支情况。

6.4 跨境电子商务出口退税

出口退税是指在国际贸易业务中，对我国报关出口的货物退还在境内各生产环节和流转环节按税法规定缴纳的增值税和消费税，即出口环节免税且退还以前纳税环节的已纳税款。按照国际通行惯例，出口退税可以使出口货物的整体税负归零，有效避免国际双重课税。

1. 跨境电子商务可以办理出口退税的情况

通过一般贸易方式出口的货物可以按规定办理退（免）税。目前，在跨境电子商务中可以办理出口退税的情形包括卖家海外仓头程（海运/空运/快递）发货、FBA 头程（海运/

空运/快递）发货，以及国际快递发货（"9610"监管模式）。

2. 办理出口退税企业需满足的资质

对于跨境电子商务企业来说，办理出口退税需要满足以下资质。

- 企业是一般纳税人。
- 企业具备进出口权限，并已经做好退税备案。
- 供应商可以给企业开具增值税专用发票。

3. 出口退税货物应具备的条件

向税务机关申请办理退税的货物需要满足以下条件。

- 必须是申报出口的货物。
- 必须是在财务上作为出口销售的货物。
- 必须是出口收汇并且已经核销的货物。
- 必须是增值税和消费税征收范围内的货物。

4. 办理出口退税需要准备的材料

跨境电子商务企业办理出口退税需要准备相关资料，包括采购合同、采购增值税专用发票、装箱单、代理报关委托书、报关单、销售合同、出口发票/形式发票、物流提运单，以及结汇水单或收汇通知书；如果企业销售的商品需要商检，企业还需要提供商品的商检单。

5. 办理出口退税的基本流程

跨境电子商务企业办理出口退税的基本流程如图6-6所示。

出口退税备案 ➡ 退税申报 ➡ 税务管理部门审核 ➡ 税款退付、退税清算

图6-6　跨境电子商务企业办理出口退税的基本流程

为了节省时间和人力，跨境电子商务企业可以将退税业务外包给专业的外贸服务平台，以提升退税操作效率。

课后习题

1. 信用证支付方式有什么特点？其基本流程是怎样的？
2. 对比支付宝国际版、Payoneer、PayPal、PingPong等第三方支付工具的优劣势。
3. B类企业和C类企业在办理外汇收支业务时应该遵守哪些规定？
4. 跨境电子商务企业办理出口退税需要满足哪些条件？

第7章
提升客户满意度——跨境电子商务客户服务

学习目标

➢ 了解跨境电子商务客服的职能与技能要求。

➢ 了解跨境电子商务礼仪。

➢ 掌握跨境电子商务中常见的纠纷类型及其处理方法。

➢ 了解跨境电子商务中客户关系管理的概念。

➢ 掌握跨境电子商务中客户生命周期管理的策略。

做好客户服务工作是提升买家购物体验、提高转化率、促进客户二次购买的有效方式，这需要客服人员具备从事跨境电子商务行业的基本素质，熟知商务礼仪，并且掌握一定的纠纷处理技巧，这样才能够更好地为买家服务，提升买家的满意度，有效实现二次营销。本章将详细介绍跨境电子商务客服的职能及技能要求、电子商务询盘与沟通的原则和模板、跨境电子商务礼仪、常见的纠纷类型及其处理方法，以及电子商务客户关系管理等内容。

7.1　跨境电子商务客服的职能与技能要求

跨境电子商务企业对跨境电子商务客服工作范畴有一个清晰的认识，对维护客户关系、提升客单价及维持店铺健康运营起着重要作用。因此，无论是经营者还是管理者都要清楚跨境电子商务的客服人员需要做什么，应该具备哪些技能。

7.1.1　客服的职能

跨境电子商务下客服的职能包括多个方面，即解答买家的咨询、促进商品销售、处理商品的售后问题以及监控运营管理。

1. 解答买家的咨询

解答买家咨询包括两个方面的内容，一是解答关于商品的问题，二是解答关于商品服务的问题。

（1）解答关于商品的问题

跨境电子商务涉及的商品种类繁杂，包括 3C 类商品、玩具、服装、配饰、家居用品、运动用品等品类，境外所有常见的日常消费用品基本均被涵盖。

此外，境内外商品规格存在较大差异。以服装尺码为例，就有中国尺码、美国尺码和欧洲尺码之分；又如，在电子设备的规范上，美国、欧洲、日本的电器类商品的电压与我国的规定存在差异，即使是一个简单的电源插头，各国（地区）的规范也存在诸多不同，售出的澳大利亚的电源插座到了英国也许就不能使用。

因此，跨境电子商务客服在解决买家关于商品的问题时就面临着更大的挑战，不管问题多么复杂，客服人员都应该为买家提供完美的解答和可行的解决方案，这也增加了卖家培训客服人员的难度。

（2）解答关于商品服务的问题

服务实现更加复杂是跨境电子商务行业的一个突出特点。跨境电子商务业务流程中的国际物流运输、海关申报清关、物流运输时效及商品安全性等问题的处理过程更加复杂。而当买家在使用商品的过程中遇到问题时，客服人员要为他们提供有效的解决方案，这样能够降低售后服务成本，提升买家的购物体验。

2. 促进商品销售

在跨境电子商务中，如果客服人员能够充分发挥自身的积极主动性，主动促成订单交易，将能有效提高企业的销量。优秀的客服人员需要具备主动营销的意识和技巧，能够将零散买家中的潜在小额批发买家发展为稳定的长期客户。

3. 处理商品的售后问题

在跨境电子商务交易中，当买家联系客服人员时往往是商品本身出现了问题，或者是物流运输出现了问题，也可能是卖家提供的其他服务出现了重大问题，而这些问题是买家无法自己解决的。这就导致在跨境电子商务中，一旦买家联系客服人员通常就是买家投诉。也就是说，跨境电子商务的客服人员的日常工作就是解决各种售后问题。

4. 监控运营管理

跨境电子商务涉及环节众多、问题复杂，一旦某个环节出现问题后，卖家往往无法确认责任归属，容易导致问题进一步恶化。如果卖家的运营管理中存在缺陷，它将随时可能给卖家带来损失。因此，对于卖家来说，建立一套完整的问题发现和解决机制是非常有必要的。

客服人员就非常适合充当发现问题的角色。客服人员作为能够直接接触广大买家的人，通过直接聆听买家提出的问题，能够有效帮助卖家最先发现运营管理中存在的问题。因此，在跨境电子商务运营团队中，客服人员需要发挥监控运营管理的职能，定期整理和总结买家提出的问题，并及时向团队中的相关负责人反馈，为管理者优化组织结构和工作流程提供重要的参考。

>>> 7.1.2　客服的职业技能要求

在跨境电子商务交易过程中，客服人员发挥着重要的作用。一名合格的客服人员应达到以下几项职业技能要求。

1. 拥有专业的行业背景和商品知识

客服人员必须要对自己所属的行业和经营的商品有足够的了解，清楚地掌握商品的规格、用途、材质、尺寸、使用注意事项等，能够为买家推荐符合其需求的商品。

客服人员要有意识地收集竞争对手的商品宣传资讯，并认真地对其进行分析和研究，以了解竞争对手的商品特点。此外，客服人员平时还要多阅读有关经济、营销的书刊和杂志，了解社会热点新闻，这将成为其与买家交流时的最好话题。

2. 外语水平良好

良好的外语水平是客服人员与买家顺利沟通的必备条件，尤其是英语，它作为世界通用的语言，客服人员只有具备基本的商务英语交流能力和技巧，才有资格涉足于跨境电子商务的工作。

3. 具备一定的营销技能

跨境电子商务客服人员还要掌握一定的电子商务的营销技能。例如，客服人员要懂得如何在各类营销工具上发布有效的商务信息，如何提高询盘转化率和搜索引擎的排名等。

4. 了解跨境电子商务的基本业务流程

从事跨境电子商务客服工作，懂得外贸的基本流程与操作至关重要。客服人员要了解跨境电子商务交易中商品开发、物流配送、海关清关等各个环节的运作流程。此外，客服人员还要懂得如何策划企业贸易推广方案，帮助管理者快速提升销售业绩。

5. 了解涉及跨境电子商务行业的法律法规

由于电子商务的兴起，世界贸易规则正发生着巨大的变化，客服人员需要时刻关注国际贸易体系、规则、政策和关税细则等变化，具备分析国际贸易形势的能力，避免在国际贸易活动中出现侵仅的行为。

6. 了解各国或地区的风俗文化

世界各国或地区人民的风俗人情、购物习惯有所差异，因此，跨境电子商务客服人员有必要对各国或地区的风俗文化和买家消费行为有一定的了解，这样才能保证与买家顺畅沟通。

7.2　跨境电子商务礼仪

在跨境电子商务活动中，从业人员了解往来贸易国家的消费习惯、风土人情也很有必要，有助于卖家与买家建立融洽和谐的合作关系。

▶▶▶ 7.2.1　跨境电子商务的基本礼仪

商务礼仪通常是人们在长期的贸易活动中形成的一种约定俗成的行为方式和准则。商务礼仪是跨境电子商务从业人员的必备能力。

1. 国际商务礼仪的基本原则

良好的礼仪素养不但可以帮助电子商务从业人员塑造个人形象，而且可以帮助企业树立良好的形象，为企业创造商机。

（1）仪表仪态

在贸易活动中，个人形象与企业形象密不可分，外贸从业人员要注意规范仪表仪态，既要保证仪态优雅得体，又要态度自然亲切。

女性外贸从业人员可以化淡妆，发型大方，衣着要得体，鞋子整洁，裙长适宜，穿裙子时最好穿肤色丝袜，与买家交谈时要面带微笑，举止亲切自然。

男性外贸从业人员要保证发型清爽大方，西装平整、干净，鞋子光亮，与人交谈时要面带微笑。男性外贸从业人员在商务场合一般要穿西装和皮鞋，全身衣服的颜色不要超过三种，以深色系为主，切忌在正式场合穿颜色过于鲜艳的衬衫；腰带、鞋子和公文包的颜色尽量保持一致。

（2）待人真诚

待人真诚是双方合作的前提。跨境电子商务的大部分环节都是在线上进行操作的，合作双方距离较远，买家难以时刻观测商品和服务的优劣。因此，卖家不能欺骗合作方，要以友好真诚的态度对待买家，给买家留下良好的印象，从而提高企业的信誉，促进企业获得长足的发展。

（3）相互尊重

由于历史文化的不同，不同国家或地区的人们在人生观和价值观等方面存在较大的差异，因此跨境电子商务的从业人员要了解和尊重买家所在国家或地区的风俗习惯，在交流合作中，尊重对方的信仰和文化，同时要让对方感受到本企业的文化，促进双方的合作。

2. 国际商务礼仪的基本要求

在双向交互式网络营销中，商务人员的态度、措辞、专业性都极大地影响商品销量与买家的满意度。因此，跨境电子商务从业人员熟知国际商务礼仪十分必要，这不仅体现了商务人员的职业素养，还能规避交流中的尴尬，使商务人员能够顺利地与买家进行沟通和洽谈，提高网络营销的效率和质量。

（1）遵守国际准则和规范

跨境电子商务是一种全球化的商贸活动，涉及不同国家或地区之间的贸易往来，为了维护国际贸易秩序，电子商务的各个参与主体必须遵守相关的国际贸易准则和规范。

（2）遵守境内的法律法规

近几年，我国相继发布了一系列与电子商务行业相关的法律法规，如《中华人民共和国电子签名法》《中华人民共和国电子商务法》《关于跨境贸易电子商务进出境货物、物品有关监管事宜的公告》等。跨境电子商务企业的一切商务行为都要遵守境内的法律法规，严禁出现扰乱市场秩序的行为。

（3）维护个人和企业形象

在跨境电子商务活动中，从业人员的个人形象不仅体现了自身素质，更代表了跨境电子商务企业的形象。拥有良好的形象和信誉的企业，更易于获得社会与各地买家的支持与信任。良好的企业形象是企业的无形资产，从业人员要时刻注重维护个人和企业的形象。

▶▶▶ 7.2.2　主流市场的消费习惯

消费习惯是指消费主体在长期消费实践中形成的对一定事物具有稳定性偏好的心理表现。消费习惯的本质是一种稳定性的消费行为，它往往与地域文化密切相关，是人们在长期的生活中逐渐形成的，反过来又潜移默化地影响着人们的购买行为。

不同国家（地区）的人们有不同的消费习惯，下面介绍几个主流市场买家的消费趋向和特点。

1. 美国

美国人注重效率，他们希望下订单后能够尽快收到商品。因此，卖家在设置运费模板时，最好使用高效的物流方式，如果不能这样做，要在商品描述一栏进行解释说明，让买家有心理准备或选择其他店铺，这样会给他们留下良好的印象。

美国人十分看重商品质量，在美国市场中，高、中、低档商品的差价较大。例如，一件中高档的西服零售价一般在 50～60 美元，而低档的西服则为 5 美元，甚至更低。如果某件商品存在缺陷，会被放置在商店的角落，以特价处理。

此外，美国人喜欢在传统节日、退税季节和换季促销时购物。例如，在美国，7—9月为初秋升学季，很多美国人会大量购买学生日常用品；11—12月的圣诞时期恰逢退税季节，美国人会抓住良机购买一些生活用品和圣诞礼物，所以卖家要充分利用节日进行营销。

信用卡是美国人网购时较常用的支付方式。

2. 英国

在英国，时尚和体育用品是比较畅销的商品品类，其次是家居和旅游用品等。英国买家对商品的价格比较挑剔，同时对商品的外观和品质的要求也极高。

英国买家对交货期限的要求也很严格，如果商品延迟交货而卖家又没有及时和买家进行调解，买家很可能会取消订单。此外，需要注意的是，英国人很讲究绅士风度，与他们打交道，在交流沟通时要注重礼貌，否则会影响交易的成功率。

物廉价美的中国制造商品，特别是生活用品很受英国人的青睐。此外，家居类商品在英国的需求量也比较大，是我国出口英国返单率较高的商品。另外，镜子、灯具在英国也有较为广阔的市场前景。

在英国市场，几乎 40%的在线交易使用信用卡进行支付，30%以上的在线交易使用借记卡进行支付。此外，PayPal 也是颇受英国人欢迎的在线支付工具。

3. 加拿大

加拿大是我国商品出口的重要市场之一，相对较低的物流费和汇率使加拿大人的网购热情相对高涨。加拿大人均生活水平相对较高，对商品品种的需求高，从普通的纺织品、轻工商品、服装、日化用品到家电类商品都是加拿大人的购买目标。枫树是加拿大的国树，枫叶被当地人所喜爱，枫叶标志也被广泛应用。

加拿大地处寒带，冬季较长，所以对冬季类商品需求量较大，如滑雪服、羽绒服、冰鞋、滑雪板等商品在加拿大市场都有很好的销路。

在夏季，加拿大人喜欢游泳、骑自行车、登山露营、养花和垂钓，因此运动鞋、帐篷、山地车、帆船、气垫船、鱼线轮、鱼竿及园艺工具等都是在加拿大市场有销路的商品。

加拿大的里贾纳、萨斯卡通、温莎市、本拿比、基奇纳及埃德蒙顿等城市的居民非常喜欢购买宠物用品。加拿大人给狗购买的用品数量远高于给猫购买的数量，加拿大人还喜欢为鸟、仓鼠、兔子等宠物购买食品、服装和玩具。因此，宠物用品在加拿大具有巨大的发展潜力，可作为跨境电子商务卖家的重点投放和推广类目。

此外，加拿大是一个热爱运动的国家，参与体育活动的加拿大人占全部国民的 54%，备受加拿大人欢迎的前五项体育活动分别为冰球、高尔夫球、棒球、篮球和游泳，所以加拿大人对体育用品需求量较大。

在网购时，加拿大人喜欢使用信用卡和 PayPal 进行支付。

4. 巴西

巴西人平时购买较多的商品是服装配饰、手机、化妆品、家具、运动用品和电器等。在服装方面，巴西人追求时尚，喜爱色彩冲击力较强的服装，偏爱休闲大方的欧美风格服装。另外，巴西人还非常注重商品的耐用性及售后服务。

巴西人很重视传统节日，如圣诞节、万圣节等。在这些节日来临之际，各种商品的促销活动很受欢迎。因此，卖家可以利用传统节日的寓意做好特色营销活动。

巴西人喜欢使用 Facebook、YouTube 等社交媒体与人交流，他们喜欢在这些社交媒体上分享商品信息。因此，卖家可以利用这些社交媒体平台进行商品推广和营销。

一般来说，巴西人更喜欢包邮的商品，而且最好附带商品说明书。巴西人最喜欢使用的支付方式是信用卡，而且他们喜欢分期付款。

5. 意大利

在意大利，网购人群的年龄分布集中在 18～44 岁，网购人群每天购物最多的时段为 21:00-23:00。意大利人购买的商品中，53%为实物商品，47%为虚拟商品或服务（主要是付费音像资源、旅游服务等）。在意大利，电子商务平台是人们最主要的购物渠道。意大利人使用的社交媒体大多是国际性的网站，本土特色不明显。

从意大利市场热度来看，骑行行业市场潜力巨大，相关商品的搜索量及销量均很高。

自行车品类的重点商品为自行车零配件、骑行服等。其中，较为畅销的是自行车零配件，如车架、车轮、车把等。3D打印机在意大利也颇受到欢迎，市场前景广阔。

根据意大利相关报道，近几年，意大利人消费习惯有较大的转变，科技类商品消费增多，通信支出比例增长，而汽车、服装和食物平均花费减少。

在网购时，意大利人喜欢使用信用卡进行支付。

6. 俄罗斯

俄罗斯季节温差较大，商品营销的季节性强。俄罗斯的冬季十分寒冷，所以人们在室外很注重保暖，围巾、手套、帽子成为必备品。

俄罗斯女性喜欢化妆和打扮，美容类商品在俄罗斯销路很好。俄罗斯女性也会时常关注流行的服装、鞋和包，当季热门的时髦、新颖又富有创意的商品比较受她们的欢迎。俄罗斯男性体格高大，因此对加大码的衣服有特殊的偏好。

俄罗斯是一个热爱运动的国家，人们经常会购买专门的运动鞋、运动衣和运动配件类商品。俄罗斯人有去海滩度假的习惯，所以会经常购买海滩用品，如泳装、沙滩鞋等。

此外，俄罗斯人热衷于送礼，在新年、圣诞节、情人节、妇女节等节日，都要准备礼物。

在俄罗斯，人们喜欢用的支付方式是WebMoney（一种在线电子商务支付系统）和QIWI Wallet（一个类似于支付宝的支付工具）。

▶▶▶ 7.2.3 主流市场的风俗习惯

每个民族都有自己的风俗习惯，所以在跨境交际中存在着言语和习俗禁忌的问题，跨境电子商务从业者有必要对此引起重视。

1. 美国

美国在经济、文化、工业等领域处于全世界的领先地位，因此，美国人普遍具有很强的民族优越感和自信心，这种心理也往往表现在他们与其他国家或地区的人们的谈判或合作中。在商务洽谈中，美国人喜欢开门见山、语言明确，所以和他们合作时不需要绕圈子。

美国通常是八小时工作制，遵循朝九晚五的工作时间，这个时间段相当于我国晚上9点到凌晨5点。美国人注重下班时间和家人、朋友团聚，因此，在与美国人合作的过程中，如果有问题需要与之协商，最好在他们的工作时间联系他们。

通常来说，美国人崇尚科技，追求时尚，热衷于社交网络，所以卖家可以借助社交工具与之加强联系，和他们交流时可以多使用一些流行词汇，特别是与商业相关性较大的词汇和话题，这很可能会激发美国买家的兴趣。

2. 英国

英国是一个重视礼仪的传统国家，英国人将绅士风度作为基本的礼仪规范，他们常常将"请""谢谢"作为礼貌用语，这体现了英国人对自身的要求，他们同样看重卖家的修养。

因此无论是给英国买家发邮件，还是请他们办事，都要注意措辞委婉和态度温和，切忌使用命令的语气，否则会招致对方的反感和冷遇。

与英国买家交流时还要善于倾听，如果卖家不停地讲下去，虽然英国买家出于礼貌不会打断正在进行的谈话，但当他们感觉是被迫谈下去时，必然会失去兴趣，不愿与对方建立合作关系。另外，与英国人的谈话内容不要涉及政治、历史。

此外，英国买家一般不肯轻易做出让步，因此与英国买家合作时要抱着"好事多磨"的心态，不能过于急躁。

3. 加拿大

在加拿大，商务交往中赠送对方的礼物不可过于贵重，否则会让加拿大人感觉对方在贿赂自己。不要向加拿大人赠送带有公司广告标志的礼品，这样会让他们误认为对方是在做广告，而不是通过礼物表达友谊。

加拿大人注重办事效率，因此与他们谈判时，不需要拐弯抹角，直击主题更能赢得他们的好感。此外，在与加拿大人交谈时，注意不要将加拿大与美国相比较，谈话内容更不要涉及个人隐私，不要询问加拿大买家的年龄、个人收入及消费状况等。

4. 巴西

巴西享有"足球王国"的美誉，巴西人极其喜爱足球，他们认为足球不仅是一项运动，更是一种文化。巴西人热情奔放，谈吐幽默风趣，他们喜欢较直接地表露情感，因此，和巴西买家沟通时，不必拐弯抹角，直截了当即可。

当地的工作时间安排一般是早上九点到晚上六点，管理决策者上班和下班时间都较晚，因此卖家在和巴西买家合作时，最好在上午十点到中午十二点或下午三点到五点这段时间联系对方。

此外，在和巴西人做生意时，需要注意商品的颜色。巴西人忌讳黄色，他们将人逝去视为黄叶落下；他们也不喜欢深咖啡色，认为此颜色会招来不幸；此外，巴西人认为紫色和棕色会给人带来伤悲。

5. 意大利

意大利人忌讳"13"和"星期五"这些符号，他们认为"星期五"象征不吉利，而"13"代表厄运。意大利人还忌讳菊花，将菊花视为"丧花"，是丧葬场合使用的花。在给意大利人送花时要注意送单不送双。此外，意大利人忌讳送人手帕，他们认为这是擦泪告别的东西，令人悲伤。在与意大利人交流时，不要打听对方的隐私，如婚姻、收入等。

6. 俄罗斯

俄罗斯同许多国家一样，十分忌讳"13""星期五"这些符号，他们偏爱"7"，认为"7"是美满的预兆。在俄罗斯，向日葵被定为国花，视为"光明象征"，拜访俄罗斯人时，送给女士的鲜花最好为单数。另外，俄罗斯人主张"左主凶，右主吉"，所以他们不允许用左手接触别人或者递送物品。

7.3 跨境电子商务纠纷处理

在跨境电子商务交易中，卖家难免会遇到纠纷问题，一旦遇到纠纷，卖家不应该选择逃避，而是应该积极、主动地采取有效措施解决纠纷，以提升买家的购物体验，维护店铺的健康运营。

▶▶▶ 7.3.1 跨境电子商务中常见的纠纷类型

跨境电子商务交易中常见的纠纷有两种，一是买家收到的货物与约定不符，二是买家未收到货，导致这些纠纷的原因如表7-1所示。

表7-1 跨境电子商务中常见的纠纷类型及导致纠纷的原因

常见的纠纷类型	具体表现	导致纠纷的原因
买家收到的货物与约定不符纠纷	货物型号不符	买家收到的货物型号与其在网上看到的型号不符
	漏发或少发货物	卖家在发出货物前未仔细核对，导致漏发或少发货物，买家收到的货物与实际购买数量不符
	货物做工粗糙	货物做工差，造成买家购买体验差
	货物破损	由于运输问题或者卖家在发货前未仔细检查，导致买家收到破损的货物
	销售假货	卖家所销售的货物是盗版的，是假货
	对货物颜色有争议	货物实物与图片存在色差，引起交易双方争议
	商品标价错误	标错货物的价格，误导买家购买
买家未收到货纠纷	海关扣关	物流显示货物已经被递交到海关，或者货物长期处于等待清关（具体滞留原因不可知）的状态。货物被海关扣押，这与当地的政策以及货物属性有关
	未发货	卖家由于疏忽漏发货或者虚假发货
	包裹退回	货物到达买家所在地后，由于地址不详等原因被退回
	包裹丢失	货物在运输途中丢失
	无法查询物流信息	货物发出后，因物流问题无法查询物流信息
	货物未在规定时间运达	在货物运输的承诺时效内，买家未收到货
	发错地址	地址填写错误，造成货物送错地方，没有送达买家手中
	买家拒签	买家指定一种物流配送，卖家以另一种物流方式发货，买家拒签

▶▶▶ 7.3.2 规避及有效解决纠纷

在交易过程中，卖家应该尽量避免纠纷的产生。遇到纠纷后，卖家应当采取积极的态度来处理纠纷，以减轻纠纷给自己造成的负面影响。

1. 规避产生纠纷的技巧

针对"买家收到的货物与约定不符纠纷"和"买家未收到货物纠纷"，卖家可以分别采取相应的措施来避免。

（1）买家收到的货物与约定不符纠纷

要避免因"买家收到的货物与约定不符"产生的纠纷，卖家需要做好三个方面的工作：杜绝销售假货、客观地描述商品、严格把控商品质量关。

① 杜绝销售假货

各大跨境电子商务交易平台非常重视对知识产权的保护，并为平台会员提供了安全的交易场所，非法使用他人的知识产权是违法的，并且是违反跨境电子商务交易平台政策的。

若买家提起纠纷投诉卖家"销售假货"，而卖家无法提供商品的授权证明的，将很容易被跨境电子商务交易平台直接裁定为卖家全责，卖家在遭受经济损失的同时也将受到平台相关规则的处罚。因此，卖家切勿销售涉及第三方知识产权且无法提供授权证明的商品。

② 客观地描述商品

卖家在编辑商品信息时，务必从事实出发，全面而细致地描述商品。例如，销售电子类商品，卖家需将商品功能及使用方法给予全面说明，避免买家收到货后因无法合理使用而提起纠纷；又如服饰、鞋类商品，建议卖家提供商品的尺码表，以便买家选择，避免买家收到货后因尺寸不合适而提起纠纷等。此外，卖家可以在商品描述中注明自己可以提供的物流配送方式、可送达的地区、预期所需的运输时间。卖家还应该在商品描述中向买家解释海关清关缴税、商品退回责任和承担方等问题。

买家是根据商品描述发起购买行为的，买家知道得越多，其预期也会越接近实物，所以真实、全面的描述是避免产生纠纷的关键。

③ 严格把控商品质量关

在发货前，卖家要对商品进行充分的检测，包括检查商品的外观是否完好，商品的功能是否正常，商品邮寄时的包装是否抗压、抗摔、适合长途运输等。如果卖家发现商品存在质量问题，应及时联系厂家或上游供应商进行更换，避免因商品质量问题产生纠纷而造成退换货，因为在外贸交易中出现退换货物的情况会产生极高的运输成本。

（2）买家未收到货物纠纷

要有效避免因"买家未收到货物"而引起的纠纷，卖家需要做好与买家积极沟通和选择最佳物流方式两个方面的工作。

① 积极沟通

卖家要及时向买家提供物流跟踪信息，一旦物流方面出现问题，卖家一定要积极主动地与买家进行沟通，向买家说明具体情况，如图 7-1 所示。

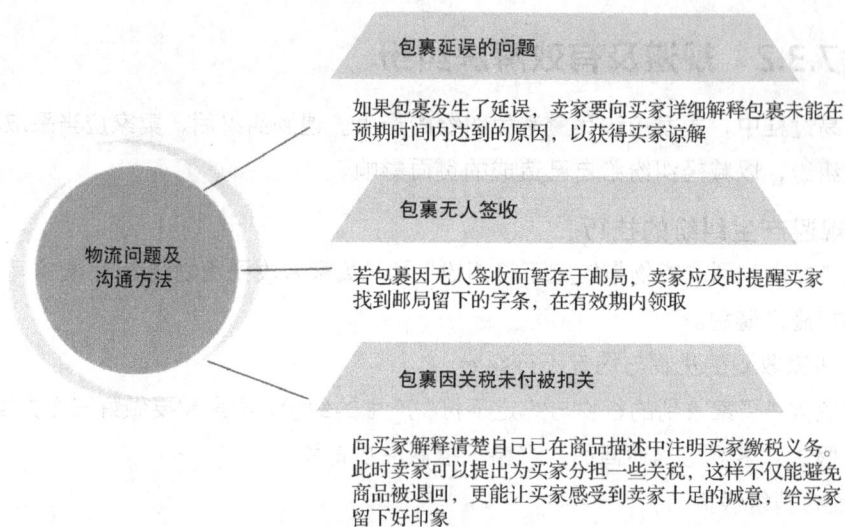

图 7-1　物流问题及沟通方法

② 选择最佳物流方式

国际物流往往存在很多不确定因素，如海关问题、关税问题、派送转运等。在整个物流运输过程中，不可避免地会出现因这些不确定因素而导致包裹清关延误、派送超时，甚至包裹丢失等情况。如果买家长时间收不到货物或长时间无法查到物流信息，就很可能会提起纠纷。

没有跟踪信息的物流方式是无法为卖家提供全面的物流保障的，若买家提起"未收到货物"的纠纷，而物流信息又无法跟踪，这样会对卖家的申诉和举证造成不利影响。因此，卖家应该结合不同地区、不同物流方式的清关能力，以及包裹运输期限，选择物流信息更新及时、运输时效性更佳的物流方式。

考虑到实际情况，卖家如需寻找货运代理公司帮助发货，应该选择正规、能同时提供发货与退货保障的货运代理公司，以最大限度地保证自己的利益不受损害。

总体来说，卖家在选择物流方式时应该权衡交易中的风险与成本，尽可能选择可提供实时查询货物追踪信息服务的物流方式。

2. 解决纠纷时需注意的问题

卖家解决纠纷时需要注意以下几个问题。

（1）做到及时沟通

纠纷具有时效性，如果卖家不能及时做出回应，会使自己逐渐处于被动状态。因此，当遇到纠纷时，卖家要第一时间做出回应，以友好的态度和对方协商。假如买家对商品质量不满，卖家要深入了解商品情况，向买家做出合理解释，提前考虑解决方案。假如货物迟迟未送到，卖家可以在自己能承受的范围内考虑重新发货，或者采取其他替代方案等。无论是何种原因导致的纠纷，卖家都要做到快速回应、及时沟通，这样才能让买家感到自己被重视，认为卖家是抱着负责的态度来解决问题的。

（2）持专业的态度

首先，客服人员要精通自己所销售商品的相关知识，能够从容地处理日常工作中出现的各类问题，更好地为买家答疑解惑。其次，客服人员的语言表达力求正确完整，要对买家所在国家或地区有一定的了解，熟知该地人们的消费习惯及相关政策法规。最后，和买家沟通时，要注意买家的心理变化，当出现买家想要取消订单的情况时，客服人员可以通过满足买家一些其他要求来争取保留订单；当出现买家申请退款时，客服人员要尽量避免全额退货退款，尽量引导买家接受部分退款的解决方案。

（3）留存证据

卖家要对交易过程中的有效信息进行保存，当出现纠纷时，可以将其作为证据来维护自身权益。出现纠纷后，卖家要及时充分地举证，将相关证据提供给买家进行协商，或者将证据提供给跨境电子商务交易平台进行裁决。

（4）换位思考

卖家要能站在买家的角度考虑问题，出现纠纷后要想办法积极解决，而不是只考虑自己的利益。买卖双方都不想无故承受损失，卖家在一定的承受范围内尽量想办法让买家减少损失，也为自己赢得更多的机会。

7.4 跨境电子商务客户关系管理

在竞争激烈的跨境电子商务领域，越来越多的卖家意识到优质的客户服务能够帮助自己提高商品转化率，提高客单价，培养忠诚客户。有效实施客户关系管理是企业保持旺盛生命力的内在驱动力。

▶▶▶ 7.4.1 认识客户关系管理

客户关系管理（Customer Relationship Management，CRM）是一个企业加强与客户交流，不断了解客户需求，并对商品及服务进行改进和提高以满足客户需求的连续过程。

1. 电子商务时代的客户关系管理

电子客户关系管理（e-CRM）是指企业借助网络环境信息获取和交流的便利性，充分利用数据仓库和数据挖掘等先进的智能化信息处理技术，把大量客户资料加工成信息和知识，用来辅助企业做出经营决策，以提高客户满意度和企业竞争力的一种过程或系统解决方案。

e-CRM 是现代网络技术发展的产物。企业关注与客户间及时的交互，而互联网及电子商务为其提供了最好的途径，企业可以充分利用基于互联网的销售和售后服务渠道，进行实时的、个性化的营销。

2. 电子商务时代的 e-CRM 内容

在电子商务时代，e-CRM 的内容主要包括营销自动化、销售自动化和客户服务与支持三个方面。

（1）营销自动化

营销自动化（Marketing Automation，MA）也称技术辅助式营销，其着眼点在于在电子商务环境下通过设计、执行和评估市场营销行为（包括传统营销行为及网络营销行为）及相关活动的全面框架，使市场营销人员能够直接对市场营销活动的有效性加以计划、执行、监视和分析，并优化营销流程，使一些共同的任务和过程自动化。在电子商务模式下，营销自动化包括三个方面，如图 7-2 所示。

图 7-2 营销自动化的构成

① 客户分析

客户分析是 e-CRM 的基础，其主要分析谁是企业的潜在客户，企业客户的基本类型，以及个人购买者、中间商和制造商的不同需求特征和购买行为，并在此基础上分析不同类型的客户对企业利润的影响。

② 承诺客户

在电子商务时代，使客户获得最大程度的满意成为企业服务客户的基本原则。由于客户在购买商品或服务时会面临经济利益、商品功能和质量，以及社会和心理方面的各类风险，所以客户往往希望企业做出某种承诺，以降低其购物风险。

③ 营销分析

无论是传统的市场营销还是更进一步的网上营销都是相对静态的，因此企业需要花费好几个月的时间才能对上一次市场营销的结果做出相应的分析统计。传统的市场营销对外界反馈过慢，这将导致企业错过许多重要的商业机遇。而在电子商务时代，具备敏锐的洞察力，及时把握商业机遇已成为企业生存和发展的根本。企业只有快速对市场营销进行综合动态分析，才能更好地抓住各种商业机遇。

（2）销售自动化

销售自动化（Sales Automation，SA）也称技术辅助式销售，是 e-CRM 中的基本模块，也是 e-CRM 中的关键组成部分。销售自动化的目的是运用相应的销售技术提升销量和实现销售过程自动化，其主要用户是销售人员和管理人员。

销售过程自动化是 CRM 中比较困难的一个过程，这是因为它要求极高的动态性，如不断变化的销售模型、地理位置、商品配置等都会给销售过程自动化带来难题。销售过程自动化的主要内容就是与客户进行信息交流。与传统面对面的销售过程相同，电子商务时代的销售过程也是一种双向的信息交流。它的主要功能是实现买卖双方的交互，从而促进整个销售流程顺畅进行。

（3）客户服务与支持

客户服务与支持（Customer Service & Support，CS&S），也称客户的服务支撑。客户服务是 e-CRM 的重要组成部分，也是营销和销售的后备军。做好客户服务是企业文化的体现，同时也是维系客户的重要手段。

客户服务主要集中在售后活动上，有时也为客户提供一些售前信息。售后服务主要发生在面向企业总部办公室的呼叫中心，由驻外客户服务人员完成的面向市场的服务也是客户服务的一部分。一般来说，商品技术支持是客户服务的重要功能。客户服务与支持工作包括三个部分的内容，首先是企业呼叫中心的设置，其次是客户反馈管理，最后是以良好的关系留住客户。

▶▶▶ 7.4.2 客户生命周期管理

在电子商务时代，客户生命周期管理对企业的建设和运营有很大影响，以客户为中心，维系好客户关系成为电子商务企业获利的必要条件。

1. 客户生命周期管理

客户生命周期是指从一个客户开始对企业进行了解或企业欲对某一客户进行开发，直到客户与企业的业务关系完全终止且与之相关的事宜完全处理完毕的这段时间。客户的生命周期是企业商品生命周期的演变，对企业来讲，客户的生命周期比企业某个商品的生命周期重要得多。客户生命周期描述的是客户关系从一种状态（一个阶段）向另一种状态（另一个阶段）运动的总体特征。

从客户产生的交易额和给企业带来的利润的视角来看，客户生命周期可以划分为考察期、形成期、稳定期、衰退期四个阶段。考察期、形成期、稳定期的客户关系水平依次增高，其中稳定期是企业期望达到的理想阶段。

2. 客户生命周期各阶段特征及创造利润的差异

客户生命周期各阶段体现出不同的客户行为特征，其为企业带来的利润也有所差异，如表 7-2 所示。

表 7-2　客户生命周期各阶段特征及创造的利润差异

客户生命周期阶段	具体表现特征及其利润差异
考察期	客户关系的孕育期。买卖双方相互了解不足，充满不确定性，这种不确定性成为考察期的基本特征。在这一时期，企业的中心目标是评估客户的潜在价值和降低不确定性。该阶段，客户会下一些尝试性的订单，企业获得的利润较小
形成期	客户关系的快速发展时期。买卖双方的关系能进入这一阶段，表明双方在考察期是互相满意的，彼此增进了解，建立了一定的信任关系，双方的风险承受意愿增加，由此双方获得的回报日趋增多
稳定期	客户关系的成熟期。这一时期是客户关系发展的最佳阶段，买卖双方的相互信任水平达到整个客户生命周期过程中的最高点，双方都高度满意对方提供的价值，客户关系处于相对稳定的状态。此外，由于彼此了解程度的加深及服务经验的积累，服务效率也达到最高，服务成本随着客户关系的发展明显下降，此时客户带给企业的利润较大

客户生命周期阶段	具体表现特征及其利润差异
衰退期	双方关系在发展过程中发生逆转的时期。引起双方关系衰退的因素较多，例如一方或双方需求发生变化、合作经历不愉快等。衰退期的主要特征表现为交易量下降；一方或双方考虑结束关系，甚至重新物色关系伙伴；双方开始交流结束关系的意向等。在衰退期，客户对企业提供的价值不满意，交易量回落，客户给企业创造的利润快速下降

3. 基于客户生命周期的客户关系管理策略

客户关系管理策略是企业针对不同阶段的客户关系的长期价值进行有效的关系投入，在客户生命周期不同阶段以最优成本进行客户关系的维护。

（1）考察期的客户关系管理策略

考察期是客户关系的探索和实验阶段。买卖双方了解不多，双方都在评价对方的潜在价值及建立伙伴关系的可能性。在这一阶段，跨境电子商务企业的首要任务是帮助客户了解企业的商品和服务，特别是让客户了解本企业的商品或服务与其他企业的商品或服务相比有哪些优势，从而激发客户对商品或服务的兴趣及购买欲望。同时，为了避免潜在客户的流失，企业要立足于客户视角分析客户对商品或服务的需求，使潜在客户变成企业的现实客户。

（2）形成期的客户关系管理策略

在这一阶段，客户对企业有了一定的了解，企业与客户初步建立了合作关系，此时企业的任务是进行品牌宣传和引导客户需求，最大限度地挖掘和满足客户的要求。在这一时期，企业应加大营销力度，逐渐增加广告宣传、人员推销的成本投入，突出自身商品的优势，提高营销质量和效率，满足客户的个性化需求，促进客户关系由形成阶段尽快过渡到稳定阶段。

（3）稳定期的客户关系管理策略

在客户生命周期的稳定阶段，跨境电子商务企业可以采取以下管理策略。

① 保持稳定关系

与传统商务方式一样，电子商务中的客户关系进入稳定期后，客户会与企业产生较大的交易量。在此阶段，企业应注意分析客户的相关数据，包括客户购买的商品的款式、数量、购买时间、购买频率等，让客户关系能够持久地保持在稳定的状态。

② 提高企业的沟通效能

随着企业与客户的深入了解，企业对客户独特需求的理解愈加深刻。企业要为不同的客户提供更具价值的个性化服务，最大限度地满足客户的需求。为此，客户也愿意支付更高的价格。为了能够与客户更好地沟通，企业要不断完善自身的服务体系，及时反馈客户的咨询，开拓更便捷的信息沟通渠道，为客户提供更贴心的服务，消除客户因为不能面对面交易带来的困扰。

③ 发挥口碑效应的作用

忠诚的客户是企业的义务宣传员，他们能够为企业推荐新客户，帮助企业传播良好的口碑，而企业不仅可以节约营销成本，还可以获得丰厚的间接效益，这就是"口碑效应"。在跨境电子商务中，大多数初次接触电子商务的客户都会对网络交易的安全性存在顾虑，假如他们身边有朋友是某电子商务企业的忠实客户，通过朋友的宣传能使他们减少这方面的顾虑，这些人也将会成为电子商务企业的潜在客户。

（4）衰退期的客户关系管理策略

衰退期的客户关系管理策略主要包括：加大资源投入，对客户进行二次开发策略；减少资源投入，进行收缩营销策略；停止资源投入，采用放弃营销策略。

① 加大资源投入，对客户进行二次开发策略

在企业的竞争对手尚未与客户建立业务关系前，企业加大资源投入，对客户进行二次开发策略，重新恢复客户关系，尽可能地挽留客户。

② 减少资源投入，进行收缩营销策略

如果客户已经决定与企业的竞争对手正式建立合作关系，企业应采取收缩营销策略，减少对客户的资源投入，只安排少量工作人员跟踪客户的发展情况。

③ 停止资源投入，采用放弃营销策略

对于无法再给企业带来利润的客户，企业应该及时采取风险控制措施，停止对该客户的资源投入，关注客户经营状态，慎重处理善后工作。

课后习题

1. 从事跨境电子商务行业的客户服务岗位应当承担哪些职能，需要具备哪些技能？

2. 跨境电子商务中常见的纠纷有哪些？卖家遇到纠纷时应该如何应对？

3. 客户生命周期分为哪几个阶段？针对处于不同生命周期阶段的客户关系，卖家如何进行客户关系管理？

第8章

大宗外贸业务——B2B 跨境电子商务

学习目标

➢ 掌握国际贸易中常用的六种术语及其运用。

➢ 了解跨境电子商务出口交易的基本过程。

➢ 掌握寻找客户及撰写客户开发信的技巧。

➢ 掌握网上交易磋商的主要内容、方式及基本流程。

➢ 掌握进行询盘分析的技巧及询盘回复的技巧。

➢ 掌握外贸合同签订的方式及合同履行的内容。

➢ 掌握常用出口单据的类型及单据交单的方式。

B2B 跨境电子商务是指企业与企业之间通过电子商务的方式进行交易的模式。近年来，我国 B2B 跨境电子商务迎来更好的发展机遇，其交易规模保持持续增长的态势，大大促进了我国传统外贸的转型升级。本章将详细介绍国际贸易术语及其应用，以及 B2B 跨境电子商务出口交易的基本流程、客户开发、网上交易磋商、询盘分析及回复、合同签订与履行、单据制作等内容。

8.1 国际贸易术语及其运用

贸易术语（Trade Terms），又称贸易条件、价格术语，是指在长期贸易实践中形成的，以英文缩写表示商品价格的构成，说明交货地点，确定买卖双方的责任、费用、风险划分等的专门术语。国际贸易术语一旦明确下来，买卖双方在贸易合同中的权利和义务也就基本确定。因此，全面理解和掌握重要术语的核心内容，是进行国际贸易活动的必备条件。

▶▶▶ 8.1.1　国际贸易惯例

国际贸易惯例是指在国际贸易实践中逐步形成并已被广泛使用的、具有较普遍指导意义的一些习惯做法或解释，它通常是由国际组织或商业团体在长期贸易实践的基础上制定的，其目的是减少贸易争端、规范贸易行为。

目前，有关国际贸易术语的国际贸易惯例主要有四种，如表 8-1 所示。

表 8-1　有关国际贸易术语的国际贸易惯例

惯例名称	主要内容
《1932 年华沙-牛津规则》	以英国的贸易习惯和判例为基础，对 CIF 买卖合同的性质，买卖双方所承担的费用、责任、风险及所有权转移的方式等问题做了明确的规定
《1990 年美国对外贸易定义（修订本）》	主要对工厂交货（Ex Works，EXW）、装运港船上交货（Free on Board，FOB）、装运港船边交货（Free Along Side，FAS）、成本加运费（Cost and Freight，CFR）、成本、保险加运费（Cost，Insurance，Freight，CIF）、目的港码头交货（Delivered Ex Quay，DEQ）6 种术语做了解释
《2000 年国际贸易术语解释通则》（简称《2000 通则》）	对贸易术语做了详细分类及介绍，为国际贸易中普遍使用的贸易术语提供了一套解释的国际规则，以避免因世界各地对贸易术语解释不同而出现的不确定性，或者在相当程度上减少这种不确定性
《2010 年国际贸易术语解释通则》（简称《2010 通则》）	① 国际贸易规则影响最大也是至今仍在广泛使用的贸易术语主要来自《2010 年国际贸易术语解释通则》，它增加了电子交易程序的适用方式，对当前国际贸易的操作具有指导性的意义； ② 删去了《2000 通则》中的四个术语：边境交货（Delivered at Frontie，DAF）、目的港船上交货（Delivered Ex Ship，DES）、目的港码头交货（Delivered Ex Quay，DEQ）、未完税交货（Delivered Duty Unpaid，DDU）。新增了两个术语：在指定目的地或目的港的集散站交货（Delivered At Terminal，DAT）、在指定目的地交货（Delivered At Place，DAP）； ③ 鉴于一些大的区域贸易集团内部贸易的特点，《2010 通则》适用于境内贸易合同和国际贸易合同

《2010 年国际贸易术语解释通则》将贸易术语分为两类，即适用于各种运输方式和适用于水上运输方式，如表 8-2 所示。

表 8-2　《2010 年国际贸易术语解释通则》贸易术语分类

贸易术语类型	贸易术语	含义
适用于各种运输方式	EXW（Ex Works）	工厂交货
	FCA（Free Carrier）	货交承运人
	CPT（Carriage Paid To）	运费付至目的地
	CIP（Carriage and Insurance Paid To）	运费/保险费付至目的地
	DAT（Delivered at Terminal）	终点站交货

贸易术语类型	贸易术语	含义
适用于各种运输方式	DAP（Delivered at Place）	目的地交货
	DDP（Delivered Duty Paid）	完税后交货
适用于水上运输方式	FOB（Free on Board）	装运港船上交货
	FAS（Free Alongside Ship）	装运港船边交货
	CIF（Cost, Insurance and Freight）	成本、保险费加运费
	CFR（Cost and Freight）	成本加运费

▶▶▶ 8.1.2 常用的国际贸易术语及其运用

在国际贸易中，贸易术语 FOB、CFR 和 CIF 是装运港交货中使用较多的，而随着各国或地区的铁路、高速公路及航空等基础设施的发展，向承运人交货的三种术语 FCA、CPT 和 CIP 也逐渐普及。下面将详细介绍常用的六种贸易术语。

1. FOB

装运港船上交货（Free On Board，FOB）是指卖方在指定装运港将货物装上船后，即完成了交货义务，随后的一切费用和风险均由买方承担。这意味着货物装船后，风险从卖方转向买方，买方从此刻起承担货物灭失或损坏的一切风险。

FOB 术语是水上运输较早出现的术语，被广泛应用于国际贸易活动中。根据国际商会的规定，在 FOB 合同中规定了买卖双方承担的基本义务，如表 8-3 所示。

表 8-3　FOB 合同中买卖双方承担的基本义务

买卖方	具体内容
卖方义务	在合同规定日期内，在指定的装运港将货物交到买方指定的船舶上，并在合理的时间内通知买方
	承担货物在装运港越过船舷（实际为到达船舱内）为止的一切的服务风险（不含运费、保险费）
	提供商业发票和证明货物已交付船上的凭据，如海运担保等
	获取出口许可证或其他校准证书，如商检证、原产地证等；办理货物出口手续，如报关、出口门舱程序等
买方义务	办理保险手续，并支付保险费
	办理货物进口清关手续，获取相关证件，并支付相关费用
	承担货物在装运港越过船舷后的一切费用及风险
	负责租船和订舱，支付运费，通知卖方关于船名、地点、装货时间等信息

采用 FOB 术语需要注意以下三个方面的问题。

（1）有关通知问题

通知问题通常涉及两种情况：第一种情况，由于货物风险在越过船舷时由卖方转移给买方，所以卖方在货物装船时需要买方投保，卖方务必要通知买方，否则造成的损失由卖方承担；第二种情况，如果买方未给予卖方充分通知，指定的船舶未按时到达或者未能按时受载货物，由此造成的货物损失由买方承担。

（2）装船费用问题

在 FOB 术语中，卖方要负责支付货物装上船之前的一切费用。但各国或地区对于"装船"的概念没有统一的解释，关于装船的各项费用由谁负担，各国或地区的惯例或习惯做法也不完全统一。如果采用班轮运输，船方负责装卸，装卸费计入班轮运费之中，由负责租船的买方承担；而采用租船运输，船方一般不负担装卸费用，这就需要明确装船的各项费用应由谁承担。为了说明装船费用的负担问题，双方往往需要在 FOB 术语后列上附加条件。

（3）货船的衔接问题

载货船舶通常是由买方指定的，也是卖方装船的先决条件，因此船货衔接是合同顺利执行的重要部分。根据相关的法律惯例，假如买方没有按时指定派船，包括未经卖方同意提前将船派到和延迟派到装运港，卖方有权拒绝交货，由此造成的损失，如空舱费、滞期费及仓储费等，均由买方承担；反之，假如买方指派的船只按时到达装运港，而卖方却未能备好货物，由此造成的损失则由卖方承担。

2. CFR

成本加运费（Cost and Freight，CFR）是指卖方必须支付将货物运至目的港的正常运费，但有关货物灭损风险和所增加的额外费用则自装运港货物装上船后从卖方转由买方承担。

根据国际商会的规定，在 CFR 合同中规定了买卖双方承担的基本义务，如表 8-4 所示。

表 8-4　CFR 合同中买卖双方承担的基本义务

买卖方	具体内容
卖方义务	在合同规定的时间和港口将货物装上船并支付至目的港的运费，装船后及时通知买方
	承担货物在装运港上船之前的一切风险和费用
	提交商业发票、提货单据及其他相关单据，或者具有同等作用的电子记录或程序凭证
	自担风险和自负费用取得官方出口证件，并办理货物出口所需的一切海关手续，支付出口关税及其他相关费用
买方义务	办理进口清关手续，支付进口税费
	办理保险手续，支付保险费
	收取卖方按合同规定交付的货物，接受交货单据并支付货款
	承担货物在装运港装船后的一切风险，并支付货物装船后所发生的事件产生的任何额外费用

采用 CFR 术语需要注意以下三个问题。

（1）有关装船通知问题

《2000 通则》规定，卖方要给予买方关于货物已交至船上的充分通知，这样买方可以为接收货物采取必要的准备。如果买方未提出请求，卖方没有为对方办理保险及主动发装船通知的义务。然而，一些国家和地区也有规定，不负责办理运输保险的卖方就要及时向买方发出装船的通知，以便买方办理货运保险。如果卖方未这样做，则货物在运输中的风险应由其承担。因此，在 CFR 合同中，除非确立了习惯做法，否则应预先就有关装船通知问题做好约定。

（2）租船订舱的责任

依照《2000 通则》规定，CFR 合同的卖方仅承担按照通常条件租船或订舱，使用通常类型的海轮，经惯常航线将货物运至目的港的责任。因此，买方通常无权提出关于限制船舶的国籍、船型、船龄或指定某个班轮公司的船只等要求。然而，在实际业务中，境外买方有时会提出上述要求，如果卖方能够做到，在不增加额外费用的前提下可以考虑接受。

（3）装卸费用的承担

在班轮运输方式下，运输费用包括装运港的装货费用和目的港的卸货费用，其中卸货费用通常由卖方承担。若使用租船方式运输，则须在合同中明确卸货费用的支付事宜，可以在合同中使用具体文字加以说明，也可以使用 CFR 术语的变换来表示。

CFR 术语的变换主要有四种形式，如图 8-1 所示。

卸货费用按班轮条件处理，由船方负担　CFR 班轮条件　CFR 吊钩交货　卖方负担将货物从舱底吊至船边卸离吊钩为止的费用

CFR 变体

CFR 舱底交货　CFR 卸到岸上

买方负担将货物从舱底吊卸到码头的费用　卖方负担将货物卸到目的港岸上的费用

图 8-1　CFR 术语的变换形式

3. CIF

成本、保险费加运费（Cost, Insurance and Freight, CIF）指在装运港将货物装上船时，卖方即完成交货。卖方必须支付将货物运至指定目的港所需的运费和其他费用，但交货后货物灭失或损坏的风险及由于各种事件造成的任何额外费用即由卖方转移到买方。卖方除负担运输手续及费用外，还需办理海运保险并支付保险费。

根据国际商会的规定，在 CIF 合同中规定了买卖双方承担的基本义务，如表 8-5 所示。

表 8-5　CIF 合同中买卖双方承担的基本义务

买卖方	具体内容
卖方义务	签订从指定装运港将货物运往指定目的港的运输合同；在合同规定的时间内，在指定港口将货物装上船并支付至目的港的运费；装船时及时通知买方
	按照合同的约定自费办理货物运输保险

买卖方	具体内容
卖方义务	承担货物在装运港装上船之前的一切风险和费用
	提交商业发票、保险单据和提货单据，或者具有同等作用的电子记录或程序凭证
	自担风险和自负费用取得官方出口证件，并办理货物出口所需的一切海关手续，支付出口关税及其他相关费用
买方义务	承担货物在装运港装船之后的一切风险
	接受卖方提供的有关单据，受领货物，并按合同规定支付货款
	自担风险和自负费用取得官方进口证件，并办理货物进口所需的一切海关手续，支付进口关税以及其他相关费用

采用 CIF 术语需要注意以下三个问题。

（1）CIF 并非岸价

人们采用 CIF 术语时，有时会将 CIF 误认为岸价，其实卖方的基本义务包括负责按通常条件租船订舱，并支付到达目的港的运费，在规定的装运港和规定的期限内将货物装上船，装船后及时通知买方。卖方还要支付保险费，办理从装运港到目的港的海运货物保险。按 CIF 条件成交后，卖方依旧是在装运港交货，而其承担的风险也是在装运港船前、货物越过船舷后才由买方来承担。

（2）风险转移问题

在 CIF 术语中，尽管是卖方负责运费及全程的保险费，但风险转移依旧发生在装运港货物越过船舷之时。货物越过船舷后，卖方将不再承担任何责任，也不需要支付除保险费和运费以外的额外费用。在运输中，如果货物发生灭失、受损等情况，卖方仍然可以凭单收款。

（3）费用计算问题

在 CIF 术语中，卖方的一项义务是替买方投保及支付保险费用，除另有协定外，卖方仅承担按保险业协会货物保险条款投保海上运输的最低险别。

缩略语后的港口名称是目的港名称，指明保险费和运费的计算，它是从装运港至目的港全程的保险和运输费，而非卖方的交货地点。

4. FCA

货交承运人（Free Carrier，FCA）指卖方应负责将其移交的货物办理出关后，在指定的地点交付给买方指定的承运人照管。根据商业惯例，当卖方被要求与承运人通过签订合同进行协作时，在买方承担风险和费用的情况下，卖方可以照此办理。

根据国际商会的规定，在 FCA 合同中规定了买卖双方承担的基本义务，如表 8-6 所示。

表 8-6　FCA 合同中买卖双方承担的基本义务

买卖方	具体内容
卖方义务	在合同规定时间、地点将货物交给买方指定的承运人并及时通知买方
	承担将货物交给承运人之前的一切风险和费用

买卖方	具体内容
卖方义务	提交发票及合同要求的其他相关货物的凭证，或者具有同等作用的电子记录或程序凭证
	自担风险和自负费用取得官方出口证件，并且办理货物出口所需的一切海关手续，支付出口关税以及其他相关费用
买方义务	支付相关的运费，并将承运人名称及有关情况及时通知卖方
	根据买卖合同的规定及时受领货物并支付货款
	承担受领货物之后所发生的一切风险和费用
	自担风险和自负费用取得货物进口所需的进口许可证或其他官方文件，并办理进口手续

采用 FCA 术语需要注意以下三个问题。

（1）交货问题

卖方应按照约定，在指定的地点于约定的日期或期限内，将货物交付给承运人或买方指定的其他人。

（2）指定承运人

卖方代买方指定承运人。根据《2010 通则》规定，该术语是由买方自行订立从指定地点承运货物的合同，卖方无义务签订运输合同。如果买方请求，卖方可代为订立运输合同，但必须明确应由买方承担风险与费用。

（3）货物与运输工具的衔接问题

在实际业务中常常出现货物等待运输工具或运输工具等待货物的现象，这样会造成费用损失，产生由谁承担该笔损失费的争议。

有时买方因诸多原因以不指定承运人或未订立运输合同作为毁约手段。尽管惯例规定，自约定的交货日期或约定的交货期间届满之日起，因买方未指定承运人或其他人，或者买方指定的承运人或其他人未按管货物，货物灭失或损坏的风险由买方承担，但卖方还要通过法院或仲裁机构的判决或裁决才能得到经济损失的补偿，给卖方带来许多麻烦。

为了避免此类情况发生，卖方在签订买卖合同时可以规定：买方不及时指定承运人或其他人，或者买方指定的承运人或其他人不及时按管货物，卖方有权在交货期截止时代指定承运人或其他人订立运输合同，因此而产生的风险和费用由买方承担。

5. CPT

运费付至目的地（Carriage Paid To，CPT）指卖方支付货物运至指定目的地的运费。关于货物灭失或损坏的风险及货物交至承运人后发生事件所产生的任何额外费用，自货物已交付给承运人照管之时起，从卖方转由买方承担。另外，卖方须办理货物出口的结关手续。CPT 术语适用于各种运输方式，包括多式联运。

根据国际商会的规定，在 CPT 合同中规定了买卖双方承担的基本义务，如表 8-7 所示。

表 8-7　CPT 合同中买卖双方承担的基本义务

买卖方	具体内容
卖方义务	负责将货物按规定的期限交到指定的装运港买方所指派的船边
	负责办理货物的出口手续，承担出口清关的费用
	承担自货物在指定地点交由买方船边为止的风险和费用
	提供商业发票或有同等效力的电子单证，以及合同可能要求的、证明货品契合合同规则的其他凭据
买方义务	接收卖方提供的有关单据，受领货物，并按合同规定支付货款
	承担自货物在指定地点交由承运人控制之后货物灭失或损坏的一切风险
	取得进口许可证或其他官方批准的证件，并办理进口手续
	支付关税及其他有关费用
	支付任何装运前检验的费用，但出口地有关当局强制进行的检验除外

采用 CPT 术语需要注意以下三个问题。

（1）责任和费用的划分

卖方将货物交给承运人之后，应向买方发出货已交付的通知，以便买方在目的地受领货物。卖方只承担从交货地点到指定目的地的正常运费；正常运费之外的其他有关费用，一般由买方负担。货物的装卸费可以包括在运费中，统一由卖方负担，也可以由双方在合同中另行规定。

（2）风险的划分

以 CPT 术语成交，虽然卖方要负责订立从启运地到指定目的地的运输契约，并支付运费，但是卖方承担的风险并没有延伸至目的地。按照《2010 通则》的解释，货物自交货地点至目的地的运输途中的风险由买方承担，卖方只承担货物交给承运人控制之前的风险。在多式联运情况下，卖方承担的风险自货物交给第一承运人控制时即转移给买方。

（3）有关投保信息

CPT 贸易术语规定由卖方根据买方的请求，提供投保信息。买方在选择保险公司的地点和保险公司时完全是自由的，买方有可能选择卖方所在地的保险公司办理保险，所以要求卖方将指定保险公司的保险条款等情况提供给买方。按照惯例规定，若买方提出请求卖方提供投保信息，卖方未能提供该信息，致使买方来不及或无法为货物投保，一旦货物在运输途中出现灭失或损坏的风险，卖方应承担过错损害赔偿责任。

6．CIP

运费/保险费付至目的地（Carriage and Insurance Paid To，CIP）指卖方除负有与"运费付至指定目的地"术语相同的义务外，还须办理货物在运输途中应由买方承担的货物灭失或损坏风险的海运保险并支付保险费。

根据国际商会的规定，在 CIP 合同中规定了买卖双方承担的基本义务，如表 8-8 所示。

表 8-8 CIP 合同中买卖双方承担的基本义务

买卖方	具体内容
卖方义务	负责安排运输，办理货物运输、保险，并支付运费和保险费
	在合同规定的时间、地点将货物交给承运人，并及时通知买方
	提交商业发票、保险单据和提货单据等合同规定的有关单据
	承担货物交给承运人之前的一切风险和费用，并按照买卖合同的规定办理货物运输保险手续
	自担风险和自负费用取得官方出口证件，并且办理出口所需的一切海关手续，支付出口关税及相关费用
买方义务	接受卖方提供的有关单据，受领货物，并按合同规定支付货款
	自担风险和自负费用取得官方进口证件，并办理货物进口所需的一切海关手续，支付进口税费
	承担货物在约定地点交给承运人之后的一切风险

采用 CIP 术语需要注意以下三个问题。

（1）有关风险、保险问题

在 CIP 术语下，卖方要负责办理货运保险，并支付保险费，但货物运输途中的风险由买方承担，因此卖方的投保仍是代办性质。

（2）货价问题

与 FCA 相比，卖方在 CIP 条件下要承担较多的责任和费用。卖方要负责办理运输，承担有关运费，办理货运保险并支付保险费，这些都应反映在货价之中。

（3）装卸费的规定

在 CIP 条件下，卖方应该在合同规定日期或期间内将货物交给承运人或其他人或第一承运人接管。如果交货地点在卖方所在地，卖方应该负担装货费；如果在其他地点交货，卖方则不负担装货费。至于在目的地（港）的卸货费，则由买方负担。

8.2 B2B 跨境电子商务出口交易基本流程

B2B 跨境电子商务出口交易大致可分为筹划工作、交易磋商和履行合同三个阶段，基本业务流程如图 8-2 所示。

筹划工作阶段主要进行交易前的准备工作，卖方需要开展市场调研，然后通过发出询盘和信息反馈，对潜在客户进行甄别与筛选，并选择目标客户。卖方选定目标客户后则要与客户建立合作关系，进而展开实质性的业务洽谈活动，即进入交易磋商阶段。

交易磋商（Business Negotiation）是指买卖双方通过直接洽谈或函电的形式，就某项交易的达成进行协商，以完成交易的过程。交易磋商的环节主要有询盘、发盘、还盘和接受。

履行合同阶段的工作内容涉及的业务环节较多，按照工作执行的顺序，主要包括备货与包装、租船订舱、办理通关手续、制单及结汇等内容。

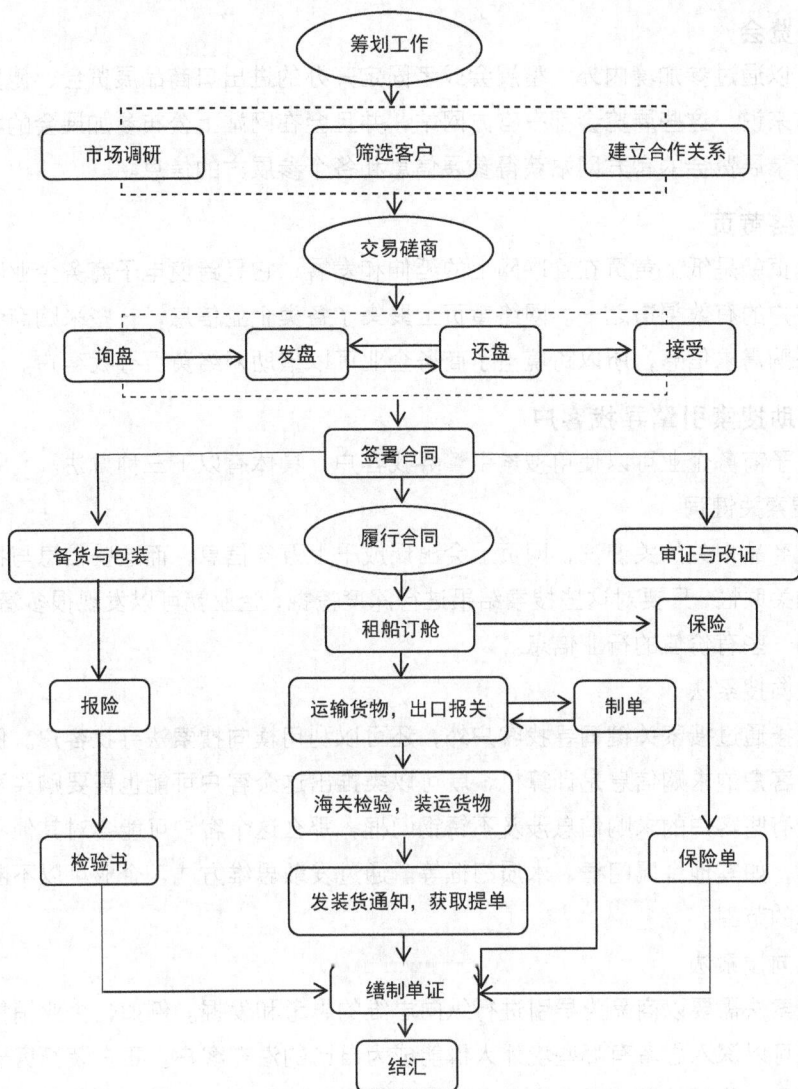

图 8-2　B2B 跨境电子商务出口交易基本业务流程图

8.3　B2B 跨境电子商务出口客户开发

企业要想获得长远发展肯定离不开客户，只有拥有源源不断的客户，企业才能不断拓展业务，获得持续发展。在 B2B 跨境电子商务中，开发客户是企业开展业务的开端。

▶▶▶ 8.3.1　寻找客户的方法

对于开展 B2B 跨境电子商务业务的企业来说，寻找客户非常重要，但很多企业苦于没有有效的方法，所以在寻找客户的路上走了不少弯路。下面简要介绍几种寻找客户的方法。

1. 展览会

企业可以通过参加境内外大型展会或者固定开办的进出口商品展览会、博览会来寻找客户。通常来说，这些展览会都有官方网站，并且会在网站上公布参加展会的客户名录，企业可以登录展览会的官方网站获得参展信息和各个参展方的信息。

2. 网络黄页

网络黄页就是纸上黄页在互联网上的延伸和发展，它是跨境电子商务企业收集商业信息、寻找客户的有效渠道之一。网络黄页上聚集了各类企业信息，一些采购商会在网络黄页上发布采购需求信息，所以跨境电子商务企业可以借助网络黄页寻找客户。

3. 借助搜索引擎寻找客户

跨境电子商务企业可以使用搜索引擎寻找客户，具体有以下三种方法。

（1）搜索关键词

搜索与商品相关的关键词，网页上会出现成千上万条信息，而这些信息与搜索的商品有着密切的关联性，只要对这些搜索结果进行深度挖掘，企业就可以发现很多潜在的客户，还能收集到一些有价值的行业信息。

（2）横向搜索法

除了直接通过搜索关键词寻找客户外，还可以利用横向搜索法寻找客户。例如，企业搜索到一个客户的求购信息是计算机，就可以类推出这个客户可能也需要购买移动硬盘、U 盘等。而有些客户的求购信息涉及不锈钢门框，那么这个客户可能会对其他不同材质的门框感兴趣，如其他金属门框、木质门框等。通过发散思维方式，企业可以不断地扩展潜在客户群体的范围。

（3）纵向搜索法

纵向搜索法需要以商品为导引进行纵向思维的思考和发掘。例如，企业销售的商品是防盗门，就可以深入思考有哪些境外人群能成为自己的潜在客户。正在装修房子的人肯定需要这类商品，此时就需要思考房主会在哪些地方购买防盗门，第一种情况是在建材大卖场购买，第二种情况是在装修公司的推荐下直接购买，那么建材大卖场中销售防盗门的商家和装修公司就是企业需要寻找的潜在客户。

接着企业需要进一步挖掘在哪些地方能够找到这些人，如何与他们取得联系等。建材大卖场中销售防盗门的商家和装修公司也是做生意的，它们会发布广告信息。因此，企业可以利用搜索引擎搜索这些卖家和公司发布的广告，与它们取得联系。

▶▶▶ 8.3.2　网上发布商务信息

在网上发布商务信息的方式有多种，下面介绍几种常用的方式，企业可以根据自身情况和需求选择适合自己的方式。

1. 第三方 B2B 跨境电子商务平台

企业可以入驻全球速卖通、中国制造网、环球资源网等第三方 B2B 跨境电子商务平台，成为其会员，然后在这些平台上展示并发布商品信息，从而吸引客户。

企业需要对各大电子商务平台的特点有所了解，然后根据自身需要和资金实力选择入驻平台。如果企业资金实力雄厚，甚至可以选择入驻多个平台。

当然，企业不能认为自己是某跨境电子商务平台的会员，只要将商品上传到平台坐等询盘就可以了。各个跨境电子商务平台上的付费会员成千上万，竞争是十分激烈的，企业成为平台的付费会员后还需要花费时间和精力去运营，采取多种措施提升自己商品的曝光量，以吸引更多客户的询盘。

2. 搭建企业网站

企业可以建立自己的网站，用于展示企业信息、商品和开展各项业务。企业网站就像企业的名片，不仅能展示企业的相关信息，还能帮助企业在市场和行业内树立良好的形象，是企业最佳的广告宣传渠道。

3. 网络黄页

网络黄页是企业发布商务信息的重要渠道之一。网络黄页具有无地域限制的特点，支持电话、短信、电子邮件等多种互动沟通方式，不少网络黄页还能提供企业商情信息发布功能。

B2B 跨境电子商务企业借助网络黄页发布商务信息的方式主要有两种，一是加入面向全球市场的国家级黄页和世界级黄页目录；二是在目标市场的知名黄页上发布商务信息，如美国的 SuperPages（美国比较著名的一个在线黄页）。

4. 购买网络内容服务商的产品

企业可以尝试从专业的网络内容服务商处购买其相关服务产品，如商品展示、客户寻求等产品。谷歌、雅虎等网站访问量人、知名度高、信息覆盖范围广，是企业可以选择的目标。

▶▶▶ 8.3.3　客户开发信的写作

客户开发信通常是电子邮件的形式，即企业将自己公司的商品、服务等信息撰写成电子邮件并发送给潜在客户，希望与之建立合作关系。潜在客户接收到电子邮件后，如果有合作意向，就会与企业进行进一步的沟通、谈判，最终确立合作关系。

撰写客户开发信需要讲究一定的技巧，下面分享几个撰写客户开发信的技巧。

1. 激发客户的阅读兴趣

如何成功地引起客户的兴趣是撰写客户开发信的关键和核心，而标题是否具有足够的吸引力至关重要。为了有效激发客户的阅读兴趣，企业在撰写客户开发信标题时需要注意以下两个方面。

第一，以新颖的措辞和创意吸引客户的注意力。有些外贸人员很喜欢写问候类的标题，如 "Hello" "Moring" 等，客户一般不会感兴趣。这样的标题给人的感觉是不专业，没有有效的信息或者无法让客户了解这封邮件的主题，客户自然就不会花费时间去阅读邮件。

第二，标题要切中客户的实际需求。符合客户需求的内容才更容易吸引客户的关注，所以在撰写客户开发信时，企业要懂得换位思考，把自己当成客户，而不是营销者，从客户最关心的问题及能够驱动他们利益的角度来拟定标题。

2. 内容避免冗长

客户每天可能会收到数百封邮件，而很多国家和地区客户的时间观念很强，他们每天会设置固定的时间来处理电子邮件，很多时候，他们会将陌生人发来的长篇大论的邮件直接删除。随着移动互联网的发展，以及手机的智能化和便捷性的提高，越来越多的人习惯使用手机处理邮件，由于手机界面的限制，内容冗长的邮件不便于阅读，其被删除的可能性会更大。

3. 开门见山

如果邮件篇幅过长，而且长篇累牍地进行公司介绍，那么客户阅读起来会不耐烦。例如，长篇大论地介绍公司的历史文化、销售业绩等，而忽视了介绍商品的特色和卖点，这样的邮件多半会被删除。因此，客户开发信应尽量做到简洁，开门见山地点明商品的特色和使用价值，以及阐明能给客户带来的利益。

4. 细节决定成败

在实际业务中，很多人在拓展业务时，一般会采用群发邮件的方式，写称呼时会使用"Dear Mr./Miss""Dear sir or madam"这些写法。采用这些写法的邮件通常会被客户当作典型的推销邮件而删除。

在撰写客户开发信时，称呼要使用"Dear Mr+姓"或"Dear Miss+姓"的方式，如果无法确定客户的性别，要事先确认一下，否则容易给客户留下不好的印象，影响到成交。此外，一定要在邮件中留下邮箱、电话、传真和公司网址、地址等关键信息，以便客户与业务员联系。

5. 着重突出商品卖点

很多人通常会在邮件中这样介绍和推荐商品，如"We supply ×× with high quality and competitive price，we wish to cooperate with you！"（我们提供高质量和有竞争力价格的××，我们愿与您合作！）这样显然并不能让客户了解到自己能获得哪些利益，客户开发信不会获取良好的效果。企业在撰写客户开发信时要突出商品的卖点，让客户了解使用该商品能获得什么利益，这样客户才会有兴趣询盘。例如，在正文首段中呼应标题，强调所述商品的卖点，如"We supply ×× with high quality and competitive price. It can reduce your costs and increase 15% of your sales."（我们提供高质量和有竞争力价格的××。它能为您节省成本，帮助您提高15%的销售额。）

6. 通篇避免主动语态

很多新手在撰写客户开发信时会出现满篇使用"We""I"的情况，这虽然不是英语语法错误，但对于喜欢使用被动语态的境外客户来说，他们读起来就不那么流畅，甚至会感到不习惯，容易产生放弃读下去的心理。因此少用主动语态，少出现"We""I"这种主语，尽量使用被动语态撰写邮件。一方面，因为境外客户注重客观性，被动语态相对有真实性，用于说明或解释事实的情况比较多。如果主语总是用"We""I"，会让人感觉主观意识的成分较多。另一方面，客户开发信虽然是商业正式文件，但也有近似口语的表达习惯，所以要注意语态的灵活使用，以让客户读起来流畅、舒服为宜。

8.4　B2B 跨境电子商务网上交易磋商

交易磋商是指出口企业为出售某项货物与国际客户洽谈交易条件，以期达成协议的过程。交易磋商是一项交易的开始，买卖双方能否顺利签订合同，主要取决于对方提出的合作条件的磋商结果。在进行交易磋商时，买卖双方应该在平等互利的基础上，通过友好协商尽量达到对双方都有利的结果。

>>> 8.4.1　网上交易磋商的内容与方式

交易磋商是国际贸易活动的重要环节之一，买卖双方应该对该项业务进行周密的调研，做好充分的准备，了解并掌握交易磋商的基本内容与方式。

1. 网上交易磋商的内容

在国际贸易中，双方要对合作中的各个交易条件进行磋商。一般需要磋商的交易条件有 11 个，而每个交易条件都构成交易合同中的一个条款，这些条款构成了合同的主要内容。为了保证磋商有序、高效地进行，根据磋商内容的重要级别，将交易条件划分为两类，即基本贸易条件和一般贸易条件，两类贸易条件的主要内容如表 8-9 所示。

表 8-9　交易条件的类型及其主要内容

交易条件类型	主要内容
基本贸易条件	主要包括检验检疫、争议与索赔、不可抗力和仲裁等内容
一般贸易条件	主要包括货名、数量、规格、包装、价格及支付条件等内容。保险条款磋商与否，要依据交易所采用的价格术语而定

通常来说，在国际贸易中，买卖双方要先对一般贸易条件进行磋商，然后商定基本贸易条件。当交易双方对各项条件无异议，意见最终达成一致，交易合同即宣告成立。

2. 网上交易磋商的方式

在跨境电子商务中，交易磋商的方式包括书面磋商和口头磋商两种。书面磋商是指交易双方通过传真、电子邮件、电传、电报及信函等方式进行磋商交易；而口头磋商是指交易双方借助网络进行洽谈，其表现形式多样，例如，借助即时通信软件 Skype 进行磋商，通过语音微信、跨境电话进行磋商等。

目前，跨境电子商务网上交易磋商常用的通信渠道如表 8-10 所示。

表 8-10　网上交易磋商常用的通信渠道

交易磋商通信渠道	具体介绍
电子邮件	电子邮件不但简单易操作，而且不受时间、地点的限制，它能承载图片、链接、文本等多种格式的文件，通信成本低廉，所以非常符合贸易的交易需求，是买卖双方进行交易磋商的重要渠道
网络传真	网络传真是一种发展迅速的非话电信业务，是指把纸上的文字、图表、相片等静止的图像变换成电信号，经传输路线传输到接收方的通信方式。随着通信技术的崛起，网络传真逐渐成为一种新的通信工具，它主要使用 Web 浏览器、电子邮件和客户端三种常见方式发送传真
网络即时通信软件	网络即时通信软件是一种基于互联网的即时交流软件。例如，Skype 就是一款即时通信软件，它拥有强大的沟通功能，包括多人语音会议、视频聊天、文字聊天及传送文件等功能。Skype 软件能够使用户进行免费通话和在线视频，它现已成为跨境电子商务人员往来交易进行沟通的首选方式

▶▶▶ 8.4.2　网上交易磋商的基本流程

网上交易磋商的基本流程包括四个环节，即询盘、发盘、还盘和接受。其中，发盘和接受是达成交易、合同成立不可缺少的两个基本环节。

1. 询盘

询盘（Inquiry）是指交易的一方为购买或销售某种商品，向对方询问买卖该商品的有关交易条件，以邀请对方发盘的行为。询盘的内容涉及多个方面，如商品的价格、规格、品质、数量、包装、交货期限，以及索取样品和商品目录等。

在实际业务中，询盘主要是询问价格，因此也称为询价。询盘的方式有书面询盘和口头询盘两种。询盘通常以试探对方的交易诚意及了解对方对交易条件的意见为目的。询盘可以成为一笔交易的初始起点，它对买卖双方不具有法律约束力，也不是交易磋商的必要环节。

2. 发盘

发盘（Offer），又称报盘、发价，是指交易一方向另一方提出购买或出售商品的各项交易条件，并表示愿意按这些条件与对方达成协议，订立合同的行为。在实际业务中，发盘通常是一方接到另一方的询盘后发出的，也可不经过对方询盘而直接向对方发出。

（1）构成发盘的必要条件

《联合国国际货物销售合同公约》第十四条（1）规定："向一个或一个以上特定的人提出的订立合同的建议，如果十分确定并且表明发价人在得到接受时承受约束的意旨，即构成发盘。一个建议如果写明货物并且明示或暗示地规定数量和价格或规定如何确定数量和价格，即为十分确定。"

一个有效发盘的构成必须具备三个条件，如图 8-3 所示。

如果该发盘被受盘人接受，交易合同即可达成。其他缺失的交易条件可在合同成立后，按交易双方之间的习惯做法，或者按照《联合国国际货物销售合同公约》中货物销售条款对买卖双方责任和义务的规定，给予补充。

为了使各交易条件之间契合，发盘时应至少明示货物的品名、规格、数量、包装、价格、装运期和支付条件等交易条件。一旦这些交易条件被受盘人接受，交易达成，双方便无须再对这些交易条件进行磋商，以节约交易磋商时间。

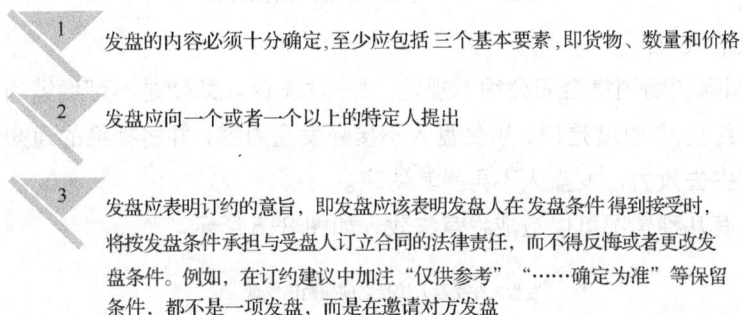

1	发盘的内容必须十分确定，至少应包括三个基本要素，即货物、数量和价格
2	发盘应向一个或者一个以上的特定人提出
3	发盘应表明订约的意旨，即发盘应该表明发盘人在发盘条件得到接受时，将按发盘条件承担与受盘人订立合同的法律责任，而不得反悔或者更改发盘条件。例如，在订约建议中加注"仅供参考""……确定为准"等保留条件，都不是一项发盘，而是在邀请对方发盘

图 8-3　构成有效发盘的必备条件

（2）发盘的有效期和生效时间

发盘的有效期（又称接受的期限）是指可供受盘人对发盘行使接受权利的期限。在国际贸易中，凡是发盘都存在有效期。口头发盘除了双方另有规定外，一般当场有效，发盘的效力于谈话结束时终止。书面发盘的有效期可由发盘人在发盘中明确规定，也可不做明确规定。

《联合国国际货物销售合同公约》规定："发盘于送达受盘人时生效。"发盘的有效期从到达受盘人时开始生效，直至有效期届满时为止。《联合国国际合同使用电子通信公约》规定："电子通信的收到时间是其能够由收件人在该收件人指定的电子地址检索的时间。电子通信在收件人的另一电子地址的收到时间是其能够由该收件人在该地址检索并且该收件人了解到该电子通信已发送到该地址的时间。当电子通信抵达收件人的电子地址时，即应推定收件人能够检索该电子通信。"

由此可见，在电子通信中，发盘的到达是指电子通信进入受要约人的服务器的时刻。不明确规定有效期的发盘，按惯例在合理时间内接受即可生效。对于合理时间，国际上并没有统一规定，一般要依据发盘的方式、货物的行情等因素去掌握。

（3）发盘的撤回和撤销

在法律上，撤回（Withdrawal）和撤销（Revocation）属于两个不同的概念。撤回是指在发盘生效前，发盘人采取行动阻止其生效。《联合国国际货物销售合同公约》规定：一项发盘，即使是不可撤销的，也可以撤回，如果撤回通知于发盘送达被发价人之前或同时，送达受盘人。依据此规定，在电子商务条件下，发出的发盘即刻到达受盘人，发盘到达即生效，撤回发盘几乎是不可能的。除非因系统服务器发生故障耽搁了受盘人收到发盘的时间，而使撤回发盘的通知先于或同时到达受盘人。

撤销是指发盘生效后，发盘人以一定方式解除发盘的效力。根据《联合国国际货物销售合同公约》规定：发盘是可以撤销的，条件是发盘人的撤销通知必须在受盘人发出接受通知之前送达受盘人。但是在图 8-4 所示的两种情况下，发盘不能撤销。

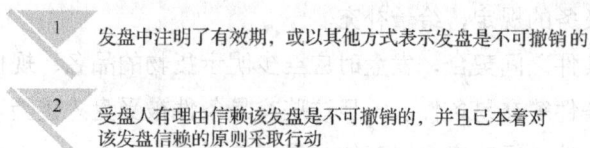

| 1 | 发盘中注明了有效期，或以其他方式表示发盘是不可撤销的 |

| 2 | 受盘人有理由信赖该发盘是不可撤销的，并且已本着对该发盘信赖的原则采取行动 |

图 8-4　发盘不能撤销的情况

（4）发盘的失效

《联合国国际货物销售合同公约》规定："一项发盘，即使是不可撤销的，于拒绝通知送达发盘人时终止。"也就是说，当受盘人不接受发盘内容，并将拒绝的通知送到发盘人手中时，原发盘失去效力，发盘人不再受其约束。

此外，还有几种情况可以造成发盘失效，如图 8-5 所示。

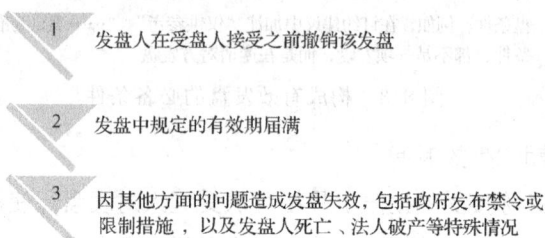

| 1 | 发盘人在受盘人接受之前撤销该发盘 |

| 2 | 发盘中规定的有效期届满 |

| 3 | 因其他方面的问题造成发盘失效，包括政府发布禁令或限制措施，以及发盘人死亡、法人破产等特殊情况 |

图 8-5　造成发盘失效的三种情况

在电子通信方式下，发盘失效的概念与上述相同。

3. 还盘

还盘（Counter Offer）又称还价，是指受盘人对发盘的内容不完全同意而提出修改或变更的行为。还盘可以有不同的形式，有的会明确使用"还盘"字样，有的则不使用，而是在内容中表示出对发盘内容的修改。需要注意的是，还盘是对发盘的拒绝，还盘一经做出，原发盘即失去效力，发盘人便不再受原发盘的约束。

一项还盘是受盘人向原发盘人提出的一项新的发盘。还盘一经做出后，还盘的一方成为发盘人。

对还盘做再还盘，就是对新发盘的还盘。在实际业务中，一项交易的洽谈中可有多次还盘，即反复地讨价还价，直至最终交易双方对各项交易条件取得一致意见，交易达成。如果在讨价还价中未能对交易条件达成一致且任何一方无意继续洽商，则洽商终止，交易未能达成。

4. 接受

接受（Acceptance）是指受盘人接到对方的发盘或还盘后，在有效期内无条件地完全同意发盘内容，愿意与对方达成交易，并及时以声明或行为表示出来。接受在法律上称为"承诺"，接受一经送达发盘人，合同即宣告成立。交易双方均应履行合同中所规定的义务并拥有相应的权利。

（1）构成接受的必要条件

按照《联合国国际货物销售合同公约》的规定，构成接受必须具备的条件如表 8-11 所示。

表 8-11 构成接受的必要条件

构成接受的必要条件	具体说明
接受必须由受盘人做出	接受必须由受盘人做出，其他人对发盘表示同意，不能构成接受。发盘必须向特定的人发出，发盘人愿意按发盘的条件与受盘人订立合同，但并不表示发盘人愿意按这些条件与任何人订立合同。因此，接受也只能由受盘人做出才具有效力
接受必须表示出来	接受的表示有两种方式：一种用声明来表示，即受盘人用口头或者书面形式向发盘人表示同意发盘的内容；另一种用行动来表示，通常用卖方发运货物或买方支付货款（包括汇付货款或开立信用证）来表示，也可以做出其他行为来表示，如开始生产需要买卖的货物、为发盘采购有关货物等。缄默或不行动则不构成接受
接受的内容必须与发盘的内容相符	一项有效的接受必须是同意发盘所提出的交易条件。只接受部分条件，或者对发盘条件提出实质性修改，或者提出有条件的接受，均不能构成有效接受，而只能视为还盘
接受必须在发盘有效期内做出	发盘中一般都规定了有效期，受盘人只有在有效期内做出接受，接受才有效。如果受盘人表示接受的通知在规定的有效期之后送达发盘人，则视为逾期接受。逾期接受在一般情况下无效，但如果发盘人在收到逾期接受后，毫不迟延地通知受盘人，确认其有效，则该逾期接受仍有接受的效力

（2）接受的撤回

根据《联合国国际货物销售合同公约》的规定，只要撤回的通知能在该项接受到达发盘人之前或与该项接受同时到达发盘人，则对该接受的撤回有效。接受送达发盘人之后，接受生效，合同即宣告成立。若此时受盘人宣布撤销接受就等同于撤销合同，是要负法律责任的，所以接受不能撤销。

根据《联合国国际合同使用电子通信公约》的相关规定，在电子通信中，发盘的"到达"是指电子通信进入受要约人（发盘人）的服务器的时刻，前提是受要约人已经明示或暗示同意用指定的电子通信类型，于指定的地址接收指定的电子通信。与发盘相似，在电子商务方式下，接受（承诺）的撤回几乎是不可能的。

尽管交易洽谈的程序包括询盘、发盘、还盘和接受四个环节，但在实际业务中，询盘并非是每笔交易洽谈的必经环节。在长期业务交往中，买卖双方在相互了解对方的商品和各项交易条件下，对于一项新交易，可以不经对方提出询盘，而直接向对方发盘。

还盘也不是交易磋商的必经环节。受盘人接到发盘后可以不经还盘而直接接受发盘。如果受盘人做出还盘，便是对原发盘的拒绝而做出的一项新发盘。因此，在法律上发盘和接受是达成交易不可缺少的两个基本环节。

8.5 B2B跨境电子商务询盘分析及询盘回复

询盘是买方根据自身的需求，在搜索引擎上搜索卖方网站或者收到卖方的发盘，对符合自身需求的卖方进行询盘，以期望通过进一步洽谈建立贸易合作关系，最终达成交易。客户既然询盘了，就证明客户对商品是认可的，那么卖方接下来就要努力把握客户。

▶▶▶ 8.5.1　询盘的分析

处理询盘是每个外贸从业人员必备的技能。当看到一封询盘邮件时，卖方不要急于回复，首先要做的是仔细地研究，分析客户的询盘内容和客户的目的，分析客户的背景信息。对于没有流露任何信息的询盘，卖方可以先向客户索取一些资料再回复。

1. 判断客户的真实性

询盘分析的首要任务是判断询盘者的交易诚意，辨别对方是"真的客户"，还是"了解市场行情的客户"，这就需要卖方对客户的每个细节尽量做好详尽的记录，从而判断该客户的购买意愿。在回复询盘时，卖方有时会遇到已经有了长期稳定供应商的客户，而这类客户只是把此次询盘当报价的参照物，目的在于骗取样品、报价和资料。

因此，卖方在询盘分析的过程中尽量不要直接报价，而是提出关键性问题。例如，询问对方做何种品牌、品牌的影响力、商品规格、技术参数、能接受的价位、订购数量，是否与境内企业合作过，合作过哪些企业，以及与境内企业合作多长时间等问题，通过面对面交谈、电子邮件、电话和传真等形式与客户进行交流，观察客户的反应，从而大致了解该客户的实与虚，进而判断该客户的"真"与"假"，是"生手"还是"行家"。

2. 分析客户的背景信息

收到客户的询盘后，卖方要分析客户的背景信息，如客户的公司名称、联系电话、办公地址、网站信息等。

（1）公司名称

如果想了解对方的公司名称，卖方可以在网上进行查询，一般会找到一些相关信息。如果网上搜索不到客户的公司名称，很可能该公司是刚成立的，也可能该公司不太注重电子商务。

（2）联系电话

如果客户的电话和传真用的是同一个号码，则可以反映该客户的规模较小，通常大公司的传真和电话号码是不同的。

（3）办公地址

如果客户的办公地址被标识得很详细，甚至包含"几栋几号"，卖方可以使用谷歌地图对这家公司进行搜索，了解该公司的规模、发展状况等信息。

（4）网站信息

正规的公司一般会用企业邮箱，卖方可以通过查询客户的企业邮箱或网址了解客户，对客户的经营范围、销售途径及规模做出初步的判断。

3. 对客户进行分类

并不是每个发来询盘的客户都是能产生订单的客户，卖方需要分析客户发来询盘的动机，并据此对客户进行分类。按照客户询盘的动机，可以将询盘客户分为四种类型，如表8-12所示。

表 8-12　询盘客户的类型及特点

客户类型	特点
目的明确型客户	这类客户通常对 B2B 网站发布的商品有一定的了解，会具体咨询一些细节问题，如商品可定制的颜色、款式、包装、交货期及需求量等，很明显此类客户的质量较高
潜在需求型客户	有些客户本来以别的途径进口商品，但当看到有与他们采购的商品相类似的商品，或者听到有物美价廉的商品时，他们会发询盘货比三家。在此情况下，卖方不要怕客户比较价格，需要做的是不断提高服务专业度，因为很多客户并非只看中价格。此外，有些经销商经营的商品很繁杂，看到什么商品赚钱就做什么商品，他们会发询盘收集一些想要的商品；也有些客户暂时手头没有订单，但想通过询盘预先了解一下市场情况，以备不时之需
无明确目的型客户	有些刚开始从事进出口业务的境外企业对于自己所需商品还只有较笼统的概念，其在开展进出口业务前会做商品调研及核算成本等，这个时候可能就会发询盘咨询
索要样品型客户	没有合作诚意，询盘的目的纯粹是索要样品。因此，只要卖方提出收取样品费和快递费，对方通常会自动放弃

4. 辨别客户身份

客户的身份不同，在交易洽谈中的关注点也就不同，在处理订单的价格和处理订单的速度上也有所不同。对于卖方来说，辨别客户的身份十分重要，有利于其在交易磋商中有针对性地对待客户。通常来说，B2B 跨境电子商务交易中，客户的身份有四种类型，如表8-13所示。

表 8-13　客户身份的类型及特点

客户身份类型	特点
贸易商	对价格较敏感，很多境外贸易商在我国设有采购办事处，对我国市场相当熟悉，所以他们通常会找很多供应商，从中挑选有竞争力的供应商进行合作。有时卖方虽然与之磋商很久，但可能会因为某些因素最终落选。卖方也有可能被列入他们的潜在供应商列表，他们会在沟通半个月到一个月后向卖方发起订单
零售商	一般订单较小，但下单频率高，要货急，他们主要关注商品的价格、交货期，当然商品的质量也需要有保证。零售商一般不太会关注卖方的实力和研发能力等，他们只要觉得对方专业，沟通畅通，下单一般会很快
连锁超市	类似于沃尔玛、家乐福等连锁超市，一般订单量大、周期较长，并且通常不会在网上下单，网上交流只是它们与卖方进行先期联系的环节，它们与卖方联系之后还要经过层层筛选、面谈考察等环节，最后才可能下单
贴牌进口商	对商品质量要求较高，商品会贴上他们的品牌在当地销售，一般这类客户的订单量大，订单较稳，他们主要关注卖方的实力，如工厂规模、质量标准、商品认证、售后服务等

5. 充分利用名片

名片可以传递多方面的信息，充分利用客户提供的名片，在一定程度上可以判断客户的实力。例如，客户公司所处的地区和城市、是否创设自己的网站、有几条电话和传真线，客户属于批发商还是零售商，以及代理过哪些有影响的品牌等。

6. 有关服务问题

虽然影响贸易业务成败的因素有很多，但是要想赢得更多的客户，"服务"无疑起着关键性的作用，因此往往从一个企业对客户的服务就能初步了解企业的情况。例如，报价是否合理，如果对普通产品报价过高，而对优质产品进行贱卖，会有损于企业信誉和利益。一般情况下，客户会从报价来判断企业对产品的熟悉和专业度，以及是否存在诚信问题。试想一下，如果企业对于一个普通产品的定价偏离市场价位，要么说明企业不诚实，要么表明企业根本不懂行市，自然没有人愿意与其合作。

▶▶▶ 8.5.2　询盘的回复

对于刚入外贸行业的新人来说，当其收到境外客户询盘时，有时会感到不知所措，或者由于个人外语能力有限，不知如何回复客户提出的各种问题。为此，卖方要想从容应对客户的询盘，在不断提高自身外语水平的同时，熟知一些有关贸易客户询盘回复的技巧是很有必要的。

1. 认真对待每一个询盘

如果卖方销售的是单价较高或功能较复杂的商品，如 3C 类商品，可能收到的客户询盘会较多。当然，对于功能较简单的商品来说，若卖方撰写的商品详情描述不够具体，也会收到很多客户的询盘。

对于客户的各种询盘，有的询盘能给卖方带来有用的信息，为卖方的销售提供有效帮助。当然，卖方难免会收到很多无效的询盘，在这种情况下，卖方或客服人员很容易产生懈怠情绪，对客户的咨询往往敷衍了事、草草应付。甚至有些客户提出的问题会让客服人员怀疑他们根本没有仔细看商品描述，或者根本没有购买的意向。

尽管如此，客服人员还是要认真对待每一个询盘。因为一位客户在某个商品上花费的时间越多，那么他就越倾向于购买这件商品，也许这位客户刚开始没有购买这件商品的意向，但他听了客服人员详细、专业的介绍，可能会产生购买的欲望。因此，客服人员不仅要积极回复每一个客户的提问，还要吸引他们在商品上花费更多的时间，这样将会大大提高商品成交的概率。

2. 区别应对不同类型的询盘客户

对待索要样品型的询盘客户，客服人员不要抱希望，通过取收样品费和快递费使对方放弃即可。对待无明确目的型的询盘客户，客服人员可以询问这类客户的市场定位，然后根据他们的市场定位向他们推荐一些合适的商品。

对待潜在需求型的询盘客户，客服人员可以通过引导式提问，多方了解和收集客户的信息。在交流过程中，客服人员要体现出专业与耐心。此外，客服人员可以为这类客户建立跟踪档案，收集那些没有成交的客户信息，每隔一段时间给他们发一些促销邮件，告诉他们现在的商品价格。这样一方面会给客户留下深刻的印象，另一方面用利益驱动客户前来询盘。

对待目的明确型的询盘客户，客服人员要针对客户的问题，以专业的态度做出准确的答复。回复客户的第一封邮件往往很关键，犹如给人的第一印象，而很多客户就是根据第一次回复来筛选合作对象的，所以卖方在回复时要让客户充分感受到诚意，还要体现出自身的实力。另外，客服人员要第一时间回复客户，可以根据客户所在国家或地区的不同时差，分时间段进行处理。例如，如果在北京时间的早上收到一封来自法国的询盘邮件，可以在北京时间 14:00 回复客户。

3．报价信息要全面

报价时尽量做到信息全面，要包含商品的规格、包装、价格条款、有效期、交货期、付款条件、单证要求等内容，还要附上相关的图片。在客户对商品不熟悉的情况下，卖方可以根据客户的需求，向他们推荐合适的商品，还可以向客户介绍公司的优势，如出口年限、各项认证，以及知名的客户等。

此外，不同国家或地区、不同身份的客户对价格的敏感度不同，所以卖方在报价时要具体情况具体分析，要根据订单量、交货时间、季节不同、贸易术语给出个性化的报价，当然报价时也要留有余地。

4．持续跟进

做好持续跟进的工作。当有新商品和新价格时，卖方要及时告诉客户。对同一个客户不同时间的询盘要注意整理储存。当客户再次问到同样商品时，卖方可以回复客户他在何时询问过，当时报价多少，现在报价多少，如果现在的报价有所调整，要说明调整的理由，这样可以让客户感觉卖方的服务非常细心、周到。

对客户询盘做出回复最为理想的时间是在收到询盘邮件的 3～10 分钟内，如果卖方能在第一时间对客户询盘进行回复，并且持续地跟进，满足客户的采购需求，那么订单成交的概率是比较大的。因为客户可能还找了其他供应商进行询盘，如果自己跟进不及时，其他的供应商回复得更加及时，那么这个潜在客户很可能会选择与其他供应商进行合作。

5．制造"亮点"

在询盘回复中未能突出亮点，就难以在众多邮件中给客户留下深刻的印象。那么，如何有效制造"亮点"，吸引客户的注意力呢？我们可以从以下几个方面入手。

（1）公司介绍

在介绍公司时，卖方可以把公司的规模、参展情况、知名客户、研发能力、认证情况"亮"出来，这些都会为公司加分。

（2）客户的名字及称呼

在询盘回复中，卖方一定要保证将客户的名字拼写正确，这是最基本的一点，同时也是最容易被忽视的一点。写对名字是对客户最基本的尊重，如果不小心将客户的名字写错了，很容易让客户觉得自己没有受到足够的重视和尊重，也难以让客户对卖方产生信任感，不会愿意购买其商品。

对客户的称呼可以使用"Dear ××"来统称，但如果已经和客户比较熟悉，可以使用"Hi""Hello"之类的问候语，这样显得彼此更加亲密，能够有效地拉近卖方与客户的心理距离。

（3）问候语

在与客户日常频繁的邮件来往中，卖方可以不必使用问候语。偶然与某个客户的临时沟通，可以用如"How are you doing?"（你好吗？）"How are you today?"（你今天好吗？）"I wish you are doing well."（我希望你一切都好。）等问候语。

（4）语气礼貌

卖方要学会用一些祈使句来委婉地表达自己的意思，对一些无法满足的需求，不要一口气回绝，也不要避而不谈，而应该委婉地表达自己的意思，或者给客户一个合理的解释。

（5）图片清晰

如果客户要商品图片，卖方一定要向其提供清晰的商品图片，可以是多方位展示的商品图片。因为一张好的图片往往就是一个无声的销售员，能够有效地帮助企业提高询盘的成功率，但需要注意图片的大小要适宜，以便客户浏览与接收。

（6）设置签名档

卖方可以设置一个签名档，在其中放入自己公司的地址、电话、网站、邮箱、公司 Logo 等信息，这样可以高度体现自身的专业性，给客户留下与众不同的印象。

（7）格式规范

很多人会忽视邮件中字体大小、格式排列等设计，这好比一个人穿衣，不注意整体形象，随意搭配会给人留下不好的印象。同样的道理，一封邮件不考虑浏览者的感受，就会引起其反感。

（8）言简意赅

给客户回复的内容要做到言简意赅，切忌长篇大论，用简单易懂的语言将意思表达清楚即可。此外，卖方要避免一段到底，要合理分段，将最重要的信息放在正文的最前面，以让客户在最开始就能看到。

6. 不要诋毁同行

做生意讲究公平竞争，大家所处的平台是相同的，所要遵守的规则也是平等的，卖方需要做的是提升自身商品的价值，保证自己商品的质量，做好商品的推广。

▶▶▶ 8.5.3 询盘沟通的模板

用英文与客户沟通要做到三点：一是清楚，即用词肯定准确，内容主旨清晰；二是简洁，用简短的语句做清楚的表达，尽量避免使用过于复杂的词汇；三是礼貌，英文书写要有一定的礼貌用语。

下面列举一些常用的询盘沟通案例。

（1）主动介绍商品

Dear ×,

We learned from your store on ××.com that you are in the market for arts and crafts.

We are ABC company, specialized in the export of arts and crafts. We attach a list of products we are regularly exporting, you can also visit our store on ××.com. Should you be interested in any of our products, please let us know and we shall be glad to give you our best quotation. We look forward to receiving your inquiry soon.

Bast regards,

(Your name)

亲爱的×,

我们从您在××网站上的店铺了解到您正在从事工艺品的销售。

我们是 ABC 公司，专门从事工艺品出口。我们附上了一份公司经常出口的产品清单，您也可以访问我们公司在××网站上的店铺。如果您对我们的任何产品感兴趣，请告诉我们，我们将很高兴为您提供最好的报价。我们期待能很快收到您的询价。

最好的问候，

（你的名字）

（2）宣传促销活动

Dear ×,

Right now Christmas is coming, and there is a heavy demand for Christmas gifts. Here is our Christmas gifts link, please click to check them. All the products are now available from stock. Thank you for your consideration.

Best regards,

(Your name)

亲爱的×,

圣诞节马上就要到了，市场对圣诞礼物的需求很大。这是我们的圣诞礼物链接，请点击查看。所有的产品都有现货供应。谢谢您的考虑。

最好的问候，

（你的名字）

（3）一般询盘的回复

Dear ×,

Thank you for your inquiry of May 5.

We have these items in stock, our products are both excellent in quality and reasonable in price. Right now, we offer a 5% discount for bulk purchase.

Thank you again for your interest in our products. If you would like to have more information please let us know. We look forward to your early reply.

Best regards,

(Your name)

亲爱的×，

感谢您5月5日的询价。

这些产品我们都有库存，而且我们的产品质量好，价格合理。如果你现在能大量购买产品，我们能为您提供5%的折扣。

再次感谢您对我们的产品感兴趣。如果您想了解更多的信息，请告诉我们。我们期待您的早日回复。

最好的问候，

（你的名字）

（4）具体询盘的回复

Dear ×,

Thank you for your inquiry of May 5 and we are pleased to send you our quotation for the goods you required as follows:

Commodity: Men's T-Shirt in assorted colors. Item No. AC-101

Quantity: 100 dozens

Size: large (L), Medium (M), Small(S)

Price: at USS $60 per dozen CIF Kobe

Shipment: in April, 2020

Payment: by irrevocable L/C at sight

This offer is subject to our final confirmation. If you find it acceptable, please let us have your reply as soon as possible.

Your faithfully,

(Your name)

亲爱的×，

感谢贵公司5月5日的询价，现将贵公司所需商品的报价如下：

商品：各种颜色的男士T恤，编号AC-101

数量：100打

尺码：大号（L），中号（M），小号（S）

价格：每打60美元，纽约到岸价

装运：2020年4月

支付方式：不可撤销即期信用证

此报盘以我方最后确认为准。如果您认为可以接受，请尽快给我们答复。

你忠实的，

（你的名字）

（5）磋商价格

Dear ×,

Thank you for your letter of May 17. As regards your counter-offer, we regret we can't accept it because we feel mat the price 1isted is reasonable and leaves us limited profit already, However, in order to meet you on this occasion we are prepared to grant you a special discount of 5% on condition that your order is not less than 1,000 pieces.

We hope to receive your order at an early date.

Best regards,

(Your name)

亲爱的×,

感谢您 5 月 17 日的来信。关于你方的还盘，我们很遗憾我们不能接受这个价格，因为我们觉得我们的报价是合理的，而且我们的利润有限。但是为了满足你方要求，我方准备给你方提供 5%的折扣，条件是你方订货不少于 1 000 件。

我们希望能早日收到您的订单。

最好的问候，

（你的名字）

（6）鼓励客户提高订单金额和订单数量

Dear friends,

Thank you for your order, if you confirm the order as soon as possible, I will send some gifts. Recently there are a lot of activities in our store. If the value of goods you buy count to a certain amount, we will give you a satisfied discount.

Best wishes,

(Your name)

亲爱的朋友，

谢谢您的订单，如果您能尽快确认订单，我将会赠送您一些礼物。最近我们店里有很多活动。如果您购买的商品的价格达到一定的数额，我们将给您提供一个令您满意的折扣。

最好的祝愿，

（你的名字）

8.6 B2B 跨境电子商务合同的签订与履行

在交易磋商的过程中，一方发盘经另一方接受以后，交易即可成立，买卖双方就构成了合同关系，接下来就要签订书面合同。

▶▶▶ 8.6.1 外贸合同的类型

国际上，很多跨境电子商务企业采用电子邮件的方式来签订外贸合同。当前，缮制此类合同主要通过三种方式，如图 8-6 所示。其中，第三种类型的合同更具规范性和安全性，所以跨境电子商务企业多采用该类型。

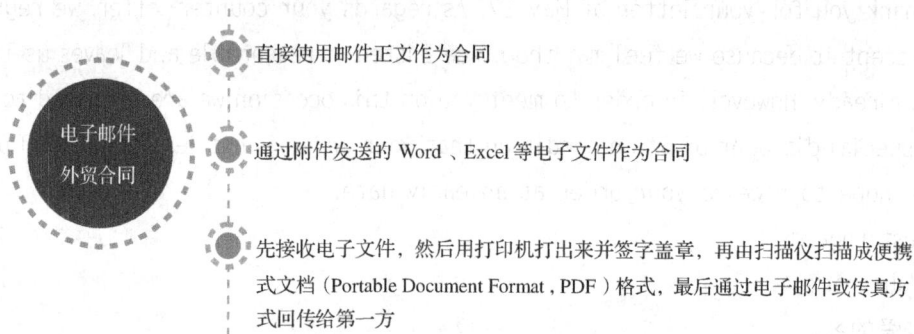

图 8-6　缮制电子邮件外贸合同的方式

此外，书面合同的形式没有具体的限制，交易双方还可以采用正式的同合、协议、确认书和订单等形式，多以书面形式存在。

8.6.2　外贸合同的签订

买卖双方就报价达成意向后，买方正式订货并就一些相关事项与卖方进行协商，双方协商认可后，签订《购货合同》。在签订《购货合同》过程中，双方主要对商品名称、规格型号、数量、价格、包装、产地、装运期、付款条件、结算方式、索赔、仲裁等内容进行磋商，并将洽谈后达成的协议写入《购货合同》。一般情况下，外贸合同由双方盖本公司公章生效，一式两份，双方各持一份。

8.6.3　外贸合同的履行

在 CIF 术语中，外贸合同的履行环节分为货、证、船、款四个模块。其中，"货"指落实货物，主要有备货和报检；"证"指落实信用证，包含催证、审证和改证三个环节；"船"指货物出运，主要有租船订舱、办理通关手续、投保、装运货物等；"款"指制单结汇，包含制单、审单、交单、结汇、核销和退税等环节。这四个模块在履行外贸合同中相辅相成、环环相扣。

1. 落实货物

落实货物是指出口企业在合同规定的最迟装运日期之前使货物处于备妥待运状态，包括备货、报检，并做好租船订舱及报关的准备。

（1）备货

在整个贸易流程中，备货环节十分重要。在这一环节中，卖方需要按照合同的要求对货物的品名、数量、规格、重量及品质等进行核查。备货时间要根据信用证的规定结合船期安排，以便于船货衔接。

卖方可以根据货物的不同选择不同的包装形式，如纸箱、木箱、编织袋等。不同的包装形式对包装要求有所不同，如表 8-14 所示。

表 8-14　货物不同包装形式的要求

货物的包装形式	包装要求
一般出口包装标准	根据贸易出口通用的标准进行包装
特殊出口包装标准	根据客户的特殊要求进行出口货物包装
货物的包装和唛头（运输标志）	要求认真核查，使其符合信用证的规定

（2）报检

出境货物需先通过检验检疫，再放行通关。法定检验的出境货物的报检人应在规定的时限内持相关单证向海关报检；海关审核有关单证，符合要求的受理报检并计收费，然后转施检部门实施检验检疫。

一般情况下，报检人应填制和提供《出境货物报检单》，随附出口合同或订单、商业发票、装箱单、信用证复印件或有关函电、生产单位出具的厂检单原件等。凭样品成交的，还必须提供样品。

2．落实信用证

在信用证支付方式下，卖方在落实货物时，还需要落实信用证。卖方只有收到信用证正本，其内容符合合同及操作惯例，才能够发出货物。信用证主要通过催证、审证和改证三个环节进行落实，而审证作为最重要的环节，不可缺少。审证主要有通知行审证和卖方审证两个环节。两个环节不可替代，同等重要。

一般情况下，买方应按合同规定的时间开立信用证，但在实际业务中，有时买方不能按时开证，为保证合同的顺利履行，卖方需要催促买方及时开立信用证。卖方可以采用电子邮件方式催证，电子邮件的核心内容为"××号合同项下货物已备妥，请速开证"。

在实际业务中，常见的信用证修改为"展期"，即受益人在不能如期完成交货时，要求开证申请人同步延展信用证和装运期的有效期。

3．货物出运

货物出运既可以由卖方自行向承运人办理托运，也可以委托货运代理公司办理。在实际业务中，卖方多委托货运代理公司办理，因为货运代理公司不仅可以提供专业的包括租船订舱、报检换单、报关、产地装箱等服务，还可以提供出口商无法从承运人那里申请到的优惠运价。卖方在选择货运代理公司时需要考虑货运代理公司的等级、优势航线、提供的运价，以及其综合服务能力等因素。

（1）租船订舱

按 CIF 或 CFR 贸易术语成交，在工厂备货即将完成之前，也就是在信用证要求的装船期前，卖方需提前寻找合适的货运代理公司，并安排租船订舱，以提前做好装运准备；在 FOB 术语中，租船订舱由买方完成，但卖方要及时提示买方货物将于何时备妥，做好租船订舱的准备。

确定好船务公司后，卖方必须根据相应的船期，配合信用证规定的装运期限进行订舱。

卖方把租船订舱委托单、发票、箱单、报关委托书发给货运代理公司办理出口租船订舱、报关及装运等手续。货运代理公司联系相关船务公司办理租船订舱，并获得船务公司接受后将配舱通知发给卖方。卖方将配舱通知发给工厂，并安排工厂根据配舱通知将货物送到指定的集装箱场站或者到工厂拖箱装货。

（2）办理通关手续

办理通关手续是较为烦琐的工作，但也是极其重要的一个环节，如果货物不能顺利通关，就无法完成交易。当前我国进出口商品检验工作主要包括四个步骤，即接受报验、抽样、检验和签发证书。此外，还要求由持有报关证的专业人员，持发票、箱单、报关委托书、出口货物合同副本、出口结汇核销单及出口商品检验证书等文本去海关办理通关手续。

（3）投保

通常情况下，交易双方在签订的《购货合同》中已事先约定运输保险的相关事项。常见的保险有海洋货物运输保险、陆空邮货运输保险等。其中，海洋货物运输保险条款所承保的险别，分为基本险别和附加险别两类，如表8-15所示。

表 8-15　海洋货物运输保险条款所承保的险别

险别类型		说明
基本险别	平安险	责任范围包括由于海上自然灾害引起的货物全损，货物在装卸和转船过程中的整体灭失，由于共同海损引起的牺牲、分担和救助费用，由于运输船只触礁、搁浅、沉没、碰撞、水灾、爆炸引起的货物全损和部分损失
	水渍险	海洋运输保险的基本险之一。按中国人民保险集团的保险条款，其责任范围除了承担平安险所列各项风险外，还承担恶劣气候、雷电、海啸、洪水等自然灾害的风险
	综合险	承保责任范围相当于水渍险和一般附加险的总和
附加险别	一般附加险	包括偷窃提货不着险、淡水雨淋险、短量险、渗漏险、碰损破碎险、锈损险、混杂沾污险、包装破裂险、受潮受热险等
	特别附加险	包括交货不到险、进口关税险、舱面货物险、拒收险等

（4）装运货物

在货物装船过程中，交易双方可以根据货物的多少来决定装船方式，可以选择整装集装箱和拼装集装箱。整装集装箱按制箱材料分为铝合金集装箱、钢板集装箱、纤维板集装箱、玻璃钢集装箱；按用途分为干集装箱、冷冻集装箱、挂衣集装箱、开顶集装箱、框架集装箱和罐式集装箱。

拼装集装箱一般按出口货物的体积货重量计算运费。

4. 制单结汇

完成货物装运后，出口公司应按信用证的要求进行缮制单据，并经过审核无误后，在信用证规定的交单期限内，将单据递交给银行结汇。

8.7 B2B跨境电子商务的单据

单据是在经济业务发生时所取得或填制的，载明交易、事项实际情况的书面证明，它是办理货物的交付和货款的支付的一种依据。

8.7.1 常用出口单据的类型

出口单据（Export Documents）简称单证，是指在出口业务中使用的单据与证书，凭此来处理货物的支付、运输、保险、商检、结汇、报关等工作。下面详细介绍几种常用的出口单据。

1. 信用证

如果买卖双方通过信用证付款，则需要提交信用证。信用证开证申请人是买方，买方向开证行申请开立信用证，并由开证行通过通知行交至卖方。

2. 商业发票

商业发票（Commercial Invoice）是卖方开立的载有货物名称、数量、价格等内容的清单，是买卖双方交接货物和结算货款的主要单证，也是进出口报关、纳税的总说明。

商业发票的内容包括商品的名称、规格、数量、价格及包装等，其内容必须符合信用证和合同的规定。同时，商业发票也是买方办理进口报关的重要文件，是全套单据的核心。

3. 汇票

汇票（Bill of Exchange）是出票人签发的，委托付款人在见票时，或者在指定日期无条件支付确定的金额给收款人或者持票人的票据。

国际贸易结算通常是非现金结算，汇票是国际结算中使用较为广泛的一种支付工具，也是托收方式下付款不可缺少的单据。

4. 商品检验证书

商品检验证书（Commodity Inspection Certificate）是指进出口商品经过商检机构进行检验或鉴定后，由该机构出具的书面证明文件。商品检验证书是卖方向银行办理议付的单据之一，也是卖方所交货物是否符合合同规定的证据，还是理赔和索赔的重要单据之一。

在国际贸易中，由国家设置的商检机构或由经政府独立注册的第三方鉴定机构，对进出口商品的质量、规格、卫生、安全、检疫、包装、数量、重量、残损及装运条件、装运技术等进行检验，对检验合格的商品颁发商品检验证书，卖方即可报关出运；若商品检验不合格，可以申请复验，仍不合格，不得出口。

5. 海运提单

海运提单（Ocean Bill of Lading）简称提单，是船方或其代理人签发的，证明已经收到货物，允许将货物运至目的地，并交付给托运人的书面凭证。海运提单是承运人和托运人之间的契约证明，它还代表了所载货物的所有权，在法律上是一种具有物权特性的凭证。

6. 保险单

保险单（Insurance Policy）简称保单，是保险人与被保险人订立保险合同的正式书面证明。保险单记载的内容是合同双方履行的依据，保险单可以作为保险合同成立的证明。

保险单必须明确、完整地记载有关保险双方的权利、义务和责任。保险单的内容主要包括保险人和被保险人的名称、保险标的、保险金额、保险费、保险期限、赔偿或给付的责任范围，以及其他规定事项等。

保险单依据投保人的申请，由保险人签订，交由被保险人收执。保险单是保险人收取保险费的凭证，也是被保险人在保险标的遭受意外事故发生损失时，向保险人索赔的重要依据。

7. 原产地证明书

原产地证明书（Certificate of Origin）是指出口商应进口商要求而提供的、由公证机构或政府或出口商出具的证明货物原产地或制造地的一种证明文件。它是在国际贸易行为中证明货物"原籍"的证书，主要用于进口地海关实行差别关税，是实施进口税率和进口配额等不同产地政策的主要依据之一。

原产地证明书一般分为普惠制产地证书、普通产地证书两种，两种原产地证明书的特点如表 8-16 所示。

表 8-16　原产地证明书的特点

原产地证明书的类型	特点
普惠制产地证书	发达国家或地区给予发展中国家或地区在经济、贸易方面的一种非互利的特别优惠待遇，即发展中国家或地区向发达国家或地区出口制成品或半制成品时，发达国家或地区对发展中国家或地区予以免征或减征关税
普通产地证书	又称一般产地证书，是证明货物原产于某一特定国家或地区，享受进口地正常关税待遇的重要证明文件。它具有较广泛的应用范围，如贸易统计、征收关税、保障措施、数量限制、原产地标记及政府采购等

▶▶▶ 8.7.2　单据交单的方式

交单是指在合同、信用证规定的时间和地点，以正确的方式将符合要求的单证交给当事人。一般在托收和信用证支付方式下，应到银行进行交单；在汇付方式下，应直接向买方交单。单据交单的方式分为信用证支付方式、T/T 支付方式和托收支付方式。

1. 信用证支付方式下的交单

如果信用证上规定了交单期限，受益人应该在规定的期限内交单；如果信用证上未规定交单期限，银行将不会接受超过装运日 21 天后提交的单据。不管是在何种情况下，单据都必须要在信用证有效期内进行提交。如果信用证的到期日或交单期限的最后一天恰逢银行的休息日，则信用证的到期日或交单期限的最后一天顺延至该银行的下一个正常营业日。

2．T/T 支付方式下的交单

T/T 分为前 T/T 和后 T/T 两种方式。在前 T/T 方式下，卖方在货物装运前就已经收到了全部货款，货物装运之后，卖方就直接将所有单据寄给买方，或者指示船务公司将单据电传给买方。

在后 T/T 方式下，卖方在货物装运后，将海运提单通过传真的方式传给买方，买方收到传真的提单后将款项电汇给卖方，卖方收到货款后将包括海运提单在内的所有单据寄给买方。

3．托收支付方式下的交单

选择托收支付方式时，卖方装运货物后，即向出口地托收行交单办理托收。在交单时，卖方应向托收行提供托收指示书（有的银行会提供固定格式的托收指示书）。托收行需要核实所收到单据在表面上与托收指示书统一。另外，托收行没有审核单据的义务。托收行仅被授权根据出口商，也就是委托人的指示和国际商会制定的《托收统一规则》办理托收，不能擅自修改、漏减、超越和延误出口商的指示。

▼ ⚲ **课后习题** ◀◀◀

1．撰写客户开发信时应该注意哪些问题？

2．什么是发盘？构成一项法律上的有效发盘的条件是什么？

3．什么是接受？构成一项有效的接受的条件是什么？

4．境内 A 企业向境外 B 企业发盘，规定 B 企业在 5 月 10 日前回复有效，B 企业于 5 月 8 日来电要求降价，A 企业于 5 月 9 日与 C 企业达成交易。5 月 9 日，B 企业又来电要求撤回 8 日的还盘，全部接受原发盘的条件。A 企业以货已出售为由予以拒绝，B 企业声称其接受是在 A 公司发盘的有效期内做出的，要求 A 企业履约。试分析，B 企业的要求是否合理，为什么？

5．选择一款自己感兴趣的商品，与自己的贸易伙伴（同学）进行模拟贸易洽谈。

第 9 章
抢滩海淘市场——跨境进口电子商务

学习目标

➢ 了解跨境进口电子商务的业务流程。
➢ 了解跨境进口电子商务平台的运营模式。
➢ 掌握跨境进口电子商务的通关模式。
➢ 掌握跨境电子商务零售进口的税收政策。

自从自由贸易区（Free Trade Area）扶正海淘后，我国各大电子商务平台和境外品牌纷纷抢滩海淘市场，全球电子商务市场规模正在不断扩大。与此同时，随着近几年我国消费者购买力的提高，以及网络购物渠道的日益便捷，我国的海淘热潮持续升温，目前跨境电子商务平台逐渐成为我国海购消费者的主流购物渠道之一。本章将详细介绍跨境进口电子商务的业务流程、平台运营模式、通关和退货，以及税收政策等内容。

9.1 何为跨境进口电子商务

随着全球经济一体化的发展，中国与世界其他国家和地区之间的贸易往来越来越频繁，信息技术的日趋完善使得跨境电子商务成为国际贸易的主要交易方式。近年来，我国跨境电子商务的进口业务迅速崛起，"海淘"已成为高频词汇之一，各大电子商务平台纷纷入局，我国也相继出台了一系列关于跨境电子商务的政策，中国的跨境进口电子商务交易额呈逐年递增的态势。

▶▶▶ 9.1.1 跨境进口电子商务的业务流程

跨境进口电子商务一般是指境内买家访问境外卖家的购物网站选择商品，然后下单，由境外卖家通过国际物流将商品送达境内买家手中。跨境进口电子商务的业务流程如图9-1 所示。

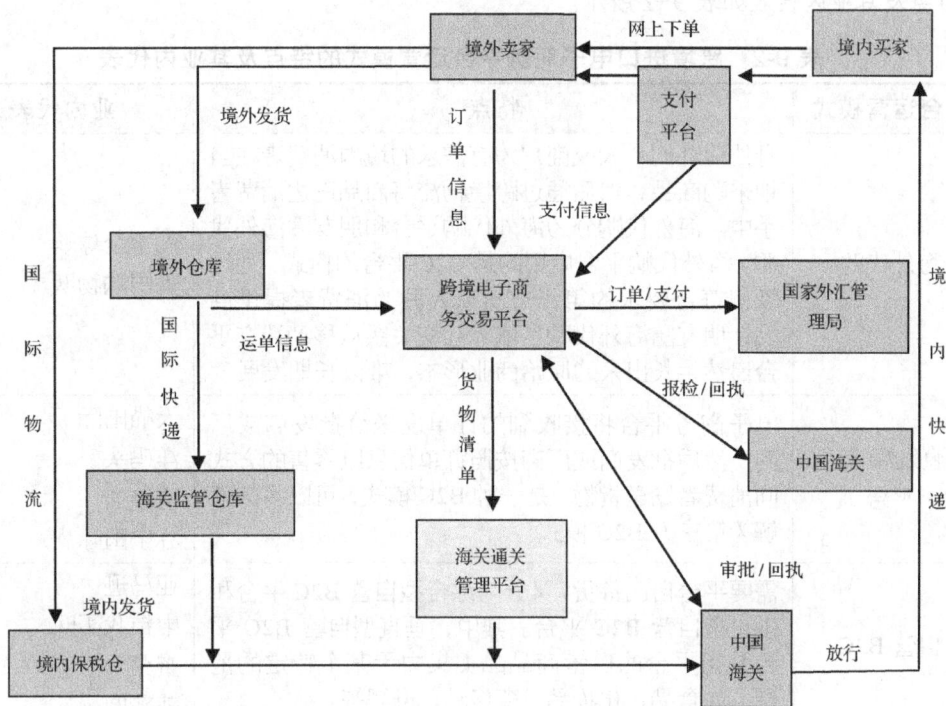

图 9-1　跨境进口电子商务的业务流程

▶▶▶ 9.1.2　跨境进口电子商务的发展阶段

中国的跨境进口电子商务起源于 2005 年，到目前为止，共经历了三个发展阶段，如表9-1 所示。

表 9-1　跨境进口电子商务的发展阶段

特点 ＼ 发展阶段	第一阶段（个人代购）	第二阶段（导购网站、代购平台）	第三阶段（境外零售商、品牌商跨境电子商务平台）
商品供应	订单采购、无库存	种类少、库存量少	种类多、库存量大
物流配送方式	代购人随身携带/国际快递、邮政小包	代购人随身携带/国际快递、邮政小包	国际物流/转运公司、境内保税仓
清关方式	自行清关（快递清关、邮政清关）	贸易清关（快递清关、邮政清关）	境外直邮、境内保税仓

▶▶▶ 9.1.3　跨境进口电子商务平台的运营模式

在跨境进口贸易中，传统海淘模式是一种 B2C 模式。除了该种模式外，根据不同的业务形态，可以将零售进口类跨境电子商务平台的运营模式划分为五类，即海外代购模式、直发/直运平台模式、自营 B2C 模式、导购/返利平台模式及海外商品闪购模式。各类模式的特点及其业内代表如表 9-2 所示。

表 9-2　跨境进口电子商务平台运营模式的特点及其业内代表

平台运营模式	特点	业内代表
海外代购	身处境外的个人或商户为有需求的境内消费者在当地采购商品，然后通过跨境物流将商品送达消费者手中。海外代购分为海外代购平台和朋友圈海外代购。海外代购平台应用的是 C2C 平台的模式，通过吸引符合要求的第三方卖家入驻为消费者提供商品；朋友圈海外代购是依靠社交关系从移动社交平台自然生长出来的原始商业形态，难以长期发展	淘宝全球购 美国购物网
直发/直运平台	电子商务平台将接收到的订单发送给批发商或厂商，然后批发商或厂商按照订单信息以零售的方式向消费者发送货物，是一种 B2C 模式，可以将其理解为第三方 B2C 模式	天猫国际 洋码头 跨境通 苏宁国际
自营 B2C	需要平台自己备货，又分为综合型自营 B2C 平台和垂直型自营 B2C 平台。其中，垂直型自营 B2C 平台是指平台的自营商品品类集中于某个特定的范围，如食品、化妆品、奢侈品、母婴等	亚马逊 中粮我买网 蜜芽 莎莎网
导购/返利平台	这类平台通常会与海外 C2C 代购模式配合，可以理解为"海淘 B2C 模式+代购 C2C 模式"的综合体，即平台将自己的页面与境外 B2C 电子商务的商品销售页面进行对接，产生商品销售后，B2C 电子商务给导购平台 5%～15%的返点，导购平台再将所获返点的一部分作为返利回馈给消费者	55 海淘 极客海淘 什么值得买
海外商品闪购	一种相对独特的模式，属于第三方 B2C 模式	聚美海外购 唯品会海外直发专场 天猫国际环球闪购

9.2　跨境进口电子商务的通关

通关是跨境电子商务交易中的关键环节，也是跨境电子商务卖家面临的一道重要关卡。下面将介绍跨境进口电子商务的通关模式和跨境进口电子商务的退货模式。

9.2.1　跨境进口电子商务的通关模式

通关即结关、清关，是指进出口货物和转运货物进出海关关境必须办理的海关规定手续。只有办理好海关申报、查验、征税、放行等手续后，货物才能被放行，货物放行完毕即通关。跨境进口电子商务的通关主要包括直邮进口模式和保税进口模式。

1．直邮进口模式

直邮进口模式是指跨境进口电子商务卖家通过跨境电子商务交易平台或直营网站向境内买家出售商品，确定订单后，将包裹通过邮件、快件等方式办理海关清关手续，并派送至买家手中。直邮进口模式又分为直购进口和快件进口两种进口模式，都是使用直邮清关的模式。

直邮进口模式的基本流程如图 9-2 所示。

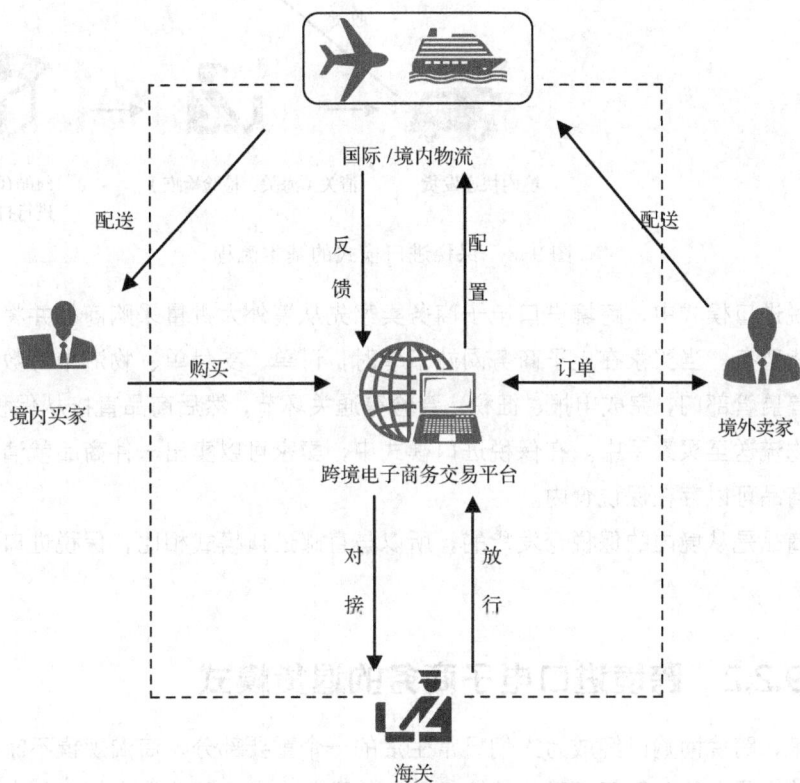

图 9-2　直邮进口模式的基本流程

直邮进口采取"清单核放、汇总申报"的模式办理通关手续。买家在跨境电子商务平台下单后，卖家通过跨境电子商务服务系统向海关提交订单信息、支付信息、物流信息等，海关对这些信息进行审核。商品在境外完成分装打包，卖家将打包好的商品通过国际物流以个人包裹的形式运送至境内，商品通过海关查验完成清关，最后通过境内物流送至买家手中。

直邮进口模式是卖家直接从境外发货，买家可以在境内的跨境电子商务交易平台购买商品，也可以直接在境外网站购买商品，还可以请人代购商品。与其他进口模式相比较，直邮进口模式的特点是商品种类丰富多样，买家可以直接购买境外稀缺、优质、新奇的商品，但这种模式的运费较高，商品运输时间也较长。

2．保税进口模式

保税进口模式是指跨境进口电子商务卖家通过集中采购的方式，先将商品批量运输至境内保税仓，待买家下单后再将商品从保税仓中取出进行清关出区，然后交付境内物流运送到买家手中。保税进口模式的基本流程如图 9-3 所示。

图 9-3　保税进口模式的基本流程

在保税进口模式中，跨境进口电子商务卖家先从境外大批量采购商品并将其运至境内保税仓备货暂存。当买家在电子商务网站下单时，订单、支付单、物流单等数据将实时传输给海关等监管部门，完成申报、征税、查验等通关环节，然后商品直接从保税仓库发出，通过境内物流送至买家手中。在保税进口模式中，卖家可以卖出一件商品就清关一件，没有卖掉的商品可以存在保税仓内。

由于商品是从境内的保税仓发货的，所以与直邮进口模式相比，保税进口模式的物流时效更高。

▶▶▶ 9.2.2　跨境进口电子商务的退货模式

近年来，跨境网购已经成为人们日常生活的一个重要部分，海淘规模不断扩大。由于跨境进口的交易主体分属于不同的关境，涉及的环节众多，因此存在很多复杂的问题。其中，跨境退货就是较为突出的问题之一。

1. 跨境进口电子商务的退货模式

跨境进口电子商务的退货模式主要有四种类型，即保税仓退货模式、境外直邮退货模式、转运退货模式，以及海关监管仓退货模式。

（1）保税仓退货模式

买家将商品退到境内保税仓或购物平台，退货所花费的物流时间较短。一般来说，由卖家原因导致的退货，买家可以获得全额退款，买家不需额外支付商品税费；由买家个人原因导致的退货，买家则不能获得全额退款。

（2）境外直邮退货模式

境外直邮退货模式通常有两种情况，如图 9-4 所示。

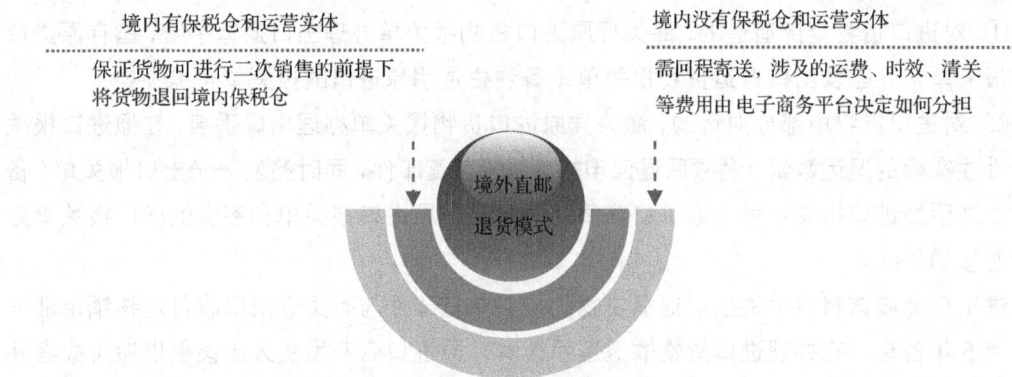

境内有保税仓和运营实体	境内没有保税仓和运营实体
保证货物可进行二次销售的前提下将货物退回境内保税仓	需回程寄送，涉及的运费、时效、清关等费用由电子商务平台决定如何分担

境外直邮退货模式

图 9-4　境外直邮退货模式的两种情况

由于境外直邮购物的特殊性，退换货都要从境内退回至境外的品牌商，在这个过程中会产生高额费用，因此直邮商品非质量问题不接受退换货。

（3）转运退货模式

在现阶段，转运退货模式相对较难，因为转运公司一般无回程通路。在转运模式下，商品的名义收货人是转运公司，如果退货仍然需要由转运公司配合。另外，国际运费和时间成本较高，衡量之后大多数买家就会放弃。

（4）海关监管仓退货模式

以往各大跨境电子商务平台为了满足买家退货需求，需要在保税区外设立专门的跨境商品退货仓库。在该模式下，退货环节较为烦琐且非常耗时，为了有效提高退货效率，减轻跨境退货的成本，杭州海关在 2019 年推出了海关监管仓退货模式。

在这种模式下，当买家向跨境电子商务平台提出退货后，可以直接将需要退货的商品寄至保税区内的海关监管仓，在保税区内完成全部退货流程，这将大大减少跨境退货环节，并节省很多退货的时间。

2．进口货物办理退运的手续问题

进口货物办理出口退运时，退运人及其代理人应持海关签发的原进口货物报关单或外汇局签发的备案登记表向海关办理出口退运手续。

（1）已付汇进口货物的退运

对已付汇进口货物的退运需要先由进口商向外汇局提出申请，办理备案登记，海关凭外汇局出具的《进口退运付汇核销备案登记表》办理出口退运手续，签发进口货物退运的出口报关单（备注栏上注明原进口报关单编号）。原进口商在收到外商退回的原进口款项时，应填写《涉外收入申报单》。对公单位还需注明对应的原对外付款申报号码，交易编码为"0208"，交易附言栏内注明"退款"，并持海关签发的相应进口货物退运的出口报关单、银行收账通知或结汇水单、外汇局签发的《进口退运付汇核销备案登记表》、货物进口合同、运输单据等一并向外汇局办理进口货物退货退汇处理的手续，但收汇银行不得出具出口收汇核销专用联。

（2）未付汇进口货物的退运

进口商在办理未付汇的进口货物退运时，海关会按照以下办法处理。

① 对进口货物全部退运的，海关凭原进口货物报关单办理出口退运手续，留存原进口货物报关单，并签发出口退运货物报关单（备注栏注明原进口的报关单号）。

② 对进口货物中部分退运的，海关凭原进口货物报关单办理出口手续，在原进口报关单上批注实际的退运数量、金额后退回申报人，留存复印件，同时签发一份出口报关单（备注栏上注明原进口报关单号）。原进口商凭海关批注的原进口报关单和签发的出口报关单办理付汇核销手续。

进出口商应该将有关进出口退运货物的报关单复印件与有关进出口收付汇核销单证一并保留 5 年备查。在办理进口货物的退运手续时，原进口商及发货人应该提供海关或者外汇局要求的其他证明文件。

进出口商在办理进出口货物退运的手续时，如果发生瞒报、漏报、伪报货物退运情况，构成逃汇、套汇、骗汇行为的，将根据《中华人民共和国海关法》《中华人民共和国外汇管理条例》《中华人民共和国行政处罚法》及相关法规受到处罚。

9.3 跨境电子商务零售进口税收政策

我国跨境电子商务税收政策是顺应跨境电子商务发展潮流而制定的，相关部门根据跨境进口电子商务的实际发展需要相应地做出税收政策的调整。

根据《关于跨境电子商务零售进口税收政策的通知》《关于完善跨境电子商务零售进口税收政策的通知》的规定，跨境电子商务零售进口需要遵守的税收政策主要包括以下内容。

1. 税收类型、完税价格、纳税义务人的界定

跨境电子商务零售进口商品按照货物征收关税和进口环节增值税、消费税，购买跨境电子商务零售进口商品的个人作为纳税义务人，以实际交易价格（包括货物零售价格、运费和保险费）作为完税价格，电子商务企业、电子商务交易平台企业或物流企业可以作为代收代缴义务人。

2. 适用跨境电子商务零售进口税收政策的商品类型

跨境电子商务零售进口税收政策适用于从其他国家或地区进口的、《跨境电子商务零售进口商品清单》范围内的以下商品。

（1）所有通过与海关联网的电子商务交易平台交易，能够实现交易、支付、物流电子信息"三单"比对的跨境电子商务零售进口商品。

（2）未通过与海关联网的电子商务交易平台交易，但快递、邮政企业能够统一提供交易、支付、物流等电子信息，并承诺承担相应法律责任进境的跨境电子商务零售进口商品。

不属于跨境电子商务零售进口的个人物品以及无法提供交易、支付、物流等电子信息的跨境电子商务零售进口商品，按照现行规定执行。

3. 交易限值及税率规定

跨境电子商务零售进口商品的单次交易限值为人民币 5 000 元，个人年度交易限值为

人民币 26 000 元。在限值以内进口的跨境电子商务零售进口商品，关税税率暂设为 0%；进口环节增值税、消费税取消免征税额，暂按法定应纳税额的 70%征收。

完税价格超过 5 000 元单次交易限值但低于 26 000 元个人年度交易限值，并且订单下仅有一件商品时，可以自跨境电子商务零售渠道进口，按照货物税率全额征收关税和进口环节增值税、消费税，交易额计入年度交易总额，但年度交易总额超过年度交易限值的，应按一般贸易管理。

4. 申请退税时限

跨境电子商务零售进口商品自海关放行之日起 30 日内退货的，可以申请退税，并相应调整个人年度交易总额。

5. 其他规定

跨境电子商务零售进口商品购买人（订购人）的身份信息应进行认证；未进行认证的，购买人（订购人）的身份信息应与付款人的身份信息一致。

已经购买的电子商务进口商品属于消费者个人使用的最终商品，不得进入境内市场再次销售；原则上不允许网购保税进口商品在海关特殊监管区域外开展"网购保税+线下自提"模式。

▼ 📍 课后习题 •••

1. 简述跨境进口电子商务的业务流程。
2. 跨境进口电子商务的通关模式有哪些类型？各有什么特点？
3. 某买家在某跨境电子商务交易平台购买了一件实际交易价格为 10 000 元的商品，该买家应该如何缴纳税费？

第 10 章

打造品牌形象——跨境电子商务的品牌化运营

📖 **学习目标**

➢ 了解跨境电子商务企业实施品牌化运营的必要性。

➢ 了解跨境电子商务企业实施品牌定位的方式。

➢ 了解跨境电子商务企业实施品牌战略的方式。

➢ 掌握跨境电子商务企业品牌传播的过程及方式。

➢ 掌握跨境电子商务企业实施品牌危机管理的措施。

品牌代表着企业对消费者始终如一的价值承诺,而这种承诺会使人们对品牌产生信赖,信赖感一旦产生,就会在某种程度上影响消费者的购买决策,促成消费者对品牌商品的忠诚消费。因此,对于跨境电子商务企业来说,进行有效的品牌化运营,树立品牌国际形象,提高品牌效应至关重要。本章将详细介绍跨境电子商务的品牌定位、品牌战略、品牌传播及品牌危机管理等内容。

10.1 跨境电子商务品牌化运营的必要性

品牌不仅是企业、商品和服务的标识,还是一种反映企业综合实力和运营水平的无形资产,在激烈的商业竞争中具有举足轻重的地位和作用。因此,无论是传统企业,还是跨境电子商务企业,唯有积极开展品牌化运营才能赢得市场。具体来说,跨境电子商务企业开展品牌化运营的必要性主要表现在以下三个方面。

1. 降低商品被无品牌商家跟卖的风险

一些跨境电子商务卖家看到销量好的爆款商品后往往会采取跟卖策略,即跟卖这款商品,或是寻找与之相似但成本低廉的供应商进货并进行销售,这是目前我国跨境电子商务零售出口的常见销售模式。跟卖存在很大的风险,而自建 Listing 又容易被跟卖,这就需要卖家寻求自我保护的办法。品牌备案是卖家维护自身权益的一个重要方法。卖家进行品牌备案后，可以有效杜绝他人跟卖，防止自己的商品因被跟卖而导致价格被压低，从而保护自身的利润不受损害。

2. 提高跨境电子商务卖家的竞争力

跨境电子商务卖家进行品牌化运营，首先，有利于培养买家的忠诚度。一旦品牌形成一定的知名度和信誉度，卖家就可以借助品牌优势扩展市场，促使买家对品牌形成忠诚，让自己的品牌在最短时间内拥有一批高忠诚度的拥护者。

其次，在各大电子商务平台上，信息纷繁复杂，展示和销售同一类商品的卖家少则几家，多则上百家，各个卖家之间的竞争异常激烈。由于同类商品数量众多，品质参差不齐，买家更加愿意购买拥有品牌的商品，以获得更好的商品品质保障。因此，对于卖家来说，拥有品牌的商品往往会比无品牌商品更容易获得买家的青睐，从而使自身获取竞争优势。

最后，品牌化运营有利于卖家发挥强势品牌的扩张功能，不断增强自身的实力，向规模化和高层次发展，实现企业价值的不断增值。

3. 顺应跨境电子商务品牌化运营的趋势

目前，各大跨境电子商务平台对品牌化的要求越来越高。例如，2015 年 12 月 7 日，全球速卖通发布全平台入驻新规定，从 2016 年 4 月初开始，所有商家必须以企业身份入驻速卖通，不再允许个体商家入驻；而到了 2016 年下半年，全球速卖通规定入驻商家必须有品牌，仅有企业身份是不够的。也就是说，商家要同时符合两个条件，即企业身份和商家必须有品牌。

此外，当前买家比以往更加注重品质保障，这也间接地推动了各大卖家走品牌化道路的趋势。对此，从事跨境电子商务行业的各个卖家要顺应跨境电子商务的发展趋势，联合多家境外品牌商和供应商，打造优质的境外大牌正品供应链。

10.2 跨境电子商务的品牌定位

品牌定位是指对品牌进行总体的规划与设计，明确品牌的方向和基本活动范围，进而通过对企业资源的战略性配置和对品牌理念持续性的强化传播来获取市场（消费者、竞争者、社交公众等）的认同，从而实现预期的品牌优势和品牌竞争力。

跨境电子商务企业可以从表 10-1 所示的策略中寻找最适合自身的品牌定位方法，打造属于自己独一无二的电子商务品牌。

表 10-1　品牌定位的策略

品牌定位的策略	具体做法
情感定位	将人类的喜爱、关怀、牵挂、思念、温暖及怀旧等情感内涵融入品牌，使消费者在购买和使用商品的过程中获得这些情感体验，进而唤起他们内心深处对品牌的认同感，最终形成对品牌的喜爱和忠诚。例如，"Intel，奔腾的芯"，运用"心"与"芯"的谐音为其增添了情感成分，构造了一个非常成功的定位

品牌定位的策略	具体做法
类别定位	以商品所属的类别为基础建立品牌联想，树立该品牌等同于某类商品的形象，让品牌成为某类商品的代名词或领导品牌，当消费者有了此类特定需求时就会联想到该品牌。例如，七喜汽水之所以能成为美国的第三大软性饮料，是因为采用了类别定位，它宣称自己是"非可乐"型饮料，是可口可乐和百事可乐之外的一种碳酸饮料，突出其与百事可乐和可口可乐的区别，因此吸引了相当一部分消费者
档次定位	不同的品牌常被消费者分为不同档次。品牌价值是商品质量、消费体验以及各种社会因素（如价值观、文化传统）等的综合反映，档次使品牌具备了实物之外的价值，如给消费者带来优越感等。例如，劳力士、浪琴及江诗丹顿等品牌的手表代表"高贵、成就、完美、优雅"，能给消费者带来高档次的消费体验
功能性定位	将品牌与特定情景下商品的使用功能联系起来，以唤起消费者在特定场合下对该品牌的联想。例如，飘柔洗发水使头发光滑柔顺，潘婷洗发水能为头发提供营养，海飞丝洗发水去屑效果出众

10.3　跨境电子商务品牌战略

品牌战略是企业将品牌作为核心竞争力，以获取差别利润与价值的经营战略。企业实施品牌战略旨在通过培育、争创、打响品牌，提高品牌及企业的市场竞争力。对于跨境电子商务企业来说，实施品牌战略的方式主要有三种：单一品牌战略、副品牌战略和多品牌战略。

▶▶▶ 10.3.1　单一品牌战略

单一品牌又称统一品牌，是指企业生产的所有产品都同时使用一个品牌的情形。这样在企业不同的产品之间形成了一种较强的品牌结构协同，使企业的品牌资产在完整意义上得到充分的共享。

单一品牌战略主要有两大优势，一是企业可以集中力量塑造一个品牌形象，让一个成功的品牌附带若干种产品，使每一个产品都可以共享品牌的优势；二是单一品牌战略的品牌宣传成本较低，这里的成本不仅指市场宣传、广告费用成本，同时还包括品牌管理的成本，以及消费者对品牌认知的清晰程度。单一品牌能够集中体现企业的意志，使企业形成市场竞争的核心要素，避免消费者在对品牌的认识上发生混淆，企业也不需要在各个品牌之间进行协调。

单一品牌战略也存在一定的风险。首先，单一品牌具有"一荣俱荣，一损俱损"的特点，如果同一品牌名下的某个产品出现问题，往往会影响到该品牌下附带的其他产品，甚至会导致整个产品体系将面临重大的损失；其次，单一品牌容易导致品牌下的产品缺少区分度和差异性，难以体现不同产品独有的特点，这样既不利于企业开发不同类型的产品，也不便于消费者有针对性地选择该品牌下的产品。

▶▶▶ 10.3.2　副品牌战略

副品牌是指企业在生产多个产品的情况下，给其所有产品冠以统一品牌的同时，再根据每种产品的不同特征给其取一个符合该产品特点的名称。副品牌运用得当，可以让企业在不增加成本预算的前提下使新产品得到有效的推广。此外，副品牌还能给主品牌注入新鲜感，提升主品牌的价值。

1.　副品牌的分类及其特征

副品牌分为描述性副品牌和驱动性副品牌两类，如图 10-1 所示。

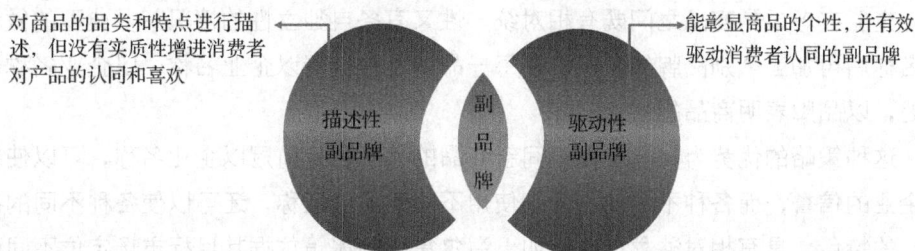

对商品的品类和特点进行描述，但没有实质性增进消费者对产品的认同和喜欢

能彰显商品的个性，并有效驱动消费者认同的副品牌

描述性副品牌　　副品牌　　驱动性副品牌

图 10-1　副品牌的分类

副品牌通常使用通俗易懂的词汇，具有口语化、通俗化的特点，这样不但能够形象地表达产品的特点，而且传播便捷，有利于较快地打响副品牌。

2.　利用主品牌推广副品牌

由于消费者识别、记忆及产生认可和信赖的主体往往是主品牌，因此企业要最大限度地利用已有成功品牌的形象资源推出副品牌。当副品牌经过不断推广，在驱动消费者认同的力量上与主品牌并驾齐驱时，主副品牌就演变为双品牌的关系。当副品牌的影响力超过主品牌的影响力时，副品牌就升级为主品牌，而原先的主品牌就成为担保品牌或隐身品牌。

此外，采用副品牌战略时，对外宣传的重心仍是主品牌，副品牌从不单独对外宣传，都是依附于主品牌进行联合广告推广的，所以副品牌一般不会额外增加企业的广告成本。

▶▶▶ 10.3.3　多品牌战略

多品牌是指一个企业同时经营两个以上相互独立、彼此没有联系的品牌的情形。一个企业使用多种品牌，不仅为了让自身与其他商品生产者形成区分，还为了让自身旗下的各类商品形成区分。

为了有效地提高市场竞争力，企业可以采取以下三种多品牌策略。

（1）分类品牌策略

如果企业经营的各类商品之间的差别较大，那么企业就要根据商品的不同分类归属来采取多品牌策略。例如，美国著名的零售商西尔斯公司就是采取这种策略，它旗下的女性服饰、家用电器等商品分别使用不同的品牌。这样避免了商品性能之间的影响，也有利于为每个品牌营造一个独立的成长空间。

（2）个别品牌策略

个别品牌策略是指企业的不同商品分别采用不同的品牌。这种策略适用于以下两种情况。

① 企业同时经营高、中、低档商品时，为了避免因企业某种商品声誉不佳而影响企业的整体声誉。

② 企业的原有商品在社会上有负面影响，为了避免消费者的反感，企业在发展新商品时特意采取多品牌命名，以免传统品牌以及企业名称对新商品的销售产生不良影响。

（3）"企业名称+个别品牌"策略

企业在考虑到商品之间既有相对统一性又有各自独立性的情况下，典型的做法是在企业名称后再加上个别品牌的名称。在每一品牌之前均冠以企业名称，以企业名称表明商品出处，以品牌表明商品的特点。

这种策略的优势为：在各种不同新商品的品牌名称前冠以企业名称，可以使新商品享受企业的信誉，而各种不同商品分别使用不同的品牌名称，还可以使各种不同的商品保持自己的特色，具有相对独立性。例如，海尔集团的冰箱依据其目标市场定位不同而分别命名为"海尔双王子""海尔小王子""海尔帅王子"等，这种多品牌策略给海尔集团带来的巨大效益是有目共睹的。

10.4 跨境电子商务品牌传播

品牌传播是树立企业形象及培养消费者忠诚度的有效途径，是指企业以品牌为核心原则，在品牌识别的整体框架下，选择广告、公关、销售、人际等传播方式，将特定品牌推广出去，以建立品牌形象，促进市场营销。

▶▶▶ 10.4.1 品牌传播的过程

品牌传播的过程就是将各种各样的品牌信息持续地传递给目标受众群体，并进一步改变目标受众群体对品牌的态度，培养目标受众群体对品牌的忠诚度，并最终累积品牌资产的过程。

品牌传播主要包括以下七个步骤。

1. 分析品牌充当的角色

品牌通常定义为通过培养客户忠诚，以确保未来收入的一种关系。由此，品牌传播的起始点是分析品牌充当的角色，以确保品牌获得更高的忠诚度。

2. 品牌价值评估

跨境电子商务企业一直在努力探寻一个可以对营销传播的投资回报进行量化的工具，而得到的结果是仅被告之无法单独地获得这类数据。在整合品牌传播的范式下，这种现象将被改变。整合品牌传播计划给管理者提供了一套判断品牌资产绩效的工具。

一些企业通过品牌价值评估的方式来判断投入产生的绩效，该方式得出一个以基准品牌价值为目标的测量方法。在整合品牌传播过程中，品牌价值评估能够识别品牌价值的作用要素，可以预测和评估传播活动对品牌价值的影响效果。品牌价值评估通过对不同周期品牌价值相对变化的测量，可以客观地对企业建立和促进品牌价值所投入的回报进行量化，进而评估整合传播计划的整体效果。

3. 明确品牌的核心受众群体

明确品牌的核心受众群体是至关重要的一步。企业要辨别哪些是驱使企业成功的受众群体，而哪些是对企业成功起到一定的影响作用的受众群体。

4. 形成优秀的创意

创意是实现品牌价值的诉求，是使企业在激烈的市场中立于不败地位的利器。而优秀的创意来源于企业对市场动态、目标受众群体实际需求，以及本企业商业计划的一种深刻认识。优秀的创意往往与企业用以迎合目标受众群体需求的策略是一致的。

优秀的创意需要符合四个基本标准，如图 10-2 所示。

图 10-2　优秀创意的基本标准

5. 通过信息传播引导受众认知

改变目标受众群体对品牌的认知并非一件容易的事，这需要企业做好品牌的推广营销工作。要想通过推广营销吸引目标受众群体对品牌的关注，企业必须创造极具创意的营销内容，并开展有效的推广，穿透目标受众群体每日因接触过载信息形成的"防卫墙"。此外，在确定营销内容并投入推广之前，企业需要确定营销内容的准确性、时效性，以优化投入　回报。

6. 有效整合传播媒介及其预算

执行品牌传播最根本的挑战在于确立最佳媒介组合以促使目标受众群体形成强烈的品牌忠诚度，这需要企业在有限的预算的前提下，不断增强信息传播的力度，从而有利于产生驱动性的投入回报，以确保实现预期的效果。

此外，合理使用媒介预算也是影响品牌传播能否成功的关键因素，企业可以将第一年的媒介预算结果作为未来品牌投入的预算参考。

7. 客观评估传播效果

与其他投资相比较，企业要使目标受众群体相信品牌传播投入是一种投资而非花销，就需要让品牌传播获得一个满意的投资回报。企业可以通过定量方法来了解信息和媒体的传播效果，为后续优化营销策略提供有效参考。

▶▶▶ 10.4.2 品牌传播的方式

随着市场竞争的日益激烈及消费者消费行为日趋理性，品牌传播更为讲究实效化，在品牌传播的过程中，传播方式的选择对传播效果有着直接影响。品牌传播的方式主要有广告传播、公关传播、人际传播和促销传播，如表 10-2 所示。

表 10-2　品牌传播的方式

品牌传播的方式	具体释义
广告传播	广告作为一种重要的品牌传播手段，是指品牌所有者以付费方式，委托广告经营部门通过传播媒介，以策划为主体、创意为中心，对目标受众群体进行的以品牌名称、品牌标志、品牌定位、品牌个性等为主要内容的宣传活动
公关传播	公关传播是指企业形象、品牌、文化及技术等传播的一种有效解决方案，包含投资者关系、员工传播、事件管理，以及其他非付费传播等内容。作为品牌传播的一种方式，公关传播能够利用第三方的认证，为品牌提供有利信息，从而教育和引导目标受众群体
人际传播	人际传播是指人与人之间的直接沟通，主要通过企业人员的讲解、示范操作及服务等，使目标受众群体了解和认识企业，并形成对企业的印象和评价，这种评价将影响企业形象。人际传播有助于提高企业的信誉度，这种方式也更容易被目标受众群体所接受
促销传播	促销传播是指通过鼓励对商品和服务进行尝试或促进销售等活动而进行品牌传播的一种方式，其主要手段有抽奖、赠券和赠送礼品等。这种传播方式在短期内能产生较好的销售效果，但很少能为品牌传播带来长久的效益，尤其是对品牌形象来说，大量使用促销推广反而会降低目标受众群体对品牌的忠诚度，增加目标受众群体对价格的敏感性，淡化品牌的质量概念，使企业更加偏重短期行为和效益

10.5　跨境电子商务品牌危机管理

品牌危机管理是企业危机管理的重要组成部分，成功的品牌危机管理可以使品牌化险为夷、渡过难关，甚至能够提高品牌的知名度；而失败的品牌危机管理则会使一个正在畅销的品牌遇冷，甚至导致品牌在市场上就此销声匿迹。在跨境电子商务品牌管理中，品牌危机管理是一个不容忽视的环节。

▶▶▶ 10.5.1　品牌危机的产生原因

品牌危机是指在企业发展过程中，由于多种原因引发的突发性品牌美誉度遭受严重打击、消费者对品牌信任度急剧下降，甚至品牌被市场吞噬、毁掉等现象。导致品牌危机产生的原因有多个，概括来说分为外因和内因两种。

1．外因

导致企业产生品牌危机的外因主要有两种，一种是假冒伪劣商品的冲击，另一种是市场环境变化的影响。

（1）假冒伪劣商品的冲击

名牌商品因为占有极大的市场份额，具有较高的信誉度，并备受消费者的欢迎，自然而然会成为造假者、仿造者的首选对象。市场上存在的假冒伪劣商品不仅损害了消费者的权益，同时也侵害了品牌所有者的权益，对品牌的信誉造成严重的影响，甚至会使品牌遭遇严重危机。

（2）市场环境变化的影响

经济发展水平、技术发展水平、市场竞争环境等的变化，也容易导致品牌危机的发生。当经济出现衰退时，消费者的购买力不足，容易导致商品滞销，进而引发品牌危机；市场上出现新技术，而某些商品却无法采用新技术提升自身的价值含量，消费者在购买商品时就会发生转移，从而购买采用新技术的商品，此时技术含量低的品牌就容易出现品牌危机；在激烈的市场竞争中，一些竞争对手会采取降价、加强促销等手段扩大自己的市场占有率，弱化其他同类品牌，如果其他同类品牌没有有效的应对措施就容易出现品牌危机。

2．内因

导致企业产生品牌危机的内因有很多种，最常见的有以下三种。

（1）商品缺乏创新

随着生活水平的提高，人们的消费水平和消费观念不断发生变化，这就要求企业根据消费者需求的变化在商品上进行创新，不断打造出消费者喜爱的商品，以适应时代的变化。如果企业一味地循规蹈矩，不能适应市场的发展变化，终有一天会被消费者遗忘，被市场所淘汰。

（2）危机意识淡薄

不少企业认为自己的品牌有了一定的知名度，其他品牌难以与之抗衡，便对危机放松了警惕，只顾追求眼前的经济利益而忘记了长远利益。当危机悄然降临时，由于企业对危机缺乏有效的预防和应对措施，致使一些"名牌"还没有畅销就大势已去。

（3）不重视商品质量

商品自身出现质量问题是导致品牌产生危机的一个常见原因，这主要是因为企业领导及员工缺乏质量意识，对商品质量不够重视。商品本身的质量问题主要表现为偷工减料、以次充好、变质商品等，这些问题往往会对企业的信誉乃至生存造成很大的威胁。

▶▶▶ 10.5.2 品牌危机的处理

一旦出现品牌危机，企业应该立即采取措施应对和处理危机，力求减少或扭转危机对品牌和企业造成的危害。企业在处理品牌危机时应该遵循一定的原则，如图 10-3 所示。

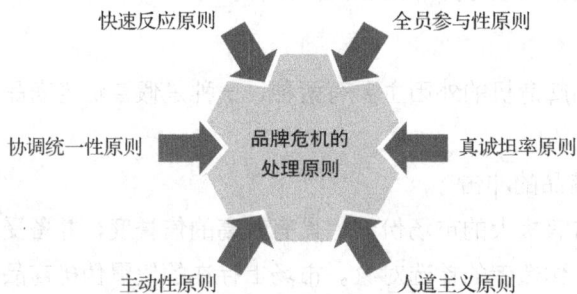

图 10-3 品牌危机的处理原则

当企业出现品牌危机时，企业的管理者要积极着手进行品牌的恢复与重振工作。具体来说，处理品牌危机的策略主要有以下三种。

（1）完善危机应急处理机制

品牌危机爆发后，最重要的是冷静地辨别危机的性质，有计划、有组织地应对。企业应该迅速成立危机处理应变总部，担负起危机处理的协调和指挥工作。一般来讲，这类机构应该包括调查组、联络组、处理组、报道组等，每个小组的职责要明确、清晰。当危机事件发生时，调查组要立即对事件进行详细的调查，并尽快形成初步分析报告，提出应对危机的策略与措施。

（2）内、外部沟通双管齐下

企业首先做好内部沟通工作，面对各种突发性的品牌危机，企业要及时组建由首席执行官领导的危机公关小组，小组成员由企业相关部门人员组成。公关危机小组要以沉着、冷静的态度正确把握危机事态的发展，有条不紊地开展危机公关工作，处理好内部公众关系，避免企业内部出现人心涣散、自顾不暇、各奔前程的局面。

在必要时，企业可以根据具体情况聘请社会专业公关资源进行协助，制定出公关方案，统一口径对外公布消息。此外，企业还要通过媒体向所有受影响的消费者及公众致以诚挚的歉意，公布处理结果和改正措施，承担相应的责任，最大限度地取得消费者的谅解，即使责任不在企业，也要给消费者以关怀，为受害者提供应有的帮助，以免由于消费者不满而导致事态恶化和危机升级。

（3）建立不合格商品召回制度

一旦出现商品质量问题方面的危机，企业要迅速启动不合格商品召回制度，收回市场上所有的不合格商品，并利用大众媒体告知社会公众如何退回这些商品。

1．跨境电子商务企业实施品牌战略的方式有哪些？

2．简述跨境电子商务企业品牌传播的过程及方式。

3．跨境电子商务企业产生品牌危机的原因主要有哪些？如果出现品牌危机，企业应该如何处理？

第11章
数据化运营与管理——
跨境电子商务数据分析

📖 学习目标

➢ 了解跨境电子商务数据分析的基本步骤。
➢ 掌握跨境电子商务数据分析常用的分析指标及选择方法。
➢ 了解跨境电子商务数据分析的思维方式。
➢ 掌握跨境电子商务数据分析常用的方法。

数据分析是指使用适当的方法对收集来的数据进行分析，将它们加以转化，以最大化地挖掘数据中隐藏的信息，发挥数据的作用。在跨境电子商务行业中，数据分析至关重要。商品、销售、供应链、物流等每一个环节的改进和优化都少不了数据做支撑。卖家需要通过开展数据分析来找到、分析并解决运营中存在的问题，为做出精确的经营决策提供依据。

11.1 跨境电子商务数据分析的基本步骤

在店铺运营过程中，能够为卖家做出运营决策提供参考依据的就是数据分析。卖家开展数据分析的目的是找到适合自己店铺的运营方案，从而实现销售利润最大化。

一般来说，开展数据分析包括以下步骤。

1. 确定目标

在开展数据分析之前，卖家首先要明确开展数据分析的目标，即想要通过数据分析发现并解决哪些问题。例如，卖家通过数据分析进行选品，通过数据分析掌握某次营销活动的效果等。

2. 搜集数据

开展数据分析，首先要有足够的有效数据，卖家可以通过以下几个渠道搜集数据。

（1）卖家账号后台

卖家账号后台会记录卖家店铺运营的相关数据，如账号等级、商品的销售数据、浏览数据、交易转化数据、广告推广数据等。卖家需要及时关注账号表现，并定期对账号后台中的数据进行收集、整理和归档，以便于后期应用。

（2）电商平台数据工具

各大跨境电子商务平台都会为卖家提供一些数据分析工具。例如，数据纵横是全球速卖通基于平台海量数据打造的一款数据营销工具，卖家可以充分利用这个工具了解自己店铺的运营状况。此外，在各大跨境电子商务平台的买家端也会有热销榜、销量榜等榜单信息，这些地方也是卖家搜集行业销售数据和竞品销售数据的重要渠道。

（3）第三方数据工具

市场上有一些专门提供数据分析服务的第三方数据工具，如谷歌趋势、Keyword Spy等，这些工具通常会提供有关跨境电子商务平台监测数据、市场规模、行业销售数据、竞品销售数据和网民搜索趋势等各类数据，卖家可以通过这些工具搜集自己需要的数据。

（4）网页数据抓取工具

卖家可以使用诸如八爪鱼采集器之类的网页数据采集器或 Python 语言来爬取数据。

3. 整理数据

将搜集来的数据进行整理，可以将数据制作成图表，也可以用 Excel 表格中的公式及数据透视表对数据进行统计运算。无论采取何种方式整理数据，最重要的是要将数据整理成能够直接反映某些信息的形式。

4. 分析数据

为了更好地得出结论，卖家需要对整理后的数据结果进行分析。例如，将本月数据与上月数据做对比，将不同商品的销售数据做对比等。

5. 发现问题并做出改变

卖家可以通过数据分析发现自身存在的问题，并及时改正。卖家可以尝试设计多个方案，通过数据测试从中筛选出最优方案，然后将其运用到实际运营中，以达到最佳的运营效果。例如，在进行店铺装修时，卖家可以多尝试几种店铺装修风格，然后通过分析不同装修风格下店铺的浏览量、跳失率等数据来确定或调整装修方案。

11.2 跨境电子商务数据分析指标

数据统计分析工作的顺利进行离不开合理的数据分析指标的支持，合理的数据分析指标能够帮助卖家更好地理解数据。因此，在开展数据分析之前，卖家需要建立科学、合理的数据分析指标体系。

▶▶▶ 11.2.1　常用的数据分析指标

构建系统的数据分析指标体系是实现跨境电子商务数据化运营的重要前提，不同类别的指标对应着跨境电子商务运营的不同环节，卖家通过对不同类别指标的分析，可以深入了解店铺各方面的情况。跨境电子商务数据分析常用指标如表 11-1 所示。

表 11-1　跨境电子商务数据分析常用指标

指标类型	常用指标	指标说明
流量类指标	页面浏览量（Page View，PV）	又称访问量，指用户访问页面的次数，用户每访问一个页面就计一个访问量，用户多次访问同一页面，访问量累计
	独立访客数（Unique Visitor，UV）	在统计时间内访问页面的人数，同一个用户在统计时间内的多次访问只计一次访问
	访问深度	用户在一次访问中浏览了店铺内不同页面的数量，反映了用户对店铺内各个页面的关注程度
	平均访问深度	用户平均每次连续浏览的店铺页面数
	页面访问时长	单个页面被访问的时间长度
	人均页面访问数	人均页面访问数=页面浏览量（PV）÷独立访客数（UV），该指标反映了页面的黏性
	跳失率	只访问了一个页面就离开的访问次数占该页面总访问次数的百分比。该指标反映了页面内容对用户的吸引程度，跳失率越大，说明页面对用户的吸引力越小，该页面内容越需要调整
	平均访问时长	总访问时长与访问次数的比值
销售转化类指标	购物车支付转化率	一定周期内将商品加入购物车并支付的用户数占将商品加入购物车的用户数的百分比
	浏览—下单转化率	在统计时间内下单的用户数占店铺访客总数的百分比
	浏览—支付转化率	在统计时间内支付订单的用户数占店铺访客总数的百分比
	下单—支付金额转化率	在统计时间内支付金额占下单总金额的百分比
	下单—支付买家数转化率	在统计时间内支付的用户数占下单用户总数的百分比
	下单—支付时长	用户下单时间距离支付时间的差值
	连带率	销售的件数与交易次数的比值，反映用户平均单次消费的商品件数
销售业绩类指标	成交总额（Gross Merchandise Volume，GMV）	一段时间内店铺的成交总金额。只要用户下单生成订单号，无论这个订单最终是否成交，都可以计算在 GMV 中，即 GMV 包含付款和未付款的部分

指标类型	常用指标	指标说明
销售业绩类指标	销售金额	店铺产生的总销售额，一般指实际成交金额
	销售毛利	商品销售收入与成本的差值
	毛利率	毛利与销售收入的百分比
会员类指标	注册会员数	一定统计周期内的注册会员的数量
	活跃会员数	一定时期内有消费或登录行为的会员总数
	活跃会员比率	活跃会员数占会员总数的百分比
	会员复购率	在某时期内产生两次及两次以上购买行为的会员数占产生过购买行为的会员总数的百分比
	会员平均购买次数	在统计周期内每个会员平均购买的次数，会员平均购买次数=订单总数÷产生购买行为的会员总数
客户类指标	留存率	用户在某段时间内开始访问店铺，经过一段时间后，仍然继续访问店铺的用户被认作是留存用户，留存用户数量与当时新增用户数量的百分比就是留存率
	客单价	每一个用户平均购买商品的金额，即成交金额与成交用户数的比值
	客单件	每一个用户平均购买商品的数量
	消费频率	一定期间内用户在店铺内产生交易行为的次数
	最近一次购买时间	用户最近一次在店铺内产生交易的时间距离现在的时间差
	消费金额	用户在最近一段时间内交易的金额
	重复购买率	在单位时间内，再次购买商品的人数占购买该商品的总人数的百分比
商品类指标	库存量单位（Stock Keeping Unit，SKU）	物理上不可分割的最小存货单位。例如，iPhone X 64G 银色就是一个 SKU，每个 SKU 的编码均不相同，如相同则会出现商品混淆，导致卖家发错货
	标准化产品单元（Standard Product Unit，SPU）	商品信息聚合的最小单位，它是一组可复用、易检索的标准化信息的集合，该集合描述了一个商品的特性。简单来讲，属性值、特性相同的商品就可以称为一个 SPU，例如，iPhone 11 就是一个独立的 SPU
	在线 SPU	在线商品的 SPU 数
	独家商品收入比重	独家销售的商品所产生的收入占总销售收入的比例
	品牌数	店铺内商品的品牌总数量
	在线品牌数	在线商品的品牌总数量
	上架商品 SKU 数	店铺内上架商品的 SKU 数量
	上架商品 SPU 数	店铺内上架商品的 SPU 数量

指标类型	常用指标	指标说明
商品类指标	首次上架商品数	第一次在店铺内上架的商品数量
	订单执行率	订单执行率=能够执行的订单数量÷订单总数量×100%
市场营销活动指标	新增访问数	某推广活动所带来的新访客的数量
	活动下单转化率	某推广活动所带来的下单次数与访问该活动次数的百分比
	投资回报率（Return On Investment，ROI）	某一推广活动期产生的交易金额与该活动投资成本的百分比
风控类指标	买家评价率	某段时间参与评价买家数量与该时间段内总买家数量的百分比。该指标反映了买家对评价的参与度
	买家好评率	某段时间内卖家收到好评的数量与该时间段内卖家收到评价总数量的百分比
	买家差评率	某段时间内卖家收到差评的数量与该时间段内卖家收到评价总数量的百分比
	投诉率	发起投诉的买家数量与买家总数量的百分比
市场竞争类指标	市场占有率	店铺内某一商品（或品类）的销售量（或销售额）在市场同类商品（或品类）中所占比率
	市场增长率	店铺内某一商品（或品类）的市场销售量或销售额在比较期内的增长比率

▶▶▶ 11.2.2　数据分析指标的选择

跨境电子商务数据分析的指标有很多，并且各个指标所能反映的现象各有不同，那么在诸多指标中，哪些才是卖家开展数据分析时需要使用的核心指标呢？这个问题其实并没有标准答案，因为各个店铺所属的行业、性质不同，所处的阶段不同，卖家的关注点也不相同。不过，卖家在选择数据分析指标时，可以参考以下几个原则。

1. 店铺所处阶段不同，关注重点不同

一个新店铺，在运营初期积累数据、找准营运方向，比卖多少商品、赚多少利润更为重要。因此，处于这个阶段的卖家可以重点关注流量类指标。

已经运营一段时间的店铺，通过开展数据分析提高店铺销量是首要任务。因此，处在这个阶段的卖家需要关注的重点指标是流量类指标、销售转化类指标和销售业绩类指标。

已经有一定规模的店铺，利用数据分析提升店铺的整体运营水平是关键任务。此时，卖家需要重点关注的指标是独立访客数、页面浏览量、转化率、复购率、留存率、客单价、ROI 和销售金额等。此外，会员复购率和会员留存率也非常值得关注，因为对于店铺来说，即使会员复购率很高，如果会员留存率大幅下降也是很危险的。

2. 周期不同，侧重点不同

在跨境电子商务中，有的数据分析指标需要按天、时段来追踪，有的数据分析指标可以以"周"为单位进行分析，有的数据分析指标可以作为店铺员工的绩效考核指标。

（1）每日追踪的指标

卖家需要每日追踪的指标主要有独立访客数、页面浏览量、页面访问时长、跳失率、转化率、客单价，以及重点商品的库存量、订单执行率等。

（2）按周分析的指标

大部分数据分析指标都可以按周进行分析，不过卖家可以将重点放在对重点商品的分析和重点流量的分析上。以"周"为单位进行分析的指标包括但不限于日均 UV、日均 PV、访问深度、重复购买率、成交总额、销售金额、销售毛利等。

（3）绩效考核指标

数据分析指标不仅可以帮助卖家掌握店铺的运营情况，还可以作为关键绩效指标（Key Performance Indicator，KPI），用于考核员工的工作业绩。KPI 在精而不在多，卖家需要根据员工的业务分工来制定差异化的绩效考核指标。例如，对于店铺营运人员来说，KPI 包括独立访客数、转化率、访问深度、客单价和连带率等指标；对于店铺推广人员来说，KPI 包括新增访问数、新增购买用户数、活动下单转化率、跳失率和 ROI 等。

11.3 跨境电子商务数据分析的思维与方法

数据本身没有价值，有价值的是从数据中提取出来的信息。从数据中提取信息需要讲究一定的思维方法和运用一定的数据分析方法，这样才能让提取出来的信息更加科学，更具参考性。

11.3.1 跨境电子商务数据分析的思维方式

在开展数据分析的过程中，卖家可以采用以下几种思维方式。

1. 对比思维

没有对比，就没有优劣。单独看一个数据并不能得到有效的信息，而将其与其他数据进行比较，才更容易得到有用的信息，这运用的就是对比思维。表 11-2 列举了某店铺在 2019 年 12 月 24 日和 12 月 25 日两天的成交记录，单从成交总金额的角度来说，该店铺 12 月 24 日的成交情况比 12 月 25 日的成交情况好；而从下单支付率的角度来说，该店铺 12 月 25 日的下单支付率要比 12 月 24 日的下单支付率高。

将不同的数据进行对比，是开展数据分析最基本的思路，也是最重要的思路。例如，监控店铺的交易数据、对比两次营销活动的效果等，这些过程就是在做对比。卖家拿到数据后，如果每个数据都是独立的，就无法判断数据反映出来的变化趋势，也就无法从数据中获取有用的信息。

表 11-2　某店铺交易信息记录

时间	下单总金额（美元）	下单—支付金额（美元）	成交总金额（美元）	成交会员数	下单数	下单—支付订单数	下单支付率
2019 年 12 月 24 日	1023	437	437	4	8	4	50.0%
2019 年 12 月 25 日	591.5	328.8	328.8	3	5	3	60.0%

2. 拆分思维

当一些数据在某个维度可以进行对比时，卖家就可以选择对比的方式对数据进行分析。如果通过对比分析后，需要找到导致这个结果出现的背后原因，就需要利用拆分思维。例如，为什么 2019 年 12 月 24 日的成交总金额会比 2019 年 12 月 25 日的高，是当天购买商品的人数多，还是因为购买商品的人数少但买家购买的商品价格高呢？此时，就需要用到拆分思维，将一些数据拆分为更加细分的数据，从细节处寻找原因。

例如，成交总金额=成交买家数×客单价，而成交买家数=访客数×转化率。将成交总金额拆分之后，其分析维度更加细致，卖家可以从客单价、访客数、转化率等细节处寻找造成 2019 年 12 月 24 日的成交总金额比 2019 年 12 月 25 日的成交总金额高的原因。

3. 降维、增维思维

在进行数据分析时，卖家一般只需要关心对自己有用的数据即可，当某些维度下的数据与此次数据分析的目的无关时，卖家就可以将其剔除，从而达到"降维"的目的。

"增维"和"降维"是相对的，有降必有增。当使用当前的维度不能很好地解释某个数据时，卖家就需要对该数据做一个运算，多增加一个维度，这个增加的维度通常被称为"辅助列"。

例如，卖家在分析某个热搜词的热搜度时，发现可以从两个维度对该数据进行分析，一个是搜索指数，另一个是当前商品数。这两个指标一个代表需求度，另一个代表竞争度，于是有很多卖家会多做一个运算，即"搜索指数÷当前商品数=倍数"，用"倍数"代表一个词的竞争度（计算的倍数越大，说明该热搜词的竞争度越小），这种做法就是在"增维"。

总之，"增维"和"降维"就是卖家对数据的意义进行充分的了解后，为了方便进行数据分析，有目的地对数据进行转换运算。

4. 假设思维

当尚未得出数据分析的结果时，卖家可以运用假设思维，先假设有了结果，然后运用逆向思维推导造成这种结果的原因。从结果到原因，即探索是哪些原因才会导致这种结果。通过不断地假设原因，卖家可以知道要想导致这种结果出现，自己现在满足了多少原因，还需要多少原因。

如果导致某种结果出现的原因有多种，那么卖家也可以通过假设从众多原因中找到导致这种结果出现的最重要的那个原因。当然，除了结果可以假设外，过程也是可以假设的。

▶▶▶ 11.3.2　跨境电子商务常用的数据分析方法

数据分析有法可循，卖家在分析数据时使用科学、合理的分析方法可以快速有效地分析数据，从数据中获取信息。下面介绍几种跨境电子商务常用的数据分析方法。

1. 对比分析法

对比分析法也称比较分析法，是指将两个或两个以上的数据进行对比，分析数据之间的差异，进而揭示这些数据背后隐藏的规律。

（1）对比分析法的类型

按照发展速度采用基期的不同，对比分析法可以分为同比、环比和定基比，三者均用百分数和倍数表示。

① 同比

同比是指今年第 *N* 月与去年第 *N* 月相比较。同比发展速度主要是为了消除季节变动的影响，用于说明本期发展水平与去年同期发展水平对比而达到的相对发展速度。例如，2019年 12 月的店铺销售额与 2018 年 12 月的店铺销售额相比。

同比增长率的计算公式如下。

$$同比增长率=（本期数据-上一周期同期数据）/上一周期同期数据×100\%$$

② 环比

环比是指报告期水平与其前一期水平之比，表明现象逐期的发展速度。例如，2019年 12 月的店铺销售额与 2019 年 11 月的店铺销售额相比。

环比增长率的计算公式如下。

$$环比增长率=（本期数据-上期数据）/上期数据×100\%$$

③ 定基比

定基比是指报告期水平与某一固定时期水平之比，它表明这种现象在较长时期内总的发展速度。例如，将 2019 年店铺各月的销售额，均以 2018 年 12 月的销售额为基准进行对比。

定基比增长率的计算公式如下。

$$定基比增长率=（本期数据-基期数据）/基期数据×100\%$$

（2）对比分析法的应用

在实际操作中，对比分析法的应用有以下几种方式。

① 将完成值与设定的目标进行对比

将实际完成值与设定的目标进行对比，属于横向比较。例如，在跨境电子商务店铺的运营中，卖家每年都会设定全年的业绩目标，将当前达成的业绩与设定的全年业绩目标做对比，以了解店铺的发展进度和业绩完成率，分析业绩目标的设定是否合理、是否需要调整等。

② 行业内做对比

将自身发展水平与同行业竞争对手或行业的平均水平做对比，属于横向对比，这样有利于卖家了解自身的发展水平在行业中处于何种位置，了解自身设定的指标是否具有先进性，从而为自身制定发展策略提供参考依据。

③ 不同类商品做对比

将不同类型的商品做对比，属于横向比较。例如，在开展某项推广活动后，卖家可以将店铺内半身短裙的销售额与连衣裙的销售额进行对比，这样能够让卖家了解各个品类的销售状况，从而及时调整营销策略。

④ 将活动效果做对比

开展某项营销推广活动后，卖家可以将活动前后的相关运营数据进行对比，这样可以帮助卖家了解营销推广活动的效果，分析营销推广活动是否达到预期目标。

2. 漏斗图分析法

漏斗图分析法是一种以漏斗图的形式展示分析过程和结果的分析方法。这种分析方法适用于业务流程比较规范、业务流程周期较长、各流程环节涉及复杂业务较多的情况。漏斗图能够让各环节的业务数据得到最直观的展示，明确指出业务流程中存在问题的环节。

例如，运用漏斗图分析法分析买家购买过程，这样能够让卖家了解买家从进入店铺到购买商品的整个过程中每一个环节的转化情况，如图 11-1 所示。

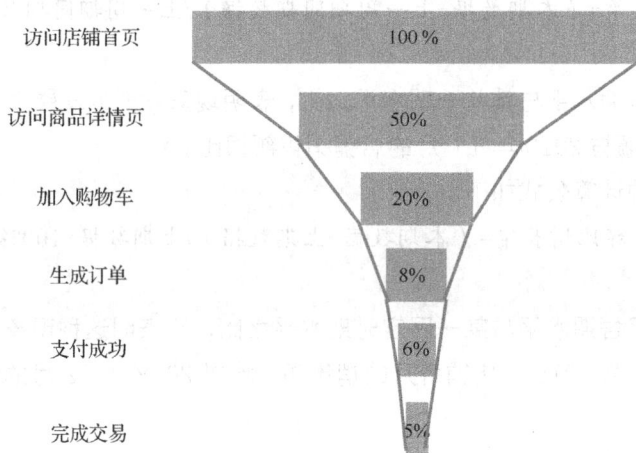

访问店铺首页	100%
访问商品详情页	50%
加入购物车	20%
生成订单	8%
支付成功	6%
完成交易	5%

图 11-1　买家购买过程转化率

3. 相关性分析法

相关性分析是指对两个或多个具备相关性的变量元素进行分析，从而衡量这些变量元素的相关密切程度。相关性元素之间需要存在一定的联系，才可以进行相关性分析。

相关性不等于因果性，也不是简单的个性化，相关性所涵盖的范围和领域非常广泛。在数据分析中，经常需要使用相关性分析法来判断两个因素之间是否存在联系，以确定数据假设是否能够被用于业务中。

卖家可以使用 Excel 进行相关性分析，例如，分析店铺促销投入与销售额之间是否存在联系，具体操作方法如下。

步骤 1，在 Excel 表格中分别输入各月促销投入和销售额的数据，如图 11-2 所示。

	A	B	C	D
1	月份	促销投入（万）	销售额（万）	
2	1	0.3	15	
3	2	0.4	18	
4	3	0.6	19	
5	4	0.7	20	
6	5	0.8	22	
7	6	0.9	23	
8	7	1	25	
9	8	0.8	24	
10	9	0.6	22	
11	10	0.5	20	
12	11	0.6	24	
13	12	0.5	23	

图 11-2　输入数据

步骤 2，选中 D2 单元格，然后单击"插入函数"按钮 ，如图 11-3 所示。

图 11-3　单击"插入函数"按钮

步骤 3，弹出"插入函数"对话框，在"或选择类别"下拉列表框中选择"全部"选项，在"选择函数"列表框中选择 CORREL 函数，然后单击"确定"按钮，如图 11-4 所示。

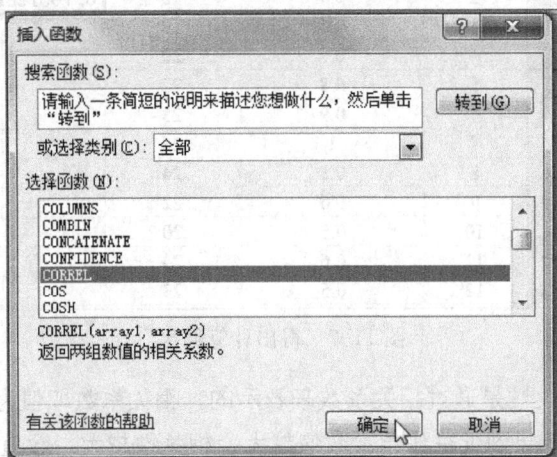

图 11-4　选择 CORREL 函数

步骤 4，弹出"函数参数"对话框，将光标定位到 Array1 文本框中，在工作表中选择 B1:B13 单元格区域，如图 11-5 所示；同样，将光标定位到 Array2 文本框中，在工作表中选择 C1:C13 单元格区域，然后单击"确定"按钮，如图 11-6 所示。

图 11-5　设置 Array1 参数

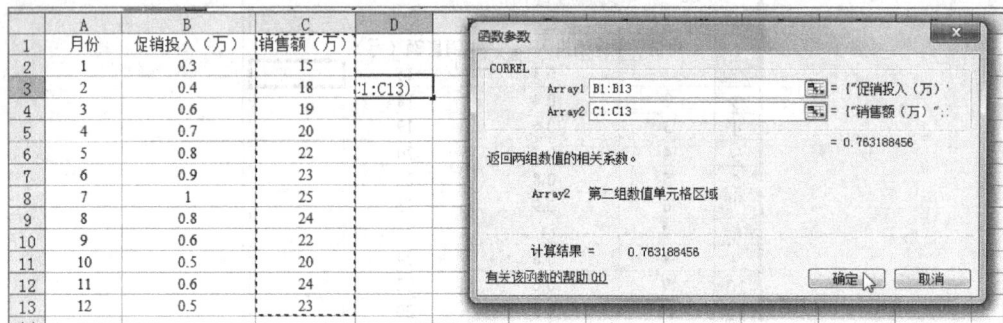

图 11-6　设置 Array2 参数

步骤 5，此时，即可得出计算结果 0.763188，如图 11-7 所示。

图 11-7　得出计算结果

在 Excel 中，相关性是通过相关系数来表示的，相关系数取值为-1～1，负数表示起到阻碍作用，正数表示起到促进作用；数值越大，相关性越大；数值为零，表示没有相关性。本例中计算结果为 0.763188，说明促销资金投入和销售额之间是中度相关关系。

4. 杜邦分析法

杜邦分析法是美国杜邦公司最先使用的一种分析方法，它是利用几种主要的财务比率之间的关系来综合分析企业财务状况的分析方法。

杜邦分析法多用于财务分析中，它以企业净资产收益率作为核心，将影响净资产收益率的因素进行逐层分解，形成一个完整的指标体系，并揭示各相关指标间的相互影响关系，从而为企业管理者了解企业经营状况、提高经营收益提供有效参考。

杜邦分析法的整体框架如图 11-8 所示。

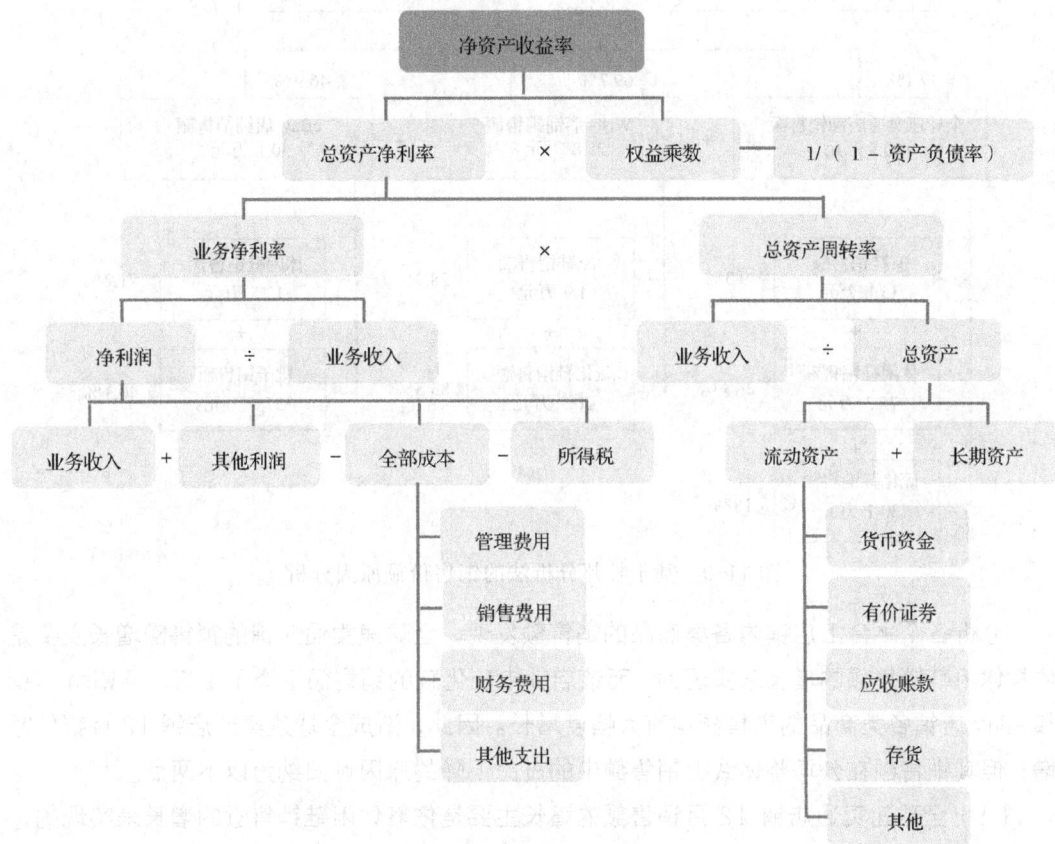

图 11-8　杜邦分析法的整体框架

假设某个鞋类商贸公司主要销售凉鞋、休闲鞋、硫化鞋、靴子四类商品，在线上主要通过全球速卖通、Wish、eBay 三个跨境电子商务平台开设店铺进行商品销售，其中全球速卖通是该商贸公司的主要运营平台。在 2019 年 12 月月底的业绩总结中，该商贸公司的管理者发现公司在全球速卖通平台上的店铺 12 月的销售额环比增长了 17.1%，但在 12 月，该店铺的销售额占公司整体线上销售额的比率为 64.9%。此时，管理者可以运用杜邦分析法来分析 12 月全球速卖通店铺销售额占公司整体线上销售额的比率下降的原因。从销售份额的计算公式开始细分，形成图 11-9 所示的杜邦分析框架。

运用杜邦分析法可以发现，该公司的月度销售额从 169.3 万元上升至 216.4 万元，环比增长 27.8%；Wish 店铺 12 月销售额为 25.8 万元，环比增长 69.7%；eBay 店铺 12 月销售额为 50.1 万元，环比增长 46.9%；全球速卖通店铺 12 月销售额虽然有 17.1% 的增长，但其增长幅度远远低于 Wish 店铺和 eBay 店铺的增长幅度。

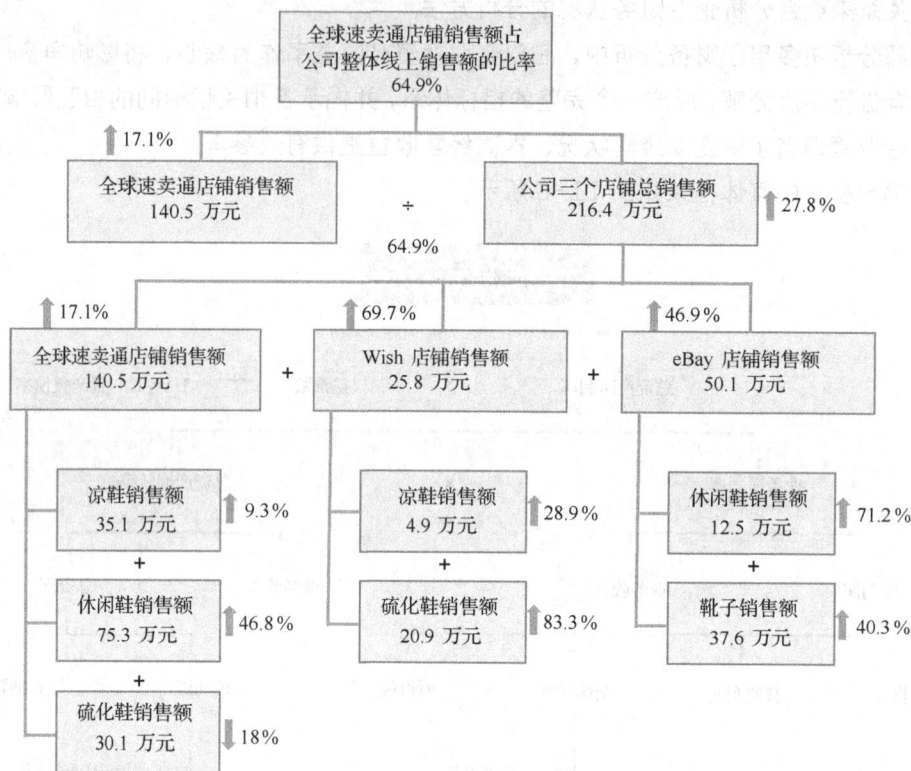

图 11-9　基于杜邦分析法的销售份额原因分析

分析各个平台上店铺内各类商品的销售额发现，全球速卖通店铺的销售额增长主要是依靠休闲鞋销售额的增长来实现的，而该店铺中硫化鞋的销售额下降了 18%，但 Wish 店铺和 eBay 店铺各类商品的销售额均有大幅度增长。因此，造成全球速卖通店铺 12 月销售额增长但其销售额在公司整体线上销售额中的占比下降的原因可归纳为以下两点。

（1）全球速卖通店铺 12 月销售额的增长主要是依靠休闲鞋销售额的增长来实现的，硫化鞋销售额的负增长严重影响了全球速卖通店铺的整体销售额。

（2）全球速卖通店铺销售额的增幅远远低于 Wish 店铺和 eBay 店铺销售额的增幅。

5. A/B 测试

在店铺运营过程中，卖家经常会面临选择何种运营方案的思考，如推广活动渠道的选择、营销邮件话术的选择、营销邮件主题的选择、优惠方式的选择、活动奖励方式的选择等。选择科学、合理的方案，一方面凭借卖家的专业知识和经验，另一方面也离不开数据分析的支持。

A/B 测试（A/B test）是专门用来进行效果对比，为运营提供决策支持的数据分析方法。A/B 测试的核心就是确定两个元素或版本（A 和 B）哪个更好，卖家在具体操作中需要同时测试两种方案或版本，最后从中选择最好的方案或版本使用。

越是大型的营销活动，越需要保证营销方案的科学性和准确性，一旦营销方案选择失误，将会给店铺的运营造成重大损失，因此大型营销活动方案的确定不能单纯地依靠营销人员的经验。在确定最终营销方案之前，卖家可以采取 A/B 测试先对几种营销方案进行测试，然后从中选择最优方案，以节省资金投入。

例如，运用 A/B 测试确定营销邮件的设计方案，包括以下三个步骤。

（1）选择 A、B 对比组

卖家可以采取抽样调查的方法，从所有目标受众中随机筛选出两个不重复的样本 A 和 B。例如，从 10 万目标受众中随机抽取 1 000 个目标受众，并分为 A、B 两组，每组 500 个目标受众。

（2）A、B 两组同步执行不同方案

对 A、B 两组目标受众分别执行不同的测试方案，为了更好地区分不同方案的实施效果，两种实施方案在设计时应该坚持"大部分内容保持相同，小部分内容存在差异"的原则。测试营销邮件的设计方案，两个测试邮件只需要保证邮件的主题不同即可，邮件的排版设计方式、邮件内容的长度等都要保持相同。

（3）对比执行结果

对 A、B 两组随机抽取的目标受众分别发送不同主题的邮件之后，观察并分析两组目标受众的邮件打开率，查看哪组目标受众的邮件打开率更高。邮件打开率更高，说明该组邮件的主题设计得更好，更容易吸引目标受众打开邮件。得出测试结果后，卖家就能确定哪种方案的实施效果更好，从而将这个方案用于对所有目标受众的营销中。

课后习题 ●●●

1．在跨境电子商务数据分析中，搜索相关数据的渠道有哪些？

2．在数据分析过程中，选择数据分析指标时应该遵循哪些原则？

3．某店铺针对十周年店庆活动设计了两套活动方案，但卖家无法确定哪套方案的效果会更好，请问运用何种数据分析方法可以帮助该卖家做出选择？这种方法应该如何操作？